HAZLO FATAL, PERO HAZLO IGUALMENTE

KAREN RINALDI

HAZLO FATAL,

PERO HAZLO

IGUALMENTE

**LOS BENEFICIOS INESPERADOS DEL FRACASO
Y QUÉ PODEMOS APRENDER DE ÉL: PACIENCIA,
RESILIENCIA, PRESENCIA, CORAJE Y ALEGRÍA**

URANO

Argentina – Chile – Colombia – España
Estados Unidos – México – Perú – Uruguay

"Kindness", poema de Naomi Shihab Nye, originalmente publicado en Words under the Words (Far Corner Books, 1995), citado con permiso de la autora al editor original. Fragmento de "Burnt Norton" de FOUR QUARTETS de T. S. Eliot. Copyright © 1936 by Houghton Mifflin Harcourt Publishing Company, renewed 1964 by T. S. Eliot. Citado con permiso de Houghton Mifflin Harcourt Publishing Company al editor original. All rights reserved.

Título original: *(It's Great to) Suck at Something*
Editor original: Atria Books, An Imprint of Simon & Schuster, Inc., New York
Traducción: Ana Quijada

1.ª edición Octubre 2019

Copyright © 2019 *by* Karen Rinaldi
All Rights Reserved
Ilustraciones © Niege Borges
© 2019 de la traducción *by* Ana Quijada
© 2019 *by* Ediciones Urano, S.A.U.
Plaza de los Reyes Magos, 8, piso 1.º C y D – 28007 Madrid
www.edicionesurano.com

ISBN: 978-84-16720-79-8
E-ISBN: 978-84-17780-46-3
Depósito legal: B-21.700-2019

Fotocomposición: Ediciones Urano, S.A.U.

Impreso por: Rotativas de Estella – Polígono Industrial San Miguel Parcelas E7-E8 31132 Villatuerta (Navarra)

Impreso en España – *Printed in Spain*

Nota de descargo: Me sería imposible enumerar todas las actividades que, si se te dan fatal, podrían representar un riesgo para tu integridad física o la de otros. Por eso te aconsejo que actúes con cuidado si esa afición que se te da fatal implica algo peligroso: el *windsurf* o el paracaidismo con traje aéreo, por ejemplo. Utiliza el sentido común y no dudes en pedir ayuda. No te lances en solitario a menos que se trate de macramé, crucigramas o cualquier cosa que no importa que se te dé fatal desde la seguridad de tu sofá.

Para Rocco y Gio

LA MATRIZ DEL QUE SE LE DA FATAL ALGO

Algo se te da fatal y lo sabes: es lo que quieres hacer

ALGO QUE SE TE DA FATAL

Punto óptimo del que se le da fatal algo

Punto óptimo del que se le da fatal algo

NO TIENES NI IDEA

DESPIERTO

La humildad llevada demasiado lejos

SEM (Sujeto Experto en la Materia)

BUENO EN ALGO

«Alcanzas la edad adulta el día en que te ríes de ti mismo
por primera vez.»
ETHEL BARRYMORE

«El éxito es ir de fracaso en fracaso sin perder el entusiasmo.»
WINSTON CHURCHILL

«Siempre lo intentas. Siempre fracasas. Da igual.
Inténtalo otra vez. Fracasa otra vez. Fracasa mejor.»
SAMUEL BECKETT

«Todo lo que se necesita es una ola. Ni siquiera eso,
un viraje…, solo un momento, que te hace remontar
para que vivas otro momento, y que nunca termina.»
GERRY LÓPEZ (*STEP INTO LIQUID*)

Índice

OLA 6

OLA 7

Introducción

Pongamos que no hay nada que hagas fatal.

Para empezar, eso es una ilusión.

Pero, incluso si de algún modo fuera cierto, voy a demostrarte que te estás perdiendo algo maravilloso.

En este libro me propongo animarte a buscar y abrazar algo que hagas realmente fatal. Quiero compartir contigo lo fantástico que puede llegar a ser hacer algo fatal: poner todo tu empeño en hacer algo corriente, poco destacable y de lo que no puedas presumir. Y hacer ese algo sin importancia con amor y esperanza en tu corazón. Con alegría.

Conozco esa alegría de primera mano porque yo practico el surf y soy muy mala. No es que me haya dado ahora por el surf, ni tampoco se trata de una etapa. No estoy en esa especie de luna de miel con el surf, cuando trata uno de conocerlo mejor, de cogerle el tranquillo, de cortejarlo. Se mire como se mire, es una parte muy importante de mi vida y lo es desde hace tiempo. Llevo diecisiete años surfeando ocho meses al año (y sí, para aquellos devotos surfistas que estén leyendo esto, tenéis derecho a burlaros), y he organizado mi vida de mujer de mediana edad para poder pasar en el agua todo el tiempo posible. Elegí una profesión que me permitiera seguir haciendo lo que me gusta, arriesgué el dinero ganado con esfuerzo para costearlo y coaccioné a mi familia para que aceptara un estilo de vida que solo algunos apreciamos. Y… todavía surfeo fatal.

Pero me encanta. Y creo que, en cierto modo, yo también le encanto al surf.

He puesto mucho de mí misma en las olas a lo largo de los años, pero no importa lo mucho que dé, siempre obtengo más a cambio. Es un intercambio injusto (a mi favor), y no tiene nada que ver con mis aptitudes.

Tú también tienes el potencial de disfrutar de algo que haces fatal. Para ello solo necesitas ser tú mismo y echarle un poco de valor, sentido del humor y la disposición de empezar algo nuevo, o de retomar algo viejo, para empezar a crecer otra vez, incluso si el resultado no va a hacerte figurar en ningún libro de récords. Este libro no te convertirá en maestro de nada.

Por otra parte, tampoco limitará tus posibilidades. Un estudio reciente cuyos resultados fueron publicados en el *Journal of Psychology of Science and Technology* reveló que los ganadores del premio Nobel «tenían una mayor tendencia a elegir manualidades como pasatiempo» que quienes solo eran miembros de la Academia Nacional de Ciencias,[1] quienes a su vez tendían más a tener *hobbies* que el público en general. La expresión «manualidades como pasatiempo» es un poco relamida, así que déjame que la traduzca: a los ganadores del premio Nobel les gustan cosas como tocar el violonchelo y hacer macramé cuando no están mirando por el microscopio. Y nadie paga por oír esa música o comprar sus tapices.

Las personas sumamente exitosas también hacen cosas que se les dan fatal. Lo hacen de forma intuitiva. Los demás tenemos que descubrirlo por nuestra cuenta.

Entonces, ¿qué nos lo impide? Pues ni más ni menos que la mala fama que tiene hacer algo que se nos da fatal. Es un tema de prestigio. No hay nada inherentemente desagradable en estar por debajo

---

1. Root-Bernstein, Robert *et al.*, «Arts Foster Scientific Success: Avocations of Nobel, National Academy, Royal Society, and Sigma XI Members», *Journal of Psychology of Science and Technology*, vol. 1, n.º 2 (enero de 2008), pp. 51–63. Doi: 10.1891/1939–7054.1.2.51.

de la media en algo (piénsalo: ¿cómo habría logrado nuestra especie aprender nada si ese fuera el caso?) Es solo que nuestra cultura critica y se burla de la ineptitud. De manera que buena parte de nuestra vida pública está orientada a esconder nuestras debilidades o a negar incluso que existen. Y, como estamos tan centrados en lograr el éxito y las recompensas por encima de todo, nos olvidamos de reservar espacio en nuestras vidas para cultivar nuevos talentos e intereses. Esto significaría inevitablemente tropiezos y salidas nulas. Casi de seguro nos haría parecer idiotas. Fracasaríamos. Y por eso, muchos lo evitamos de forma categórica.

Cuando nos enfrentamos a algo nuevo, parece que nuestro impulso inicial es tratar de dominarlo. Si no podemos, lo ignoramos. Al hacer eso, resolvemos un problema: nos evitamos el disgusto de sentir que no somos buenos en algo; pero creamos otro: empobrecemos nuestras vidas. Añadimos otro espacio vacío. La edad adulta se convierte en una especie de acumulación de espacios vacíos. Un anticrecimiento estratégico rodeado de un espacio en el que nos da demasiado miedo entrar. Y todo porque no soportamos que haya algo que no podemos dominar. Pero si evitamos ser vulnerables eligiendo no movernos por el terreno de aquello que es nuevo y desafiante, nos estancaremos y envejeceremos más deprisa.

Creo que existe un argumento aún mejor para vivir en ese espacio de imperfección más a menudo. Que la felicidad está en aceptar, incluso en recrearnos en aquello en lo que no podemos destacar.

Esto no es fácil. Todos hemos sentido el dolor y la desdicha que pueden hacer que esa zona entre el descubrimiento de algo que nos cautiva y la decepción de no ser capaces de dominarlo nos incomode. La incomodidad es el menor de los males. En este libro, abogaré por la incomodidad. Aunque puede sonar ilógico, ahí se ocultan muchas cosas buenas. La verdadera tragedia es renunciar antes de haber empezado. La otra cara de la frustración y el desánimo es la tenacidad y la esperanza. Vivamos en la acción. Es en el proceso en sí donde deberíamos encontrar la satisfacción. El éxito es un premio que no deberíamos esperar. Y si alguna vez lo conseguimos, hagámoslo con humildad.

En nuestra vida de adicción al trabajo y las metas, tan implacablemente meritocrática, hemos conseguido muchas cosas, pero también hemos perdido muchas otras. La paciencia, la humildad y el conocimiento de uno mismo se sacrifican en pro de una existencia orientada a la búsqueda de objetivos uniformes.

¿Qué ocurriría si nos olvidásemos por un momento de nuestra necesidad de alabanza y reconocimiento y afrontáramos la realidad de que hay cosas que todos hacemos fatal? Si somos honestos, difícilmente tendremos un buen día si eso depende de que nuestro ego reciba o no elogios. Eso no significa que tengamos que negar el placer de conocer y valorar nuestros talentos.

Pero podemos afrontar la cuestión de forma más equilibrada: estoy segura de que empleamos más tiempo del razonable pregonando nuestras cualidades. Las redes sociales son un buen ejemplo de ello, y cuando se trata de nuestro bienestar, eso es una apuesta segura por el desastre. Porque cuando los demás solo comparten su lado bueno, es mucho más difícil que nos sintamos satisfechos con lo que somos.

¿Qué ocurriría si en vez de eso celebrásemos nuestros esfuerzos fallidos o pasáramos de celebraciones y nos permitiésemos vivir con nosotros mismos, con la persona completa, imperfecta y sin talento que somos?

El hecho es que hay muy pocas cosas en las que una persona pueda destacar de verdad. Al evitar aquello que se nos da fatal estamos evitando sin necesidad lo que es en realidad la vida. Porque en la vida hay mucho más que talento. El talento es útil, desde luego, y a muchos nos sirve para ganarnos el pan. Pero no todo es hacer cosas útiles. ¿Qué puede enseñarnos el talento sobre la determinación? ¿O la paciencia? ¿O la voluntad? ¿O la paz?

Tener aptitudes es fácil.

Un espíritu realmente fuerte buscará cosas que no conllevan ninguna promesa de recompensa, excepto el hecho de hacer esa cosa en sí.

Quizás esa fuerza se parece a lo que tenía en mente el filósofo alemán Josef Pieper, poco después de la finalización de la Segunda Guerra Mundial, cuando publicó su clásico *Leisure: The Basis of Culture*, donde dijo: «La idea de ocio es diametralmente opuesta al concepto totalitario de "obrero"», para pasar a celebrar la actividad humana desvinculada de la llamada «utilidad social».[2]

En mi opinión, no hay nada más socialmente inútil que el surf. No sé si mi tabla de surf es lo único que se interpone entre mí y, pongamos, el fascismo, pero creo que entiendo lo que Pieper quería decir. Mi tabla de surf puede ser tu guitarra, tu arcilla, tu palo de golf o tu bolsa de globos de látex alargados. Ese instrumento o esa acción determinados no son más que la herramienta que nos ayuda a trascender nuestra utilidad. Pero, sea cual sea la herramienta o el método, al permitirnos entretenernos con algo que se nos da fatal, tendremos más paciencia con nosotros mismos cuando se trate de mejorar en las cosas que realmente importan. Como ser mejores personas.

Esa es una de las misiones de este libro. Replantearnos aquello que creíamos saber sobre algunos de los pilares que sustentan nuestra vida: el tiempo libre y las horas de trabajo, y el vocabulario y la artificiosidad exagerados que hemos desarrollado para referirnos a estas cosas y entenderlas. Para empezar, vamos a derribar algunos de los mitos que nos impiden probar cosas nuevas: la búsqueda de la perfección, la ilusión de la nostalgia, la falacia de las primeras veces y todos aquellos lemas trivializados a los que damos importancia: «Haz lo que te gusta y nunca volverás a trabajar», o «Ganar lo es todo; es lo único que importa».

Pero hay mucho más. No me puse a escribir este libro porque a mi lado rebelde le atrajera hacer surf.

En 2013, cuando volví a subirme a mi tabla tres meses después de que me diagnosticaran cáncer de mama, no pensaba en producti-

---

2. Pieper, Josef, *Josef Pieper: An Anthology*, Ignatius Press, San Francisco, 1989, p. 140.

vidad ni en cómo volver al trabajo con más energía si cogía algunas olas. No pensaba en nada que no fuera estar allí, sin más. Lo mismo se puede decir de este libro, su segunda misión es esta: celebrar el arte vital de hacer algo aparentemente irrelevante, sobre todo cuando en tu vida todo lo demás te empuja a una relevancia sólida, abrumadora, completa, pesada. Hacer algo que se nos da fatal puede ayudarnos a ver los momentos más difíciles de nuestra vida de otro modo.

Desde luego, surfeo mejor desde entonces, pero aun así…, no podría decirlo más claro…, sigo haciéndolo fatal. Y la alegría que me produce practicarlo no depende en absoluto de los raros momentos en que por casualidad consigo alguna pequeña hazaña. Mi alegría se deriva del hecho de intentarlo. Si el éxito llega, bienvenido sea, pero no es una prioridad.

No creo que mi experiencia sea una excepción.

Hace un tiempo, el *New York Times* publicó un artículo mío titulado, cómo no, «(It's Great to) Suck at Something»[3] [«Hazlo fatal, pero hazlo igualmente»]. Por esa misma época, publiqué en Internet un vídeo de mí haciendo surf. Y lo he vuelto a ver durante muchos años, porque es bochornoso. Por aquel entonces ya había mucha gente en mi vida personal y profesional que conocía mi pasatiempo favorito. Y, teniendo en cuenta la cantidad de tiempo que le dedicaba, había dejado que supusieran que se me daba bien, o incluso muy bien. Así que aquel vídeo fue como una confesión.

¿Alguna vez se te ha presentado un amigo en casa y de pronto te has dado cuenta de que habías dejado que pensara que lo tenías todo controlado cuando en realidad no era así? ¿Y te habrías dado de tortas por no haber limpiado los canalones en verano, por no haber llevado los plásticos al contenedor o no haber hecho el mi-

---

3. Rinaldi, Karen, «(It's Great to) Suck at Something», *New York Times* (28 de abril de 2017). Disponible en: www.nytimes.com/2017/04/28/opinion/its-great-to-suck-at-surfing.html.

llón de cosas que habrías hecho de haber sabido que ibas a estar bajo los focos?

Aquello fue un poco lo mismo, solo que yo invité a todo el mundo a entrar, y con la avalancha me derribaron la puerta.

Es una de las mejores cosas que he hecho. He tenido noticias de tanta gente, de lectores de todo el mundo que estaban encantados de leer mi historia. No porque les interese el surf (¡y algunas personas tienen sentimientos muy encendidos sobre el tema!), sino porque era una historia sobre alguien a quien no le avergonzaba hacer algo que se le daba fatal. Muchos hacían cosas que no se les daban bien en secreto, y fue genial saber que ahí fuera hay una floreciente comunidad. Sin embargo, también vi que había gente que no lo intentaba porque no se sentía con fuerzas. Ahora quisiera invitar al mundo entero a cruzar esa puerta arrancada de sus goznes, a disfrutar de las alegrías que hacer algo fatal puede aportar, a probar cosas nuevas sin la presión de tener que ser bueno. ¿Quién sabe? Quizá tropezarás con algo para lo que tienes un talento innato. Aunque ese no es el objetivo final, porque aquí no hay objetivo final, ni siquiera para los expertos en potencia.

Mi historia no es tan única, de ahí que tuviera tanta aceptación…, y con este libro querría que fuera menos única. Esa es mi verdadera misión: quiero empezar una nueva biblioteca. Un nuevo género de conversación de sobremesa. Una nueva comunidad.

No contamos historias de cosas que se nos dan fatal. Creo que esa es la razón de que a tanta gente le entusiasmara lo que conté. Lo único que hacemos, desde Hollywood hasta la peluquería, es hablar de triunfos y buenas rachas. Si contamos cosas malas, es para reírnos: Oh, no pienso volver…, No pienso quedar con él nunca más…, La próxima vez no elegiré esa canción en el karaoke.

Implícitamente, lo que estamos diciendo es: Qué extraño que, por un momento, mi vida fuera menos que perfecta.

Nuestras vidas distan mucho de ser perfectas, salvo en esos momentos fugaces en que viene una ola perfecta y tu cuerpo y tu mente están listos y, por un instante, cabalgas sobre lo que parece una onda del retal de la seda de la vida.

El resto es caer bajo la ola.

Y sin embargo, hay tanto que celebrar en el resto del proceso, en esos miles de millones de movimientos potenciales. Solo tenemos que empezar a desear no ser tan perfectos.

O sea, que ya tenemos tres misiones:

1. Hacerlo fatal con ganas: aprender a conocer el poder realmente tonificante de luchar por nuestras pasiones, de ver que nuestras mentes no están hechas para la monocromía, sino para llevar una vida que abarque el espectro completo.

2. Hacer fatal algo improductivo: investigar esa cualidad especial que la irrelevancia estudiada puede tener en nuestras vidas, sobre todo cuando el resto del mundo nos empuja a centrarnos únicamente en aquello que nos hace desgraciados.

3. Hacerlo fatal en comunidad: escuchar historias de otra gente que lo hace fatal y empezar a compartir las tuyas.

Mi predisposición a hacer cosas de forma imperfecta empezó antes de que aprendiera a surfear, y es el resultado de una vida entera de amor y devoción profesional por ser una diletante. Como editora, confío en la experiencia de otros para que ofrezcan visiones profundas sobre temas que yo convierto en libros. Como empresaria, ofrezco esos libros al mundo. Es un privilegio tratar de cerca a algunas de las mentes más brillantes. Y por el camino, he aprendido un poco sobre muchas cosas diferentes. Me he convertido en una piedra que pasa rozando la superficie del agua en muchos de los misterios de la vida. No creo que exagere si digo que mi profesión es conocer muchas cosas por encima.

La curiosidad y el ansia por aprender me hacen estar atenta a las nuevas ideas, aventuras y descubrimientos. Y gracias a mi trabajo vivo esos momentos a diario. Este libro es el alegre batiburrillo de aquello que (espero) hago mejor y de aquello que hago peor. En estas páginas, echo una ojeada a las maravillas de la ciencia, la filosofía, la literatura, la historia y la cultura y hablo con expertos en estas materias para que me ayuden a desentrañarlas. Hacer surf aunque se me dé fatal es el cimiento que me ayuda a mantener los pies en el suelo cuando mi mente se descontrola. (Cualquier pasatiempo de tu elección puede servir como cimiento.) Espero poder arrojar cierta luz sobre nuestras experiencias y enseñar una nueva forma de plantearnos las cosas. Quizás hasta podremos reírnos con ganas de nosotros mismos.

Pero, antes de salir a buscar olas, quiero explicaros qué fue lo que hizo que me obsesionara con esta idea.

Todo empezó con una pregunta inocente. Mi hijo Rocco tenía ocho años. Yo estaba esperando para recogerlo delante de su escuela, charlando con John, padre de otro niño.

—¿Cómo le va a Rocco en clase este año? —me preguntó él.

Era un tema que siempre tenía en la cabeza. Al comenzar aquel curso, había empezado nuestro periplo anual investigando las dificultades de Rocco con las habilidades motoras finas y con lo que descubriríamos que eran sus problemas con la percepción sensorial. El problema se manifestaba de muchas formas distintas, y una de ellas era que no podía escribir a mano, al menos no de una forma que él, y menos otra persona, pudiera entender. Se suponía que ya era lo bastante mayor para redactar de una forma legible, pero no era así. Podía teclear sin problemas, pero escribir a mano le exigía tanto esfuerzo que convertía las tareas de clase en un infierno para él y a los maestros les costaba valorar su nivel. Una tarde, cuando estábamos sentados a la mesa tratando de hacer sus deberes, me dijo que le dolía, literalmente, escribir, y que por eso le costaba pensar. Sabíamos que Rocco entendía lo que se le estaba pidiendo, pero tener que pasar sus pensamientos al papel con un lápiz le superaba. Y a menudo acababa llorando.

—Oh, tiene algunos problemas para escribir —le contesté a John. Rocco estaba de pie a mi lado. No parecía abochornado. Él lo sabía lo mismo que lo sabíamos los demás. Y asintió.

—Está en ello —seguí diciendo—, pero escribir le estresa un poco, y por eso le cuesta hacer los deberes.

John no se alteró. Le sonrió a mi hijo, se metió las manos en los bolsillos y levantó la vista al cielo.

—Pues sí, Rocco —suspiró—. No tienes que ser perfecto.

La expresión preocupada de Rocco se disipó. Sonrió y su rostro se iluminó con lo que supe que era un sentimiento de reconocimiento y alivio, como el que experimentas cuando algo viejo y amado, algo que creías haber perdido, de pronto cae de algún punto del armario y va derecho a tus manos.

Aunque Rocco no tenía más remedio que apechugar con sus problemas con las destrezas motoras finas, fue el hecho de aceptar este defecto —y celebrarlo por un momento— lo que le dio la libertad de avanzar tal y como era, y no como creía que tenía que ser.

Un beneficio secundario de este libro es que aprenderás a no fustigarte por no poder evitar hacer mal cosas que se te dan fatal. Pero eso no es lo importante. Quiero inspirarte para que busques algo que te encante hacer, incluso si se te da fatal, y a que lo hagas de todos modos por el placer que te produce. A que celebres la no excelencia como una forma de liberación.

En la última década he descubierto que, si a una persona le das la oportunidad de hablar del fracaso en cosas que le importan, es probable que acabe desnudando su alma ante ti. Y eso siempre deriva en una conversación muy bonita. Espero que este libro nos anime a muchos a tener estas conversaciones con otras personas, a abrir esa puerta que todos estamos deseando cruzar a la aceptación. En última instancia, se trata de conectar con el otro, y eso solo podemos hacerlo si conectamos con nosotros mismos.

Volviendo a aquel profético día en que esperaba para recoger a mi hijo: al final resultó que John tenía razón. Pero lo que es más importante, Rocco le escuchó. Sigue escribiendo fatal, pero diez años después se ha convertido en el mejor alumno de su promoción del bachillerato sin esa habilidad.

NO se TRATA de la PERFECCIÓN, sino DE LA imper-fección.

OLA 1

Mi primera ola: una invitación a hacerlo fatal

Regla #1:
Lo que se te da fatal tiene que importarte,
de lo contrario no cuenta.

Lección #1:
Las primeras veces están sobrevaloradas.

Beneficio #1:
Aprenderás a apreciar lo difíciles que son realmente
algunas cosas, sobre todo aquellas que la gente con verdadero
talento hace que parezcan tan fáciles.

Dejemos las cosas claras desde el principio. No empecé a surfear para poder hacerlo fatal. No era ninguna gurú de las cosas mal hechas.

Como todos los principiantes del mundo del surf, que viven tan deliciosamente engañados, yo pensaba que al principio me costaría, claro, pero puedo hacerlo. Porque… no puede ser tan difícil ¿verdad? Una pregunta digna donde las haya de ganar los premios Darwin.

No me avergüenzo de mi arrojo inicial. La verdad, creo que engañarse un poco a uno mismo no es tan malo. Muchas veces es el detonante que nos impulsa a probar algo nuevo. Pero el combustible del autoengaño se consume enseguida cuando comprendemos que la actividad en cuestión no cederá tan fácilmente a nuestra voluntad. Siempre es más difícil de lo que pensábamos. ¿Cuántas veces habrás dicho eso mismo? «Guau, era más difícil de lo que pensaba.» Por sí solo, esto debería convencernos de que hacer cosas que se nos dan fatal es tan inevitable como que el sol salga por el este, y haríamos bien en aceptarlo. Lo que significa que el autoengaño solo puede darnos un impulso. A mí me llevó hasta la orilla de la playa.

Lo que me impulsó a mojarme fue otra cosa.

La tendencia actual a forzar nuestros cerebros, nuestra salud, nuestras vidas para hacerlo mejor, conseguir nuestras metas y ser mejores que nuestros compañeros hace que todos nos centremos de forma obsesiva en ganar. Pero no parece que eso nos esté llevando a ninguna parte. Estamos en una era de psicosis «aspiracional», porque creemos en esas vidas perfectas de postal que vemos en las redes sociales y la publicidad. ¿Cómo es tu vida en comparación? Seguro que mucho menos maravillosa, ¿verdad? Cada día nos bombardean para que consigamos más, seamos más, seamos mejores. Así es como funciona el capitalismo. Si no tenemos nada por lo que luchar, ¿en qué nos gastaremos el dinero? Pero nos están engañando. Y toda esa presión conduce a la parálisis y hace más difícil que empecemos cosas nuevas. En nuestra cabeza, una vocecita nos dice que no lo vamos a conseguir, así que mejor no intentarlo.

Lo que podría parecer un llamamiento contrario a lo que la intuición nos dictaría a hacer algo que se nos da fatal es en realidad el comienzo de una vida más gratificante. Quiero empujarte hacia tu primera ola y ayudarte a ponerte de pie en la tabla. Pero primero tienes que encontrar ese algo que se nos da fatal. Lo que me lleva a la primera regla de hacer algo fatal: tiene que significar algo para ti. Si no te gusta el pan, si cocer pan se te da fatal, no cuenta. Si crear música no llena tu alma, los chirridos de ese violín que tocas equivalen a nada. Tiene que importarte para que puedas renunciar a tu deseo de sobresalir en ello.

Si no te interesa, lo dejarás. Así de sencillo. Y con toda la razón del mundo: estás perdiendo el tiempo, pareces un tonto, no mejoras de manera perceptible. Querer hacer algo que no se te da bien es totalmente irrazonable. Debe serlo.

Después de mi primera clase de surf, tuvieron que pasar cinco años antes de que lograra coger una ola. Teniendo en cuenta lo que es, cinco años es una cantidad de tiempo increíblemente alta. Cinco años de práctica antes de poder adentrarme en el mar sobre mi tabla, ponerme de pie, girarme y deslizarme sobre una ola. Es decir, cinco años para hacer surf de verdad.

Porque resulta que surfear era más difícil de lo que me imaginaba.

Pero esos cinco años no estaban vacíos. En ese lapso hubo fracasos, descubrimientos, aprendizaje. Con el tiempo, mientras seguía intentando hacer algo que se suponía que tenía que dejar, empecé a despojarme de muchos dogmas obsoletos sobre el éxito. Aprendí a aplastar algunos de esos mitos molestos que nos acompañan y que nos pesan tanto como los 75 kilos de las tablas Olo hechas de madera de wiliwili que los reyes hawaianos usaban en los primeros tiempos del surf. Dejemos esas viejas tablas y hagámonos con algo un poco más ligero. La idea es que seamos capaces de surcar de pie una ola, no ser un rey de Hawái.

Las primeras veces están sobrevaloradas

Cuando pruebas algo nuevo, siempre hay esa inevitable primera vez. La gente suele ponerse nostálgica con sus primeras veces y guarda un montón de recuerdos imprecisos. Dejamos que los demás construyan sus propios mitos porque es lo que dictan las normas de la buena educación, y por eso toleramos alegremente los recuerdos inventados por cada uno. Nadie critica a los demás por las tonterías que dice cuando habla de sus orígenes. El primer amor, el primer coche, el primer trabajo. Pero si somos sinceros con nosotros mismos y pensamos seriamente en la primera vez (de lo que sea), lo más probable es que fuera un asco. Sin contar los prodigios. Para los que no somos un prodigio: ese primer amor te partió el corazón, aquel primer coche era una tartana que tenías que arrancar haciendo un puente y tu primer trabajo consistía en distribuir el correo y servir café a un jefe al que odiabas.

Un crimen sin víctimas, quizá. Solo que, al no ser sinceros sobre esas primeras veces, hacemos que sea más difícil ver lo mucho que hemos avanzado. Estamos minimizando innecesariamente nuestros logros. En este caso, la sinceridad magnifica y amplía la realidad de lo que hemos logrado.

No importa lo mala que fuera la primera vez. Un factor clave para dedicarnos a algo que hacemos fatal es aceptar que las primeras veces se sobrevaloran. Esto es así incluso para las cosas que nos salen espontáneamente. Inténtalo. Puedes hacerlo en privado, en tu cabeza, ahora, mientras lees. Empiezo yo: si tengo que hacer un catálogo de mis primeras veces, no destacan mucho. En mi primer beso hubo tanta saliva que casi vomito. La primera vez que practiqué el sexo, acabé con ladillas. Mi primer matrimonio podría haberme matado, literalmente. En mi primer parto casi me desangro. Y sin embargo, si a pesar de lo desastroso que fue no hubiera insistido en cada una de estas cosas, jamás habría experimentado el sexo más alucinante de mi vida y un largo matrimonio (vale, eso no llegó hasta la tercera vez, pero ya sabéis que soy un poco lenta). Mis hijos son el feliz resultado de esas dos experiencias.

Hacerlo fatal puede ser algo épico e importante cuando hablamos de sexo, amor, matrimonio, trabajo, partos y muerte. Por eso, aprender a aceptar que podemos no hacerlo tan bien cuando las apuestas son bajas nos ayudará, en última instancia, cuando lo haces fatal con las cosas importantes. La práctica ejercitará el músculo de nuestra memoria y nos ayudará a afrontarlo. Y las apuestas casi nunca son tan bajas como la primera vez.

Estas son algunas de mis primeras épicas veces fallidas: la primera vez que preparé la cena en una fiesta; la primera vez que intenté ir por un sendero a caballo y sin guía; la primera vez que pedí la cena en francés..., era mi primer día en París. Me instalé allí cuando acabé la carrera con poco más que la fantasía absurda de que aquella ciudad sería mi hogar para el resto de mis días. Yo era una francófila entregada desde el bachillerato, animada en parte por mis estudios de lengua y literatura en el instituto y la facultad. Y creía que mi nivel de francés era fluido hasta que me encontré ante un plato de riñones asados que pedí por error y que me comí entre arcadas porque no quería admitir que me había equivocado con la traducción.

¿Has tenido ocasión de vivir alguna de estas experiencias... y las has evitado? ¿Te daba miedo parecer un idiota? ¿O que te sirvieran el proverbial plato de riñones asados?

La lista de cosas que son más difíciles de lo que parecían es interminable. Y la primera vez que lo intentes, será un asco. Prepárate para ello y olvídate de sentar las bases para una nostalgia absurda sobre lo increíble que fue tu primera vez. No habrá ninguna contribución a ese maravilloso libro de recortes de tu vida. Espero que eso sea un alivio.

Pero hay cosas que te costarán más evitar. ¿Alguna vez has pedido una hipoteca para una casa? Si es que no, prepárate, porque es una de las cosas más chungas de todos los tiempos.

Lo contrario de engañarse no es solo ser sincero. Es creer en uno mismo. Y creer en uno mismo es un combustible mucho más fiable y duradero.

Por suerte para mí, cuando decidí empezar con el surf, ya tenía guardado en el banco algo de ese creer en mí misma.

En el universo de la actividad física, me movía en mi zona de confort. Siempre he sido una persona físicamente activa. Pero cuando se trataba de la mente, bueno, me sentía bastante insegura. Mis miedos siempre estaban ahí, como motas de polvo iluminadas por un rayo de sol que penetra por la ventana de la sala de estar. Si otra cosa no, al menos al hacerme mayor había aprendido a apartarlos cuando la ocasión lo requería.

Pero el deporte era una segunda naturaleza para mí. Vale, no podía lanzar una pelota, ni correr grandes distancias. Y sí, me había pasado dos años saltando ante la ventana salediza de mi habitación en casa —un sucedáneo de espejo donde podía ver mis progresos— tratando de encontrar la forma de realizar un salto en X tocando las puntas de los pies para poder entrar en el equipo de animadoras. La cuestión es que tanto salto hizo que mis piernas fueran realmente fuertes, y eso me ayudó a ser lanzadora de peso del equipo de atletismo y a derrotar a chicas mucho más fornidas que yo. Capitana del equipo de animadoras y estrella del lanzamiento de peso. Lo tenía todo. O sea, que te haces una idea: era fuerte y decidida y en el plano de lo físico me sentía más o menos segura. El surf solo tenía que ser un nuevo reto, y estaba convencida de que llegaría a ser muy buena.

Autoengaño, puro y duro.

Con los años he probado diferentes deportes, entre ellos el boxeo, el ciclismo, el levantamiento de pesas, correr, esquiar, equitación. Podía haber seguido practicando cualquiera de ellos durante toda la vida y lo más probable es que mis resultados hubieran acabado siendo mucho mejores que como surfista. Pero incluso ahora, mientras escribo, soy consciente de esa nostalgia que me asalta al pensar en mis primeras aficiones. Seguramente también se me daban fatal.

Esa dichosa nostalgia

No ha sido hasta hace relativamente poco que empezamos a mirar el pasado a través de un cristal de color de rosa. En el siglo XVII, la nostalgia se consideraba una «enfermedad neurológica de origen esencialmente diabólico».[4] La palabra, acuñada en 1688 por el doctor suizo Johannes Hofer, viene del griego *nostos*, que significa «volver a casa», y *algos*, que quiere decir «enfermedad». El término se aplicaba con frecuencia a los soldados que añoraban su hogar (¿quién se lo podría reprochar?), pero se trataba como una patología. Al parecer, los soldados suizos sucumbían a ella cuando oían cierta canción suiza. La desgarradora nostalgia que experimentaban cuando cantaban esta canción interfería en su eficacia como soldados hasta tal punto que acabó por castigarse con la pena de muerte.

La idea de la nostalgia como algo positivo es un concepto nuevo. Los estudios demuestran que la nostalgia puede producir una sensación de bienestar. Nos ayuda a dar un sentido a nuestro pasado. Es, sin duda, una influencia positiva. Fue la nostalgia la que llevó a Odiseo de vuelta a Ítaca, la que hace que los londinenses recuerden los bombardeos nocturnos de la Segunda Guerra Mundial con afecto y que las reuniones de antiguos alumnos del instituto se llenen de gente que paga. Pero creo que nuestros antepasados tenían parte de razón. Y que hay un motivo para que nos replanteemos ese matiz rosado con el que teñimos siempre la nostalgia. Así pues, ¿realmente siempre fue mejor? Y, de ser cierto, ¿cómo nos deja eso? La ciencia nos advierte sobre este tipo de nostalgia edulcorada porque entorpece nuestros mecanismos para enfrentarnos a otras cosas. Y ser capaz de hacer algo sin buscar la perfección depende en gran medida de que tengamos los pies bien firmes en el presente.

Aun así, quizá tendrás que escarbar en tu pasado para descubrir qué es ese algo que podrías hacer aunque no se te dé bien.

Yo empecé a surfear porque me aterraba.

Había crecido con pesadillas y sueños recurrentes sobre el océano. Empezaron antes de lo que yo pueda recordar, y siguen ahí de una forma diferente.

---

4. Beck, Julie, «When Nostalgia Was a Disease», *The Atlantic* (14 de agosto de 2013). Disponible en: www.theatlantic.com/health/archive/2013/08/when-nostalgia-was-a-disease/278648/.

En la versión del sueño, una ola gigante viene hacia mí y, en lugar de querer escapar, me rindo a ella y me fundo con su poder. Otras veces, me tumbo en la arena y dejo que la ola me arrastre. En mi sueño, sé que podré respirar bajo el agua. No tengo miedo de las turbulencias ni de lo que pasará cuando la ola llegue. Mientras la veo acercarse, estoy tranquila, y cuando llega, acepto su poder como el mío propio. Es un sueño bonito.

En la versión de pesadilla, una ola gigante viene hacia mí, como en el sueño, pero detrás de mí hay un muro, un acantilado o alguna otra estructura. No puedo huir, aunque sé que tengo que salir de allí. Pero, mala suerte. Estoy perdida. En este escenario, la ola me golpeará y soy consciente de que no podré respirar bajo el agua. Y con esta conciencia viene la certeza de que moriré. La actitud de rendición y de paz del sueño se convierte en pánico y terror en la pesadilla.

Me crie con estas imágenes contrastadas en mi cabeza. Estaban ahí cuando mi familia pasaba las vacaciones en la costa de Nueva Jersey durante mi infancia. Cuando nadaba con mis amigas en mi adolescencia y me asustaba porque no tocaba el fondo arenoso del mar con los pies. Cuando caminaba por la orilla en Laguna Beach y me daba cuenta de que, aunque la marea estaba baja, tenía un acantilado detrás y no sabía si la marea subiría muy deprisa ni si cubriría mucho: la visión de mi pesadilla en tiempo real. Estas imágenes siguen ahí cuando la cresta de una ola se eleva más de lo que esperaba y me quedo sin aliento al pensar en lo que pasará cuando me sumerja para evitarla. Están ahí cuando quedo atrapada en una corriente y el agua me arrastra mar adentro. Cuando una ola asoma por el horizonte y soy incapaz de sortearla. Aunque estos miedos oceánicos pueden ser instintivos y relevantes en mi vida de surfista, nuestros miedos subyacentes a ser superados se nutren de todo aquello que es desconocido o impredecible. Para muchos, hablar en público es tan aterrador como una ola.

Tardé treinta años en superar el miedo inhibidor al océano, a sus olas, y a lo que se mueve bajo su superficie. Pero el miedo queda contrarrestado por el impulso de estar cerca, dentro, sobre él. Me siento atraída hacia el gran azul, incluso si su poder y lo que habita en sus profundidades me asustan. Me pasaba media vida observando a los surfistas con envidia. Y no por su capacidad de cabalgar sobre las olas. Ya he admitido mi absurda idea de que, si lo intentaba, eso lo tendría cubierto enseguida. Lo que de verdad me impresionaba era que no parecieran tener miedo de estar ahí fuera, que es precisamente lo que yo quería.

Esto no es algo exclusivo de mí. Ni tampoco soy la única persona que sintió la necesidad imperiosa de acercarse al océano al llegar a la mediana edad. Incluso hay una base biológica para ver esta necesidad como algo rejuvenecedor: cuando nacemos, el agua constituye aproximadamente el 75 % de nuestro cuerpo. Porcentaje que puede bajar hasta el 60 o el 50 % en la vejez. Sin duda, esta marcha hacia la desecación hace que nuestros cuerpos sientan la llamada de los elementos.

Mi romance particular con la imperfección empezó con algo muy básico, en mi caso, la llamada del océano y lo que representaba, el miedo, el desafío, la lucha por sobrevivir. Pero la forma que adoptó no importa, lo importante es que sintiera el impulso de actuar. Todos los animales experimentan el miedo. Desafiarlo es en parte lo que nos hace humanos. Y aun así, la primera vez que decidamos actuar no nos dará la victoria. Será un fiasco.

Hannah Arendt llama a la acción «la única facultad del hombre que hace milagros». En *La condición humana* escribe: «El lapso temporal que abarca el camino del hombre hacia la muerte llevaría inevitablemente a la ruina y la destrucción de todo aquello que es humano de no ser por la facultad de detenernos y *empezar algo nuevo* [la cursiva es mía], una facultad inherente a la acción, como un recordatorio omnipresente de que el hombre, aunque puede morir, no ha nacido para morir, sino para comenzar».[5]

5. Arendt, Hannah, *The Human Condition*, 2.ª ed., University of Chicago Press, Chicago, 1998, p. 246.

El interés de Arendt por la teoría política y social apela a esa llamada a hacer algo nuevo porque, como también escribe, «la facultad de actuar… interrumpe el camino automático e inexorable del día a día». Y ese automatismo viene acompañado por una complacencia que no nos lleva a ningún lado. Es mejor actuar que desear haber actuado.

Es mejor hacer algo que se nos da fatal que no hacer nada.

Mi primer hijo, Rocco, llegó cuando ya no estaba en la plenitud de mi juventud. Ya me había casado y divorciado dos veces y decidí tener un hijo yo sola. Pero, como me ha enseñado la vida una y otra vez, lo que yo pensaba que pasaría y lo que acaba pasando con frecuencia son dos caras muy distintas de la misma certeza ilusoria de que tenemos el control. Así pues, a los treinta y siete años di a luz a mi primer hijo y, junto con aquella nueva vida y la placenta que la sustentaba, expulsé mis viejos miedos. Adiós a todas aquellas neuras absurdas que había tenido toda mi vida. Y hola a otras nuevas y más profundas, como: ¿cómo voy a proteger a esta criatura, a la que quiero más de lo que parece posible, de todas las cosas que podrían hacerle daño? Fue una especie de infierno, pero también fue divino. Un sueño-pesadilla.

Aquella sacudida en mi cerebro saturado fue lo que despertó en mí el deseo de surfear. Durante años había observado con anhelo a la gente que montaba las olas, pero nunca me atreví a probarlo. Ahora mis viejos miedos reculaban como el agua antes de la subida de la marea y me asaltaron los miedos propios de la maternidad, junto con la irritación de pensar que llegaría a vieja sin haberme deslizado ni siquiera tumbada en la tabla, sin haber probado una ola. Ya no me daba miedo intentarlo. Sinceramente, tenía cosas más importantes que temer. De pronto me sentía imbuida con aquella actitud de «a tomar viento». Que les den a las pesadillas del océano.

Estaba tan convencida de que quería estar cerca del océano (y aquí quizá las hormonas también hicieron lo suyo), que me mudé con mi familia de la ciudad de Nueva York a la costa de Nueva Jersey.

No importa que no me molestara en comprobar las horas de mi vida que tendría que perder yendo y viniendo cada día entre Seaside Park, Nueva Jersey, y Manhattan para el trabajo. La verdad, también soy un desastre cuando se trata de ser realista. Ni siquiera había intentado surfear una vez, pero, en mi compromiso con darle una oportunidad, me tiré de cabeza. Y, como resulta que a la vida le gusta liarnos (sobre todo cuando nos dejamos llevar de una forma tan inconsciente como hice yo al arrastrar conmigo a mi familia), la semana que me apunté para mi primera clase de surf descubrí que estaba embarazada de mi segundo hijo. El sueño tendría que esperar.

Al cabo de unas tres mil horas de viajes en tren de ida y vuelta entre Manhattan y Nueva Jersey, había perdido la forma, tenía sobrepeso y estaba agotada. Pero, caray, seguía queriendo hacer surf. Mis hijos ya tenían dos y cuatro años. Ya se me hacía tarde para aquello. Sin embargo, finalmente, una mañana de verano, cuando tenía cuarenta años, telefoneé algo cohibida a un instructor local de surf y pedí una clase. Cuando el tiempo y las olas lo permitieran. Con viento ligero, olas superpequeñas (léase: casi inexistentes), corriente calmada. Me llamó y dijo:

—Las condiciones son buenas. ¿Puedes reunirte conmigo en la playa de Thirteenth Avenue dentro de veinte minutos?

Joel, mi marido, preguntó si podía acompañarme, y le supliqué que se quedara en casa. No habría podido soportar tener público durante aquella humillación autoinfligida.

Cuando llegué a la playa, el instructor me preguntó:

—Muy bien, Karen. ¿Practicas el *snowboard*?

—No.

—¿El *skateboard*?

—Lo he probado.

—¿Practicas esquí acuático o *windsurf*?

—No.

—Bueno —contestó él animado—, te vamos a subir a la tabla de todos modos.

Nos adentramos en el agua caminando, con una tabla de espuma de principiante de color amarillo de casi tres metros de largo y que parecía más un bote plano que una tabla de surf. Me puse de pie encima de la tabla con torpeza. La tabla era tan grande que se mantenía estable incluso si mi estabilidad brillaba por su ausencia.

Al llegar a este punto de aquella mañana, me vi confrontada con la realidad humilde e irrefutable de lo que soy para este joven paciente: una mujer de mediana edad que no está en forma y cuyo único mérito es que puede permitirse la tarifa por hora que cuesta una clase particular. Tuve que controlar el impulso de decir que lo dejaba incluso antes de haber empezado, pero me resigné a probarlo al menos una vez, después me olvidaré para siempre de este sueño.

Mi instructor era un hombre de palabra: antes de que la hora acabara, me dispuse a coger mi primera ola. No superaba la altura de la rodilla, era lenta, un suspiro más que una ola. Él me empujó hacia la ola y gritó: «¡Ponte de pie! ¡Ahora!» Me incorporé a gatas y cabalgué sobre la ola hasta la orilla y me caí porque no sabía qué tenía que hacer después. La fuerza del agua cuando caía contra la espuma descolocó la ligera pieza de la tela del bikini que sujetaba mis pechos. Y salí haciendo gárgaras con el top del bikini colgando del cuello. Si algún bochorno sentí, quedó enseguida eclipsado por la sensación de alucine. Sí, esa es la palabra, que para mí quedaría por siempre más vinculada al surf: «¡Estoy alucinada!»

Pero es una palabra increíble. Suena exactamente como lo que es. Estaba tan alucinada.

Me disculpé con el instructor por lo de los pechos —él no se rio, os lo aseguro— y le pagué su tarifa la mar de contenta. Le pedí que nos reuniéramos a la misma hora al día siguiente y recorrí los ochocientos metros que había hasta casa corriendo. (De pronto, mi cuerpo de antigua atleta pareció recuperar parte de su memoria muscular.)

Aquellas dos lecciones de surf cambiaron el rumbo de mi vida.

¿Y si nunca hubiera cedido a una ilusión? Sin duda, mi vida habría seguido a buen ritmo…, para bien o para mal. Pero nunca dejaré de dar gracias por haber probado algo en lo que jamás seré buena…, incluso si en aquella época yo no lo sabía.

Lo cierto es que aquella no fue mi primera ola. En realidad, no. Trataré de no vestir un recuerdo pasado con el brillo de las falsas cualidades ni de caer en las zarpas de la dichosa nostalgia. En la dolorosamente bella novela *The Sense of an Ending (El sentido de un final)*, Julian Barnes escribe: «… lo que acabas recordando no siempre es lo que has presenciado».[6]

A aquel primer día le siguieron innumerables días de intentos y fracasos con las olas. Aquel mismo verano, para mi cuadragésimo primer cumpleaños, Joel me compró una tabla naranja de espuma de casi dos metros y medio de largo y me pasé los dos años siguientes cargando aquel monstruo hasta la playa, donde me dedicaba a chapotear. El dueño de la tienda de surf local, Mike Colombo, no quiso vendernos una tabla de las de verdad. Me dijo: «Como principiante y madre de dos niños pequeños que eres, sería una irresponsabilidad por mi parte venderte una tabla de fibra de vidrio. Aprende a manejarte con esa tabla de espuma en el agua y entonces te venderé una tabla de verdad».

Dos años después, me compré una tabla de un poco más de dos metros con una forma divertida que era demasiado estrecha y tenía demasiado *rocker* para mí (el grado en que la punta de la tabla se curva hacia arriba). Tampoco conseguí marcarme ninguna ola sobre esta tabla. Sin duda, Mike debía de creer que ya había hecho algunos avances y tenía cierto nivel. Y reconozco que se me pasó por la cabeza rendirme, pero para entonces había entendido ciertas cosas, entre ellas, que necesitaría una tabla más grande. Y aunque Mike me ayudaba orientándome hacia esta tabla o aquella, era yo quien tenía que decidir cuál era la más adecuada para mi nivel.

---

6. Barnes, Julian, *The Sense of an Ending*, Vintage Books, Nueva York, 2012, p. 1.

En la mayoría de campos, los más avezados siempre están impacientes por decirte lo que haces mal o por darte consejos, los quieras o no. Pero lo curioso es que, en el surf, a muy pocos se les ocurre andar dando consejos. En general todo el mundo te deja que metas la pata a tu aire. Esto es así sobre todo porque los surfistas quieren las olas para ellos (y no se trata de un defecto de carácter, sino del instinto de preservar algo que aman tanto y pueden hacer tan poco), y por eso animarte a continuar no les interesa. Una famosa marca de tablas de surf de la década de 1980, Gotcha, se popularizó gracias a un lema que decía: «Si no haces surf, no te metas». Cosa que viene a resumir la cultura no hablada del surf.

Así pues, como no había nadie que me dijera qué tabla tenía que usar, y sin una sola ola en mi hasta entonces triste historia surfística, me compré una sencilla tabla Blair de gomaespuma de dos metros cuarenta para una mayor estabilidad y flotabilidad, y la tabla se convirtió en una especie de tabla mística en mi colección. (Traducción: es una de las tablas de mi colección, a la que vuelvo una y otra vez porque sus cualidades especiales y misteriosas me ayudan a coger algunas de mis mejores olas.)

Mi primera ola de verdad llegó cinco años después de aquella primera lección de verano. Cinco años de caídas, aguantando que las olas me arrastraran, adentrándome sola en el mar, debatiéndome con la fuerza de las olas que van a romper y te empujan hacia la orilla. Es la clase de surf que ves en los campamentos para principiantes. Aunque al principio es divertido, acaba siendo un agobio. Es agotador tener que resistirte a la espuma mientras te aferras a la tabla ante la barrera de olas, en oposición a sentarte sobre la tabla en las aguas más calmadas del pico, disfrutando del océano mientras esperas una ola que te lleve. Además, eso no es hacer surf. Es algo que no merece ni tener nombre. Hubo años que en mi familia me observaban y meneaban la cabeza. Mi padre, que a sus ochenta y ocho años sigue viniendo a comer cada sábado, se quedaba en la playa y me veía debatirme. Y preguntaba: «¿Por qué sigues intentándolo?»

Cosas nuevas

¿Qué es lo que me hizo seguir insistiendo durante cinco largos años?

En aquel momento no tenía ninguna gran explicación que ofrecer a mi padre.

En parte, lo que me hacía seguir era la sensación de haber conseguido algo por el mero hecho de vencer mi miedo al mar, de ser capaz de adentrarme en él, muchas veces sola, y durante horas. Adentrarme en el mar con una tabla y tratar de surfear me parecía algo heroico. Pero eso sería atribuir al pasado una sensación de logro que en realidad no tenía.

Lo que sentía era otra cosa. Surfear era como probar siempre algo nuevo. Cada vez que me adentraba en las aguas sobre la tabla, sentía la euforia de estar en un lugar donde nunca había estado, haciendo algo prohibido. En parte eso era por la actividad en sí, porque las condiciones variaban constantemente. El viento cambiaba de dirección o arreciaba, el mar de fondo era más o menos intenso, la marea subía o bajaba. Hay muchísimos factores que propician los cambios continuos. La novedad volvía a imponerse, una y otra vez. Las olas nunca se forman igual. Esa sensación de novedad es algo que el surf tiene a montones.

La sensación de novedad es poderosa, y no es algo tan subjetivo como puedas pensar. No solo está en el ojo del que observa.

El cerebro de los mamíferos está pensado para buscar nuevos entornos. Es lo que evita que las especies salvajes mueran de hambre. Piensa en cuando sacas a pasear a tu perro. ¿Es diferente —lo notas a él diferente— cuando lo sacas a su paseo habitual por el barrio que cuando lo llevas a una excursión de fin de semana? ¿Lo notas especialmente exaltado y entusiasmado por la excursión? ¿Está tan exaltado que acaba agotado? El perro siente el impulso de buscar lo nuevo. Lo único que le retiene es la correa y esa siesta que necesita tan desesperadamente.

Hace ya tiempo que se sabe que aprender algo nuevo activa diferentes respuestas neuronales, muchas de las cuales son beneficiosas más allá del nicho de la memoria comportamental. La novedad puede mejorar la mente en conjunto.

Esta curiosidad, o impulso por lo nuevo, también tiene un efecto positivo en la longevidad del humano; ayuda a mantener el sistema nervioso central saludable.[7] Los estudios demuestran que las personas mayores con curiosidad viven más que las que no la tienen. Lo que el viejo perro necesita son nuevos trucos.

Incluso la expectativa de lo nuevo puede aumentar el nivel de dopamina, el poderoso neurotransmisor que nos hace desmayarnos cuando nos enamoramos, cimenta nuestras adicciones y, según la neurocientífica del comportamiento Bethany Brookshire, pone el sexo, las drogas y el *rock'n'roll* en modo sexo, drogas y *rock'n'roll*.[8] Más aún, la dopamina es esencial para nuestras funciones motoras, cosa que explicaría por qué el descenso en el nivel de dopamina es una de las principales características de la enfermedad de Parkinson. La complejidad de la dopamina es tal que no es posible catalogarla como algo necesariamente bueno o malo. Es también lo que sentimos cuando apostamos o nos colocamos con metanfetamina. Pero una cosa es segura, cuando nos damos un chute, sienta bien y queremos más.

Si una vida más larga y un subidón de dopamina no te parecen bastante para empezar algo nuevo, tienes el beneficio más prosaico

7. Swan, Gary E. y Dorit Carmelli, «Curiosity and Mortality in Aging Adults: A 5-Year Follow-up of the Western Collaborative Group Study», *Psychology and Aging*, vol. 11, n.º 3 (septiembre de 1996), pp. 449–453. Doi: 10.1037//0882-7974.11.3.449.

8. Brookshire, Bethany, «Dopamine Is _____ Is it love? Gambling? Reward? Addiction?», *Slate* (3 de julio de 2013). Disponible en: www.slate.com/articles/health_and_science/science/2013/07/what_is_dopamine_love_lust_sex_addiction_gambling_motivation_reward.html.

de saber que, mientras haces ese algo que se te da fatal, nadie va a pedirte ningún favor. La gente te deja tu espacio. De verdad. Hacer algo fatal no atrae a las multitudes.

Durante aquellos embriagadores años, mientras criaba a mis hijos y me labraba una carrera, el surf era lo único que hacía con regularidad y en lo que no tenía que sobresalir. Era el espacio de mi vida en el que las expectativas eran lo bastante bajas para que pudiera dominarlas por mí misma. Nadie se molestaba en pedirme que mejorara. Sabían que no serviría de nada. Así que en vez de eso, podía permitirme ir a mi ritmo. El surf, la imperfección, era lo mío.

Mi primera ola de verdad en realidad fue la tropecientas mil, y se suponía que yo ni siquiera tenía que estar en el agua. Me había hecho un esguince en la muñeca y la tenía tan hinchada que no podía coger nada con la mano derecha. El médico me dijo que me mantuviera apartada del agua para descansar la mano. Pedí una solución alternativa, pero él se limitó a menear la cabeza. (En estos capítulos, ignorar los consejos del médico se convertirá en un mantra.)

Dado que mantenerme lejos del agua no entraba en mis planes —hacía un día precioso, las olas eran perfectas y bien formadas, mi yerno, Christopher, a quien adoro y con quien no me canso de practicar el surf, iba a una clase—, una amiga imaginativa me dio una idea. Por sugerencia suya, me vendé la muñeca y la mano con una venda elástica y cubrí la venda con cinta adhesiva, creando de ese modo un vendaje resistente al agua. Mi mano y mi muñeca se convirtieron en una maza gris brillante. Llevé la tabla por la izquierda hasta la playa y remé, *plis-plop-plis-plop*, hasta donde se formaban las olas, el pico.

Incluso si estaba entusiasmada, en cuanto me senté en la tabla, me puse a pensar en lo mucho que me dolería cuando tratara de ponerme en pie. Y digo «tratara» porque, aunque había estado montando olas de adolescentes y espuma durante años, aún no había logrado ponerme de pie sobre la tabla con ninguna ola importante, girarme y deslizarme sobre ella. Lo intentaría, como siempre, sí, señor, y seguiría conservando la esperanza.

Divídelo en partes

Quizá te ayude si entiendes los diferentes aspectos del surf que hacen que sea tan condenadamente difícil. Todo deporte puede descomponerse en sus diferentes elementos para ilustrar qué se necesita para adquirir el dominio. Es un ejercicio muy útil, que te permitirá comprender por qué no hay que avergonzarse por hacer algo que se te da fatal.

Te invito a que también dividas en partes tu pasatiempo favorito. Esta guía está pensada para hacer dos ejercicios. Primero, fragmenta algo que hagas realmente bien en detallados puntos de acción. Esto te hará sentir que eres la bomba. Y después lo harás con aquello que se te da fatal, algo que te cueste hacer o, sencillamente, algo que te gustaría probar. Mi esperanza es que el ejercicio no te desanime, sino que te ayude a apreciar lo condenadamente difíciles que son las cosas para que puedas ponerte a ello. Paso a paso.

Empiezo yo. Esto es lo que un principiante necesita saber antes de entrar en el agua:

1. Tienes que manejar la tabla en aguas turbulentas. Incluso antes de tenderte sobre la tabla para alejarte remando con los brazos de la orilla, tienes que asegurarte de que tienes atada la tabla al tobillo, o la perderás y te golpeará o, peor, golpeará a algún amigo surfista o a algún bañista. Hay muchos accidentes en la orilla cuando un surfista deja de prestar atención a su tabla.

2. Una vez que llegas a un lugar con profundidad suficiente para remar, tienes que tumbarte bocabajo sobre la tabla en la posición exacta para que la tabla no se ladee, y en la posición más eficiente en relación con la parte delantera y la trasera para que puedas sacar el máximo partido cuando remes. Quizá piensas que es algo instintivo, pero te aseguro que no.

3. Mientras te impulsas hacia el pico, tienes que hacer frente a las olas que te salen al paso. Si son pequeñas, puedes sortearlas flotando sobre ellas o elevando el cuerpo y dejando que el agua rompa entre ti y la tabla. Pero si tienen cierto tamaño, la fuerza de la espuma te empujará hacia la playa y quedarás atrapado en un ciclo de esfuerzos a lo Sísifo que hará que luches y luches y te quedes estancado en un mismo punto. Para evitar esto, tienes que hacer el pato, o sea, sumergirte bajo la ola, si tu tabla es corta; si es larga, usas la técnica de la tortuga, giras para quedar sumergido y dejas que el agua pase sobre la tabla mientras tú estás protegido debajo. No dejes que los nombres de pato o tortuga te engañen sobre lo difícil que es aprender estas técnicas básicas, sobre todo cuando la ola es mayor. Te sumerges en la ola con una tabla corta dirigiendo la punta o morro de la tabla hacia abajo para introducirla en el agua, y haces fuerza sobre la parte trasera con la rodilla o el pie en el momento adecuado para ganar el impulso que necesitas para sumergirte y salir por el otro lado, donde el agua está calmada. Para la modalidad tortuga, que se emplea con tablas más grandes y voluminosas con las que es imposible sumergirse, te agarras a los bordes y giras hacia el lado de modo que quedes bajo el agua con la tabla encima. Te agarras con brazos y piernas a la tabla mientras la avalancha de espuma pasa sobre ti. Una vez que ha pasado, giras hacia la superficie y sigues remando. La

clave está en no dejar que la fuerza del agua te haga soltar la tabla.

4. Una vez que has llegado al pico, recuperas el aliento sentado sobre la tabla y mirando al horizonte. Sentarse en la tabla también es algo que hay que aprender a hacer bien. El agua se mueve a tu alrededor, de modo que siempre tienes que responder a un entorno cambiante. Si hay marejada, puedes flotar como un corcho. Aprender a mantener el equilibrio estando sentado no es difícil, pero requiere algo de práctica. Algunas personas se sientan muy hacia delante y dejan que la cola se levante sobre el agua. Otros se sientan muy atrás y dejan que la punta se levante. Los mejores surfistas de tabla larga se arrodillan mientras reman y esperan. Yo, después de tanto tiempo, sigo sin poder hacerlo. (Aunque no dejo de intentarlo.)

5. Ahora que has conseguido llegar al pico sin matarte ni matar a nadie, debes aprender a elegir una ola a la que dirigirte, y para mí esa es la parte más difícil. La clave del surf está en saber interpretar las líneas de las olas que se empiezan a formar, e, incluso entre los profesionales, el nivel de habilidad puede variar mucho a la hora de decidir a por qué olas debes ir y cuáles debes dejar pasar. Yo: sí, se me da fatal. Me va mucho mejor si alguien con más pericia para interpretar las olas me indica cuáles coger. Mi yerno dice que puede sentirlo. Ahí fuera está literalmente ciego (es un negado con las lentillas), y sin embargo, es capaz de saber cuándo viene una buena ola para él o para mí. Aún no entiendo cómo puede hacerlo si no ve.

6. Una vez decides a por qué ola vas, debes asegurarte de que tienes prioridad. Eso significa que no hay ningún otro surfis-

ta cerca de la cresta de la ola que tenga preferencia. Chocar con alguien es uno de los grandes pecados para los surfistas. Nunca debes ir a por una ola que otro ha reclamado primero. Si no hay ninguna otra cosa que puedas aprender de esta pequeña lección de surf, quédate con esto. El décimo mandamiento sin duda va que ni pintado en el surf. La envidia puede hacer que te echen del pico, o peor.

7. Vale, ahora que ya has elegido una ola y sabes que tienes prioridad (no olvides que todo esto pasa en unos quince segundos o menos), te pones a remar con los brazos como un loco para llegar a ella. Los factores que influyen en cómo coger una ola dependen de la velocidad y la dirección del agua, la velocidad y dirección del viento, la batimetría (el fondo), la altura y la inclinación de la ola entre otros. El truco está en sincronizar el ritmo al que remas para poder amoldarte a la velocidad de la ola y aprovechar su energía cuando te incorpores a ella y avancéis juntos. Coger una ola es una de las experiencias más increíbles del mundo. Es como conectar directamente con el universo. Nunca me canso de hacerlo. Es una de las razones por las que este deporte condenadamente imposible ha dominado mi vida y la de millones de personas a pesar de lo difícil que es.

8. Una vez que coges la ola, tienes que ponerte en pie de un salto mientras decides en qué dirección orientar la tabla, si a derecha o a izquierda, dependiendo del lado hacia el que vaya a romper la ola. Ponerte de pie de un salto también requiere *mucha* práctica. Si el listón para entrar en el surf es tan alto en parte es porque hay demasiados factores que tienen que alinearse a la perfección antes de que tengas ocasión de intentar hacer lo que te habías propuesto, que es surcar una

ola en pie sobre la tabla. El tiempo que pasas surfeando de verdad no es más que una minúscula fracción del tiempo que pasas preparándolo todo. Los estudios indican que los surfistas profesionales pasan solo el 8 % del tiempo que están en el agua haciendo surf de verdad.[9] La mayor parte se pasa remando, aproximadamente un 54 %. En mi caso, es más bien un 0,004 % del tiempo surfeando (en una buena sesión), y el 80 % remando. No hay ningún otro deporte en el que los números vayan tan en contra del dominio y favorezcan el abandono.

9. Una vez que estás de pie y orientado en la dirección correcta, te deslizas sobre la ola evitando a la gente que puedas encontrarte en tu camino. Es algo que ves hacer a los surfistas en los vídeos continuamente, y lo hacen con tal precisión que no permite hacerse una idea de lo difícil que es no pasarle a nadie por encima. Con frecuencia, tienes que renunciar porque hay otros jinetes de las olas por en medio (surfistas, *bodyboarders*), o porque la ola rompe sin dejar espacio para montarla. Para los surfistas menos dotados, estos fracasos superan las veces en que consigues la satisfacción de llegar al final. Ya puedes imaginar las veces que yo he tenido que renunciar.

10. Al margen de los abandonos, las caídas, las olas que rompen de manera inesperada y demás, tratas de mantenerte sobre la ola el máximo posible respondiendo a lo que esta hace en cada momento. Aquí la clave está en desplazar el peso y girar el cuerpo. Solo que lo tienes que hacer sobre una tabla que se

---

9. «Surfers Only Spend 8 % of the Time Riding Waves», *SurferToday*. Disponible en: www.surfertoday.com/surfing/7653-surfers-only-spend-8-of-the-time-riding-waves. (Fecha de acceso: 12 de noviembre de 2017.)

desliza sobre una masa de agua que también se mueve y cambia a cada momento. Ahora se trata de trazar secciones, dividir la ola en diferentes partes conforme va cambiando. Nunca habrá una ola o una situación que se repita, de modo que cada vez que llegues a este punto, la respuesta que des será diferente. También varía mucho dependiendo de la tabla que utilices.

11. Una vez que has completado la ola, debes abandonarla. Una de las cosas que más me gusta es ver cómo los surfistas profesionales salen de la ola. Algunos lo hacen con elegancia, otros con humor, otros con violencia. Puedes flotar tranquilamente mientras sigues en pie, o enfilar la ola por el labio o el rompiente. Puedes deslizarte por la parte delantera de la ola y salir por el otro lado, saltar en bomba contra la espuma o echar la tabla hacia delante mientras tú te echas estratégicamente hacia atrás y te alejas del caos de la ola al romper. La idea es apartarte de la ola antes de que estés demasiado cerca de la orilla, porque cuanto más cerca estés, mayor será el trecho que tendrás que remar para volver al pico. Para una aficionada como yo, salir de la ola nunca es salir de la ola, sino un intento de caerme sin golpearme contra la tabla o golpear a otro surfista.

12. Sea cual sea el resultado de los pasos 1-11, le das la vuelta a la tabla, te diriges hacia el horizonte y vuelves a empezar.

Pues eso. Ya tienes las nociones básicas.

Dominar estas habilidades básicas no te convertirá en el surfista perfecto. Ni siquiera te convertirá en un buen surfista. Solo es el punto de partida. Un punto de partida que para mí nunca se acaba.

De ahí el principio número uno si algo se te da fatal: tiene que importarte. Tiene que importarte más que alcanzar la perfección.

Ahora mismo: anota los principios básicos de algo que dominas. Puede ser algo tan aparentemente sencillo como servir huevos revueltos sobre una tostada para el desayuno, o maquillarte, o afeitarte antes del trabajo. Quizá sea nadar a modo de ejercicio matutino, hacer una serie de levantamientos de pesas en el gimnasio o una secuencia de yoga que practicas antes de acostarte. También podría ser algo necesario, como desplazarte en coche durante la hora punta, o en transporte público. Divídelo en partes pequeñas como harías con un principiante. Y en tantos pasos como sea posible: sé exhaustivo, concreto y claro.

¿Tienes idea de lo complejo que es en realidad lo que haces?

Apreciar lo difíciles que pueden ser las cosas es el primer paso para alcanzar la libertad que traen las bajas expectativas. La libertad de hacer algo que se te da fatal.

Encuentra lo que te gusta

Ahora que has demostrado que eres todo un experto en algunas cosas, puedes permitirte sentirte menos cohibido y buscar algo que no tiene por qué dársete bien. Es posible que tengas que hacer varios intentos antes de encontrar ese algo que te impulse a seguir trabajando a pesar del fracaso, pero te lo prometo: cuando lo encuentres, tu vida cambiará para mejor. Yo tardé años en descubrir que el surf era lo mío, y sin duda en parte lo que lo hace tan importante para mí es mi historia personal con las olas, mi ballena blanca particular. El miedo concomitante y la obsesión eran una llamada de sirena que al final no pude seguir ignorando. En tu viaje para encontrar tu ballena blanca, quizá tendrás que nadar con otros peces más pequeños.

Antes del surf, hubo otras actividades que me gustaban, pero al final acabé dejándolas. Hubo una época en que me encantaba montar a caballo. Ni que decir tiene que se me daba fatal. Solo que no me di cuenta hasta que casi fue demasiado tarde.

En 1992 me mudé a Los Ángeles. Durante mi breve estancia en la ciudad, cada semana conducía hasta un rancho en las colinas de Malibú para huir del tráfico de la ciudad y montar a un semental rebelde llamado *Tempest*. Mi instructor era una vaquera rubia que llevaba pistola y vestía de cuero. Un día me hizo montar aquel arisco semental a pelo, solo para ver cómo me derribaba. Pero yo conseguí mantenerme erguida agarrándome a su crin. La vaquera pensó que era una rabieta.

«Oh, sí —pensé como una tonta—. Lo tengo.»

Después de ocho meses con *Tempest*, estaba convencida de que entendía de caballos. Cuando volví a Nueva York, echaba de menos montar. Una fría mañana de otoño, me acerqué a los viejos establos Claremont, en el Upper West Side, y aseguré al personal que era lo bastante experimentada para salir sola con un caballo a dar un paseo por el Bridle Path de Central Park.

No haría más de un minuto que habíamos salido del establo cuando las cosas empezaron a torcerse. De algún modo, me las ingenié para que fuéramos en la dirección equivocada, por Amsterdam Avenue. *Daisy*, entusiasmada al ver que nos desviábamos de la ruta habitual hacia Central Park y sin duda confundida por alguna señal que yo le había dado erróneamente, empezó a avanzar a medio galope por la calle. Y no tardamos en encontrarnos de frente con un monstruo azul y blanco sin pelo que venía derecho hacia nosotras. Era el autobús M11, que subía por Amsterdam en su ruta habitual hacia la zona residencial. Viendo que el autobús se nos echaba encima, solté las riendas y empecé a agitar los brazos por encima de la cabeza y a gritar, tratando de avisar al conductor para que parara antes de que jinete y caballo acabáramos hechos papilla entre la Ochenta y Siete y Amsterdam. Como tenía las manos en el aire, mi cuerpo empezó a oscilar peligrosamente hacia la derecha y casi me caigo de la silla. De haber pasado esto, el caballo me habría arrastrado a una muerte segura. Fue una suerte que consiguiera mantenerme erguida sobre aquel pobre animal.

Daisy entendió enseguida que yo no tenía que hacer nada a lomos suyos y, sin que yo le diera ninguna indicación, tuvo el sentido común de llevarnos de vuelta al establo.

El personal del Claremont me preguntó:

—¿Qué ha pasado?

—Oh, no me encuentro muy bien —mentí para explicar la ausencia de color en mi rostro—. He decidido que mejor no salgo a montar... ¿Qué es eso? ¿Un reembolso? Oh, no, no, gracias, estoy bien.

No veía el momento de salir con mi humillación de aquel sitio. Y ese fue el final de mi corta carrera con los caballos.

Mi pasado está lleno de ensayos y errores y fracasos. Me han dejado fuera de combate cuando boxeaba. Una vez se me salió un tampón mientras practicaba esquí acuático, cuando mis piernas, en lugar de mantenerse paralelas, se abrieron sobre el agua e hicieron que el tampón de algodón quedara atrapado en la tela de mi bañador. He bajado a toda velocidad por una montaña nevada sin saber cómo parar y he escapado por poco mientras patinaba, montaba en bici o practicaba *skateboard*. A pesar de los moretones y los momentos de bochorno, no me arrepiento de estos esfuerzos. Y aunque no me sentí impulsada a seguir con ninguna de estas cosas que se me daban fatal, creo que ya estaba en parte condicionada cuando me encontré ante la que sería mi afición favorita.

Lo más importante, no sentía la *necesidad* de comprometerme en serio con cada una de las cosas que probaba. No lo hagas tú tampoco. La presión por mostrar un compromiso es una forma de obligación que te aleja de la libertad que puede darte hacer algo que se te da fatal. La idea es empezar algo nuevo con la mente abierta. El compromiso llegará o no. Lo bonito es que, cuando dejes que la curiosidad te guíe hacia una pasión no descubierta, te aliviará no tener que destacar y encontrarás un comité de bienvenida que no sabías que existía.

Aquí tienes algunas indicaciones para empezar:

1. ¿Qué querías hacer cuando eras pequeño pero te asustaba demasiado o nunca hiciste porque alguien te dijo «oh, nunca serás bueno en esto»?

2. ¿Qué ves hacer a otros y piensas: «¡Ojalá pudiera hacerlo yo!»?

3. ¿Qué te aterra? ¿Te gusta la idea de superar ese miedo?

4. Responde a lo siguiente: si pudiera dejar mi trabajo en este momento, ¿a dónde iría y qué haría? (No te estoy animando a que seas irresponsable; lo que digo es que el hecho de olvidarte de las obligaciones por un momento permitirá que tu mente se aventure a territorios inexplorados.)

5. Cuando miras las revistas expuestas en un expositor en el aeropuerto o la estación de autobuses, ¿cuál querrías comprar y leer en secreto, pero crees que no debes hacerlo porque tú no haces esas cosas?

Una advertencia: evita que se convierta en una transacción. Si te vas a poner a hacer cerámica o macramé, no cometas el error de invertir en un bonito local para vender lo que produces. Si quieres escribir poesía, olvídate, al menos de momento, de publicar. Si quieres cantar, no vayas a audiciones todavía. Si te encanta el Scrabble, no debes poner la vista en el campeonato nacional, sino concentrarte en formar palabras ingeniosas cuando te enfrentas a tu no tan inteligente tía o al sobrinito sabelotodo.

Una cosa es absolutamente cierta: nunca serás *el mejor* en ninguna de estas cosas, así que cuanto antes lo aceptes, mejor. Yo te ayudo.

Utiliza el árbol de las páginas 58-59 a modo de guía... o solo para divertirte.

Malas virtudes

Nos acercamos a los ocho mil millones de habitantes en el mundo. ¿En cuántas cosas podemos ser «los mejores»? Y ¿dónde nos deja eso a los demás?

Reconozco que siento una fuerte aversión por la idea del perfeccionismo. Mi oposición a él tiene una valencia emocional, porque sé que puedo sucumbir a su canto de sirena. El perfeccionismo es tan, tan agradable. Es una excusa que encuentro a menudo cuando hablo con la gente sobre lo genial que es hacer algo que no se te da bien. Buscar la perfección es una forma bonita de decir: tengo miedo. Miedo de parecer idiota. Miedo de tener que empezar algo. Miedo de pifiarla.

En parte, tal y como descubrí muy pronto, el problema es que el perfeccionismo podría considerarse una virtud, cuando en realidad no es más que una forma de autodefensa para no sentirnos vulnerables. Y una inspiración para la publicidad. Recientemente, cierta marca de coches de lujo europea sacó este anuncio: un modelo nuevecito circula a gran velocidad por una carretera de curvas, la música está muy alta y la voz en *off* dice: «Mi padre siempre decía: "No importa lo que hagas en la vida... Pero sé siempre el mejor"». Oh, sí, por supuesto, e imagino que eso implica comprar ese coche de 60.000 dólares.

Dado que vamos a iniciar nuestra búsqueda de la imperfección juntos, cerraremos la puerta al mito del perfeccionismo. Vamos a llamarlo por su verdadero nombre: miedo. Y también matizaremos la diferencia entre lo que significa buscar la excelencia y soñar con la perfección. Una cosa nos impulsa, la otra nos frena.

Esto no va a ser tan fácil. Todos tenemos interiorizado un complejo y sofisticado conjunto de ideas sobre la perfección.

Para entender el origen del impulso por la perfección, podemos volver la vista al padre de la psicología y la psicoterapia del individuo, el doctor vienés de principios del siglo xx Alfred Adler, cuyo trabajo se centraba en la idea de que la lucha del humano por pasar de la inferioridad a la superioridad es lo que mueve todos nuestros actos. A esta lucha, él la llamaba «el impulso que nunca cesa de pasar de abajo a arriba».

El impulso que mueve todos los esfuerzos del humano, la búsqueda de la perfección, es algo innato, «algo sin lo que la vida sería impensable», escribe Adler. Sin ese impulso, la humanidad no habría sobrevivido.[10]

Adler explica que ese impulso empieza en la infancia, cuando nos sentimos indefensos e inferiores, y nos acompaña durante toda la vida, aportando la motivación para que avancemos y subamos siempre, aunque nunca consigamos lo que buscamos. En términos prácticos, esto tiene su lógica. Un niño pequeño que no se esfuerza, nunca aprenderá a caminar, ni a comunicarse, ni a leer. De hecho, a los bebés, los niños y los adolescentes se les da muy bien lanzarse a las cosas aunque las hagan fatal. No dejan de intentarlo hasta que más o menos lo hacen bien. Adler lo llama «la búsqueda implacable de la verdad», y lo relaciona con la idea de la perfección: «la búsqueda insaciable de una solución a los problemas de la vida entra dentro de esta ansia por una suerte de perfección».[11] Desde los niños pequeños que tratan de entender cómo atarse los cordones del zapato hasta los científicos que han ganado el premio Nobel y buscan el origen del universo, todos buscamos la verdad, intentamos resolver un problema.

---

10. Adler, Alfred *et al.*, *The Individual Psychology of Alfred Adler*, Harper Perennial, Nueva York, 2006, pp. 103–104.

11. *Ibid.*

ÁRBOL DE DECISIONES DE SE TE DA FATAL
Descubre si llevas la vida de un Se Te Da Fatal

¿Hay algo que te guste hacer más que ninguna otra cosa?

NO

¿Hay algo que siempre has querido hacer, incluso si era en secreto, pero te daba miedo intentarlo?

SÍ

NO

¿Qué es?

_____

Vale, cambiemos eso. Lee este libro y luego hablamos.

¿Soportarías la idea de que algo se te dé fatal?

NO

SÍ

Vas camino de alcanzar la alegría. Apúntate a clases, compra el *kit* del principiante y pasa al «sí» de la página siguiente.

Tienes trabajo por hacer. Continúa leyendo y luego vuelve a hacerte la última pregunta.

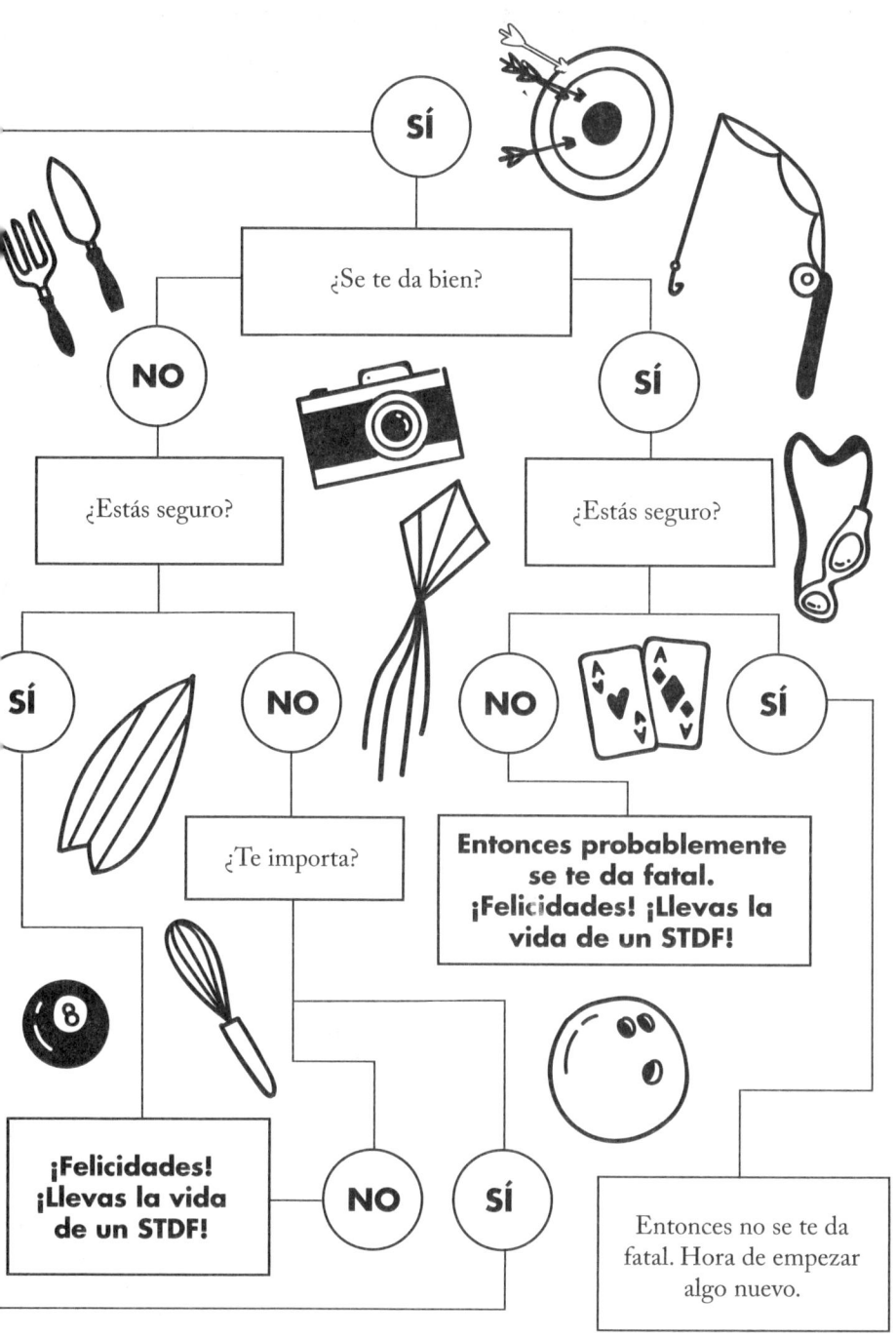

SÍ

¿Se te da bien?

NO

SÍ

¿Estás seguro?

¿Estás seguro?

SÍ

NO

NO

SÍ

¿Te importa?

Entonces probablemente se te da fatal. ¡Felicidades! ¡Llevas la vida de un STDF!

¡Felicidades! ¡Llevas la vida de un STDF!

NO

SÍ

Entonces no se te da fatal. Hora de empezar algo nuevo.

Para quienes tenemos problemas con el perfeccionismo, es de esa primera forma, la neurótica, de la que tenemos que desprendernos. Quizás hubo un tiempo en que me adentraba remando en el agua con una ola perfecta en la mente. Ahora remo sin pensar en nada más. Y si esa ola maravillosa llega, no me molesto en puntuarla.

La psicóloga adleriana Sophie Lazarsfeld explica una de las diferencias entre «una búsqueda sana de perfección y el deseo neurótico de ser perfecto». Según postula, en psicoterapia la gente «aprende a afrontar sus imperfecciones. Adquiere el valor para ser imperfecta».[12] Estudios recientes apoyan la idea de que la depresión y la baja autoestima pueden derivarse del hecho de no aceptar la imperfección.[13] Es una trampa. Y el sentimiento de ineptitud que despierta en nosotros el hecho de «no ser perfectos» no tiene nada que ver con que algo se nos dé fatal. Lo que sucede es que la persona se ha puesto una vara de medir tan alta que no vale la pena ni intentar cogerla.

Los perfeccionistas siempre se sentirán decepcionados. Viven siempre a la defensiva y eso impide que disfruten de nada, tanto si está vinculado con el trabajo como si se trata del juego. ¿Cómo puede haber nada satisfactorio o divertido cuando el objetivo final siempre es la perfección? Están condenados al fracaso. No hay modo de arreglarlo. Una de las actrices más grandes de todos los tiempos no soporta verse en sus películas porque es incapaz de ver nada que no sean sus errores. Es doloroso que nos neguemos a aceptarnos a nosotros mismos por nuestros esfuerzos ante la imposibilidad de alcanzar la perfección.

Si pensamos en la perfección del modo en que Adler la definió al principio, empezaremos a entender que esta ansia es innata, que es un impulso natural por mejorar. Aceptar que nunca seremos per-

---

12. Lazarsfeld, Sophie, «The Courage for Imperfection», *American Journal of Individual Psychology*, vol. 22, n.º 2 (1966), pp. 163–165.

13. Shinrigaku Kenkyu, «Relationship Between Two Aspects of Self-Oriented Perfectionism and Self-Evaluative Depression: Using Coping Styles of Uncontrollable Events as Mediators», *Japanese Journal of Psychology*, vol. 75, n.º 3 (agosto de 2004), pp. 199–206.

fectos, que no seremos «los mejores», quizá nos ayudará a sentirnos más satisfechos cuando metamos la pata en nuestro camino. Cuando menos, podemos aprender a no utilizarlo como excusa para no intentar las cosas al menos una vez. En realidad, es muy difícil no mejorar ni un poquito en algo.

Hay una estrecha relación entre el hecho de aferrarnos a un estándar imposible (y alejarnos así de la posibilidad de intentarlo) y la costumbre de juzgar a otros injustamente. Rudolf Dreikurs, otro psiquiatra austríaco que ejerció en Estados Unidos y desarrolló un sistema para trabajar con niños problemáticos, advirtió en 1957 en un discurso en la Universidad de Oregón que nos estábamos convirtiendo en[14]

[una] sociedad centrada en los errores, en la que la idea errónea de que la importancia de los errores nos lleva a un concepto equivocado de nosotros mismos. Nos impresiona demasiado todo lo que hay de mal en nosotros y a nuestro alrededor. Porque, si soy crítico conmigo mismo, seguro que seré muy crítico con los que me rodean. Si estoy seguro de no ser bueno, como mínimo tendré que descubrir que tú eres peor… Quien es crítico consigo mismo siempre es crítico con los demás. Y mientras estemos tan preocupados con la falaz asunción de la importancia de los errores, no seremos capaces de manejarlos.

Dreikurs estaba señalando nuestra fijación por centrarnos en lo que hacemos mal en lugar de mirar la parte que hacemos bien. Y eso mucho tiempo antes de que en Internet se convirtieran en un pasatiempo mundial los ataques de los troles.

El matiz al que aludía antes en este capítulo está contenido en esta dificultad: es genial hacer algo que se nos da fatal siempre y cuando lo aceptemos, lo abracemos y lo veamos como una parte de

---

14. Dreikurs, Rudolf, *The Courage to Be Imperfect*, University of Oregon, Eugene, Oregón, 1957.

la ecuación y no como un error. No puedes desear sentir (demasiada) frustración cuando haces algo que se te da fatal. Del mismo modo que un corredor novel siente dolor muscular después de correr unos kilómetros, tendrías que buscar esa sensación sana de estrés, el estrés que te embarga cuando corres unas manzanas más que la vez anterior. De otro modo, lo dejaremos o saltaremos sobre otros (o las dos cosas) por las deficiencias que percibimos en nosotros mismos.

Sin embargo, Dreikurs no se desanimaba, y creía que «si aprendemos a funcionar, a hacerlo lo mejor posible a pesar del resultado, por el mero placer de hacerlo, podemos crecer igualmente, incluso mejor que si lográsemos la perfección».[15] En otras palabras, sé feliz por lo que haces, no necesariamente por lo que consigues. Hemos de dejar que hacer algo que se nos da fatal nos ayude a salvar el abismo que tenemos en nuestras almas perfeccionistas y, como dijo Lazarsfeld, a encontrar «el valor para ser imperfectos».

En los raros momentos en que no estamos criticando a aquellos que lo hacen peor que nosotros, nos dedicamos a elegir modelos de perfección y los ponemos en un pedestal que no han pedido. Hacer esto estimula nuestras aspiraciones y fomenta las dudas sobre nosotros mismos. Creemos que las personas con gran talento pueden disfrutar de su gran nivel de perfección, mientras que nosotros tenemos que conformarnos con soñar.

Hace muchos años tuve el privilegio de trabajar con uno de mis héroes de aparente perfección: Mikhail Baryshnikov, posiblemente el mejor bailarín de ballet que el mundo ha visto. Yo crecí hechizada por su poder y su gracia, por su belleza y su talento. Nuestra primera reunión tuvo lugar delante del Lincoln Center. Yo estaba embarazada de ocho meses y casi no cabía en el banco. La reunión duró muy poco, porque él tenía una cita que no podía eludir, cosa que estuvo bien porque, cuando bajaba del taxi para ir a reunirme con él, tuve una contracción bestial. Como si quisiera confirmar mi idea de que él era el amo del

---

15. *Ibid.*, p. 289.

universo, en el momento en que me puso los ojos encima, Baryshnikov supo que me había puesto de parto. Yo pensaba que lo estaba disimulando bastante bien. (Tampoco se me da bien llevar los embarazos a término. Mis dos hijos nacieron cuatro semanas antes de tiempo.)

Mentí y le dije:

—No, no, estoy bien. Solo son contracciones de Braxton Hicks. Es normal.

Baryshnikov no se lo tragó.

—He visto esto con cada uno de mis cuatro hijos; sé cómo es, y creo que estás de parto. (Más adelante, su agente me dijo: «Misha tiene ese efecto en la gente».)

Resultó que Baryshnikov tenía razón.

—Te diré lo que haremos —le dije—. Hagamos la reunión y te prometo que luego me iré directa al hospital. ¿Hecho?

—Hecho.

Y, puesto que aquel hombre había presenciado un momento muy personal de mi vida y de algún modo podía considerarse que casi éramos íntimos, me atreví a preguntar.

—Ahora que sabes lo que voy a hacer yo después de esta reunión, dime lo que vas a hacer tú.

—Clases de baile —dijo él para mi sorpresa.

Creo que yo solté algo muy poco elegante como:

—¿¡Qué!?

El mejor bailarín del mundo tomaba clases de danza. No se trataba de alcanzar la perfección (aunque él se acerca mucho); lo que me dijo es que nunca deja de aprender. Eso me dio mucho en que pensar durante las dos semanas que pasé haciendo reposo en cama antes de que naciera mi segundo hijo.

Un importante beneficio de renunciar a la perfección es que ya no tienes que pensar tanto. Dado que la perfección es inherentemente una medida (¿cuánto se acerca esto a lo que tendría que ser?), siempre estarás comparando lo que tienes ahora con lo que debería ser. Y eso es pensar mucho.

El día que cogí mi primera ola de verdad, me desplacé hasta una ola que iba a romper hacia la izquierda, remé y noté el impulso del agua al elevarme y, con la mente puesta en no hacerme más daño en la muñeca, me impulsé torpemente con la mano izquierda y de alguna manera conseguí levantarme. Antes de que me diera cuenta, me estaba deslizando sin ningún esfuerzo sobre una ola de un metro y giré de forma instintiva hacia la izquierda (es lo que prefiere la mayoría de los *goofies*, lo que significa que tenía el pie derecho adelantado) para rodear a otros surfistas. Seguí sobre la tabla casi hasta la orilla. Ni siquiera era consciente de que sabía hacer aquello. Pero, de pronto, lo hice. ¡Hice surf! Aquellos cinco años de intentos me sirvieron cuando por fin dejé de pensar.

Cuando caminábamos de vuelta a casa después de nuestra sesión, le pregunté a mi yerno:

—¿Has visto la ola que he cogido?

Eso de tener un espectador es cosa seria. Sobre todo en algo como el surf. A los surfistas les gusta que la gente les mire, que es el motivo por el que la cámara GoPro se ha convertido en una empresa millonaria.

—He visto que lo has logrado, sí —dijo algo frío y muy poco impresionado.

—¿Sabes que me ha costado cinco años coger esa ola?

—Sí, lo sé. ¿Cómo te sientes?

—Ha estado bien —le dije—. Muy bien.

Y ya está. Fue una de las mejores conversaciones de mi vida.

Tennō Dōgo, el maestro zen del siglo VIII, dijo a un monje novicio: «Si quieres ver, hazlo enseguida. Cuando empiezas a pensar, te pierdes».[16]

Había empezado a entender que pensar está muy sobrevalorado.

---

16. Suzuki, Daisetz T., *Zen and Japanese Culture*, Princeton University Press, Princeton, Nueva Jersey, 2010, p. 13.

NORMAS DE CIRCULACIÓN PARA AQUEL A QUIEN SE LE DA FATAL ALGO

(chuleta)

1

Lo que se te da fatal tiene que significar algo para ti.

2

No te compares con otros.

3

Haz lo que te gusta sin esperar ganancias o recompensas.

4

Te produce placer lo que se te da fatal a ti, no a los demás.

5

Acalla la voz crítica de tu interior eliminando ese «¿No podía ser menos...?» (Nada de *menos*. Las cosas siempre son más difíciles de lo que parecen.)

6

Que no se te dé fatal algo relacionado con un deporte de equipo (a menos que te hayan invitado a participar) o los tatuajes, a menos que los hagas gratis.

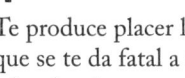

7

No hagas daño a los demás con lo que se te da fatal.

No se trata de **PAYASADAS,** se trata DE NO tomarte A TI mismo DEMASIADO en serio.

OLA 2

Mi ola *Pura Vida*: ir en pos de un sueño y ahuyentar mis fantasmas

Regla #2:
Haz lo que te gusta sin esperar ganancias o recompensas, o No eres tu trabajo.

Lección #2:
Si te resistes a la ola, la ola siempre gana.

Beneficio #2:
Jugar es bueno para ti.

Compré una propiedad que no había visto nunca a un hombre a quien no conocía en un país que solo había visitado una vez. Era el salto de fe más grande que había dado en mi vida. Ninguno de mis tres matrimonios había sido tan arriesgado. Ningún trabajo que hubiera dejado me había puesto en una situación financiera tan apurada.

Era consciente de todo esto. Y sin embargo, el 24 de mayo de 2010, cuando envié hasta el último dólar de mi cuenta de ahorros a un banco en Costa Rica, no me lo pensé dos veces. De hecho, en un arrebato de racionalidad, utilicé el hecho de que me había quedado sin blanca como táctica para negociar: «Es todo lo que tengo —le dije al vendedor—. No hay más. Lo tomas o lo dejas».

Tres semanas después, el trámite se había completado a través del correo electrónico y el teléfono. Había adquirido una propiedad de un tercio de acre en la costa del Pacífico, en la península de Nicoya, en la pequeña comunidad de surfistas de Guiones. Casi de modo instantáneo, recibí una carta del IRS, el Servicio Interno de Recaudación de Estados Unidos.

—Manda un puñado de dinero a Centroamérica —me dijo mi gestor— y el IRS te hará una auditoría.

Por suerte, no era una compra ilegal, solo irracional. La auditoría me lo hizo ver muy claro. Y en cierto modo aquello tuvo su gracia. Me pregunto si los funcionarios del IRS sintieron lástima por mí.

La del IRS no fue la única voz de la razón. Mi marido también estaba preocupado. Lógico.

Joel y yo llevábamos quince años juntos. Habíamos comprado y reformado dos casas. Una de las transacciones casi acabó con nuestro matrimonio. Nos vimos envueltos en demandas y disputas con promotores y arquitectos. La primera novela de Joel era sobre la vida de okupa en un apartamento del East Village, y una saga después se convirtió en un largometraje. La historia inmobiliaria no acaba bien en ninguna de sus representaciones.

Para aquellos que nos conocían, era un misterio que nos lanzáramos a otra aventura en un momento tan precario de nuestras vidas, y con cuatro niños a nuestro cargo.

Un factor secreto es que mi facilidad con los números supera en mucho mi facilidad para surfear. (Está muy bien que algunas cosas se te den fatal; y también está muy bien que otras no.) En resumen, pude calcular con bastante precisión hasta dónde podíamos llegar antes de que todo se desmoronara y cuándo, si eso llegaba a pasar, debíamos dejarlo correr. Habíamos confiado en mi intuición con el riesgo en el pasado, y cada vez habíamos conseguido librarnos sin perderlo todo.

Además, confiaba en el de la inmobiliaria, Erik. Nos habíamos pasado tres horas hablando por teléfono. Sabía lo agotado y entusiasmado que estaba con sus dos hijos pequeños, que tenía problemas de espalda y que había hecho realidad su sueño de hacer surf y vivir en Costa Rica, porque pensó que un trabajo de oficina en su Florida natal le mataría. Éramos nuevos viejos amigos.

Joel era más escéptico, y con razón. Como cualquier adulto curtido, nosotros habíamos tenido experiencias con gente que miente y engaña y roba porque puede. Sí, nos habíamos encontrado con algunos desgraciados, pero no nos sentíamos especialmente maltrechos. Aceptábamos los golpes, aprendíamos la lección (más o menos) y seguíamos adelante. El riesgo no sería riesgo si a veces las cosas no salieran mal.

El valor del riesgo se subestima

Un añadido adicional al principio de hacer algo que se te da fatal: cuando inevitablemente el mundo se revele como el lugar peligroso que puede ser, ve más allá. Profundiza. Métete en algo que es demasiado para ti. Protégete, pero no permitas que el mundo te aparte de su abundancia por el miedo a los obstáculos que puedas encontrar.

Como cualquier hijo de vecino, ha habido momentos en que he confiado en la persona equivocada y he acabado en situaciones bastante desagradables. Me casé con un hombre que me traicionó hasta tal punto que mi vida acabó viéndose amenazada, pero me volví a casar después de solo una cita. Cuando un jefe me puso en una situación profesional comprometida, le canté las cuarenta y eso llevó a mi despido. No tenía contrato, ni una red para protegerme. Ahora las apuestas eran más altas, porque mi familia y su sustento también podían estar en peligro. Mi quizá poco juiciosa respuesta a cada situación traumática ha sido siempre la misma: en lugar de replegarme a un comportamiento más cauto, me enfrento a un mundo peligroso adentrándome en uno aún más peligroso. Era mi forma de poner a prueba al universo. Un desafío cósmico.

No se trata de ser temerario. En los momentos de gran ansiedad, lo que más temía era siempre la amargura, que la desconfianza calcificara en mí y llevara mi alma a un ciclo interminable que me hiciera revivir una y otra vez ese algo tan terrible. La única forma de evitar replegarme en mi miedo y mi recelo era creer en la bondad esencial del mundo. Así que tomé por costumbre volver siempre a creer, por muy malo que fuera lo que encontraba. Seguramente habrá quien dirá que eso es una ingenuidad, yo lo veo como un mecanismo de supervivencia.

En su precioso libro *When Things Fall Apart: Heart Advice for Difficult Times*, la monja budista y profesora de meditación Pema Chödrön enseña: «Llegar al límite no es un obstáculo o un castigo, es más bien como encontrar una puerta a la cordura y la bondad incondicional de la humanidad».[17]

Chödrön explica la historia de cómo el Buda, cuando estaba a punto de alcanzar la iluminación, se vio enfrentado a las malévolas fuerzas de Mara, u obstáculos a la iluminación espiritual. Estas Maras le dispararon espadas y flechas al Buda, pero en lugar de herirle, se convertían en flores. Chödrön explica: «Que experimentemos lo que nos pasa como obstáculo y enemigo o como maestro y amigo depende enteramente de nuestra percepción de la realidad. Depende de nuestra relación con nosotros mismos».[18]

Estoy totalmente a favor de convertir las espadas en flores.

---

17. Chödrön, Pema, *When Things Fall Apart: Heart Advice for Difficult Times*, ed. del 20 aniversario, Shambhala, Boulder, Colorado, 2016, p. 16.

18. Chödrön, *ibid.*, p. 65.

Mi marido tenía preocupaciones más prosaicas.

—¿Me estás diciendo que vas a mandar todo nuestro dinero a Centroamérica sin pedir siquiera referencias de ese hombre? —preguntó, refiriéndose a la absurda transacción que estaba a punto de hacer a ciegas.

—Parece muy majo —le dije—. Yo confío en él.

—Ni siquiera le conoces —objetó con mucha razón.

—Sí, lo sé. Pero no entiendo por qué iba a mentir.

—No se trata de eso.

—Entonces…, ¿crees que no debo hacerlo?

Silencio. Joel lo había dejado muy claro.

—Vale. Buscaré referencias sobre él.

Cuando estalló la burbuja con la ingenua fantasía de que por ahí había un ángel del mundo inmobiliario deseando alegrarme el día y ofrecerme una parcela en la jungla a precio de saldo, mi respuesta infantil fue poner morros. Así pues, le comenté a Erik que quería algunos nombres para pedir referencias. «Esta es una comunidad muy pequeña, no podría esconderme aunque quisiera», me dijo.

Más adelante descubriría que la comunidad la formaban expatriados que se habían refugiado allí huyendo de la ley; aunque eso pasó en la década de 1970, cuando la única forma de escapar de la ciudad era a lomos de un caballo. Hace cuarenta años, el surf y las drogas eran una simbiosis, formas de vida alternativas que podías elegir. Nada que ver con la comunidad que ahora predomina en el lugar, adepta de la vida sana, la comida orgánica, el yoga, el surf y acostarse y levantarse temprano.

A veces hacer algo que se te da fatal significa doblegar la realidad para tener una perspectiva diferente. Todo aquello había empezado el año antes, cuando toda nuestra familia viajó a un pequeño enclave del surf en Costa Rica llamado Playa Guiones. Para cuando acabaron las vacaciones ya estábamos bromeando con la idea de comprar una casa allí, pero solo eran las tonterías típicas de cuando sales de vacaciones. La vida siempre se interpone ante los sueños, vaya que sí.

Tres semanas después de haber preguntado por una casa llave en mano, recibí una llamada de Erik.

—Hola, Karen, no sé si tienes previsto venir por aquí en un futuro próximo, pero ha salido algo que creo que podría interesarte.

Y me contó que el acuerdo tendría que cerrarse en un mes. En metálico. ¿Me interesaba? Si la quería, tendría que hacer una oferta aquel fin de semana.

A Joel no le gustó nada. En cambio, yo estaba intrigada.

—Volveré a llamarte —le dije a Erik.

Cuando colgué, estaba arrebolada por la emoción. Siempre he querido construir una casa desde los cimientos. Joel sabía que tenía ese prurito, y había llegado mi momento para rascarme. Pero iba a necesitar un brazo muy largo.

—Estás loca —me dijo.

Pero en aquellos momentos las palabras de Joel no podían ofenderme. Estaba en las nubes, haciendo lo que hago siempre que me siento así de bien. Yo lo llamo «jugar con los números». Considerar escenarios financieros tiene algo de meditación: financiación, capital, riesgo de inversión, como si pudiera descubrir alguna fórmula mágica que compense el hecho de que nunca tendré suficiente capital, tiempo o crédito. Aún vivíamos con la paga de cada mes, y no teníamos ningún colchón salvo el que yo estaba a punto de arriesgar en aquella aventura. Aquel colchón solo tenía un año, y yo estaba a punto de quemarlo en un impulso.

—Creo que puedo hacerlo —dije en un suspiro, sin dirigirme a nadie en particular.

Joel me escuchaba. Él siempre escucha cuando creo que no me está escuchando, y casi nunca lo hace cuando me dirijo a él directamente. Si eso no es la definición de matrimonio, no sé cuál será.

—¿Hacer qué?

—Comprar esa propiedad, construir una casa. Será divertido. Voy a pedirle a Erik que grabe un vídeo de la propiedad para que podamos verla. ¿No te parece buena idea?

Genial.

Al día siguiente, Erik envió por correo electrónico un vídeo grabado con manos temblorosas donde se ve cómo camina lentamente entre los guanacastes y los pochotes de doce metros hacia la parte trasera de la propiedad y hace un barrido hacia el este, a la densa jungla que desciende desde la pequeña cima de la colina. Cuando la cámara se desplaza a la parte delantera, se detiene ante un cartel de «Se Vende» clavado en un tronco. Yo ya quiero que lo quiten.

Esto es lo primero que me pregunté cuando vi el vídeo: ¿cómo puede caminar Erik por ese bosque con chanclas? ¿No hay arañas y serpientes mortíferas y escorpiones acechando debajo de cada hoja y cada rama caída? Vaya, que sé que las hay, porque las veíamos todos los días cuando íbamos y veníamos de la playa cuando estuvimos allí un año antes.

La perspectiva de los insectos y las serpientes venenosas era lo que me había decidido a no viajar a Costa Rica quince años antes. El país presume de albergar la mayor biodiversidad del mundo, con muchas especies endémicas gracias a sus diferentes hábitats y al hecho de que comunica con dos océanos distintos, el Pacífico por la Costa Oeste y el mar Caribe por el Este. En mi temeroso cerebro, eso se traducía en: eso son muchos animales, y con muchos de ellos es mejor no toparse. Pero eso fue antes de que tuviera hijos y me pusiera con el surf, cuando las criaturas espeluznantes de la naturaleza aún me asustaban. Y las cosas cambian. Sí, señor.

El vídeo de Erik fue convincente, por decir poco, porque le llamé enseguida y le dije: «Lo queremos». Y antes de que nos diéramos cuenta, nos habíamos puesto en contacto con un abogado de San José, la capital de Costa Rica, que nos ayudó a hacernos con un pedazo de tierra sobre la que no había caminado salvo virtualmente por YouTube.

Intentamos cerrar el acuerdo en persona. Pero yo había sido bendecida con el único surfista de once años capaz de anteponer la escuela al surf porque era lo correcto. Hablamos del tema una mañana de camino a la escuela. Y esa conversación dice más sobre mi poca maña como madre de lo que me gustaría admitir.

—Eh, Rocco, tenemos que ir a Nosara para acabar de cerrar la compra, y tiene que ser en las dos próximas semanas.

Yo sabía que estaba en terreno peligroso, pero tenía que intentarlo.

—¿Y el cole? —preguntó él, porque sabía perfectamente a dónde pretendía llegar con aquello y no le gustaba.

—¿Qué pasa con el cole?

Traté de fingir. Imposible. Rocco sabe lo que pienso antes de que lo sepa yo misma.

—Tendré que perder días de clase, ¿no? Yo no quiero faltar a clase.

—Solo serán tres o cuatro días…, ya pensaremos cómo compensarlo. Además, faltarás a clase para ir a hacer surf. ¿A quién no le gustaría? —propuse con fingido entusiasmo.

Es cruel y egoísta, porque, aunque a Rocco le encantaba Costa Rica y surfear, su sentido inquebrantable e instintivo del bien y el mal estaba siendo desafiado nada más y nada menos que por su madre. Mi hijo se tomaba la escuela muy en serio. Normalmente, eso me gustaba. Pero en aquellos momentos, en un patético intercambio de papeles, me puse a gimotear y traté de convencerle para que hiciéramos el viaje.

Él me miró con una firme determinación.

—Yo no voy. ¿No podemos esperar a que se acabe el cole?

—No podemos esperar. Pero si prefieres no venir, el abuelo y la abuela pueden quedarse contigo y tu hermanito mientras papá y yo estamos fuera.

Es un golpe bajo, y lo sé. Los ojos de Rocco se llenan de lágrimas. Quiere a sus abuelos, y no quiere perderse un viaje tan importante. Pero ese no es el problema. El problema son mis jodidas prioridades y el hecho de que de pronto mi hijo es consciente de ellas. Al llegar a este punto, mi actuación como madre es fatal, pero dentro de mí una voz sigue gritando: ¿es que no sabes lo importante que es esto para mí?

Pero ¿cómo puede ser? ¿Cómo es posible que esa absurda transacción —la necesidad de asegurarme una casa de la que apenas sé nada para poder surfear más a menudo, aunque mal— sea más importante para mí que las prioridades de mi amado hijo?

Rocco me tuvo rendida a sus pies desde el momento en que nació. Hasta entonces yo nunca había sabido lo que eran de verdad el amor y la rendición. Aunque había amado mucho, no era lo mismo. Nada podía igualarse al amor que sentía por mi pequeño. La gente habla de un cambio en las prioridades cuando tienes hijos, pero no dicen que también cambia cada molécula de tu cuerpo. Eso es lo que sentí cuando nació Rocco y, más adelante, Gio. Era como si el corazón me fuera a estallar de tanto que los quería. Lo que fuera que tenía antes no tenía nada que ver. A través de mis hijos he conocido el amor más grande, y todo lo demás es otra cosa.

La determinación de Rocco de no perder días de clase y desafiar a su madre infantil y obsesionada con su propio placer me hizo reaccionar. Las prioridades se realinearon, y decidí que haríamos el viaje todos juntos durante las vacaciones de verano. Para entonces sería tarde para echarse atrás. Mis ahorros ya habrían cambiado de manos, tendría una escritura en mi poder y una parcela de bosque húmedo de Costa Rica. Así pues, mientras Rocco y Gio seguían con sus clases de tercero y quinto sin interrupciones, yo cerré el trato.

El 15 de junio de 2010, recibí un correo electrónico de mi abogado en San José informando de que el acuerdo se había cerrado y los documentos pertinentes venían de camino a Estados Unidos. Cuando llegó el paquete y lo abrí, me encontré un contrato redactado a mano con pluma y tinta azul. También se me da fatal el español, pero imagino que decía que éramos los orgullosos propietarios de la parcela número K-17 en Guiones. El contrato se quedó en mi archivador, donde lo puse el día que llegó. Esperaba que todo fuera correcto.

Una estrella cae, el teléfono suena, sincronicidad

Lo que podría parecer el impulso aleatorio de construir una casa en Nosara tiene algo más de sentido si lo miramos con el prisma rosado de las vacaciones surferas familiares que habíamos hecho solo dieciocho meses antes y que nos habían cambiado la vida. Yo no había hecho ningún viaje no relacionado con el trabajo desde hacía diez años, antes de que los chicos nacieran.

El surf seguía dándoseme fatal, pero cuando llevas el suficiente tiempo haciendo algo fatal, empiezas a desear poder hacerlo en unas condiciones más propicias. Una vez que me convencí a mí misma de que de verdad podía surfear, empecé a soñar con hacerlo en algún otro lugar aparte de Nueva Jersey. No estoy lo bastante curtida ni soy lo bastante hábil para meterme en las aguas del Atlántico Norte antes de mayo o después de diciembre. El invierno atlántico, frío, oscuro y pesado, es genial para los jóvenes y los que tienen talento, pero para mí eran solo aguas difíciles. Si de verdad quería hacer aquello, necesitaba aguas más templadas. Eso significaba buscar algún lugar mucho más próximo al Ecuador que el condado de Ocean, Nueva Jersey.

Aunque mi vida profesional sigue dependiendo bastante de la valoración de riesgos, en mi vida privada he aprendido a abandonarme cada vez más a lo que surja o, por decirlo con algo más de poesía, al azar, que es lo que me llevó a Nosara.

He acabado por comprender que la serendipia seguramente es la única magnetita posible cuando te dedicas a algo que se te da fatal. En otras circunstancias, te guiarías por los hitos que marcan el camino a seguir para dominar esa actividad. Es obvio: primero aprendes a ir en triciclo, luego aprendes con una bici de verdad y luego te desprendes de las ruedas de apoyo. La pregunta de «¿Qué viene ahora?» queda respondida de manera implícita por el propósito. Cuando nada se te da fatal, el camino está muy claro.

Y es más aburrido.

En parte, practicar algo que se te da fatal implica aprender a abrazar la serendipia en tu vida. Míralo como una consecuencia indirecta de que el universo confirma que no eres nada excepcional. Y someterse, abandonarse a algo, es una droga muy potente.

He tratado de desentrañar la maraña de pequeñas acciones que llevó a la improbable circunstancia de que construyera una casa en un lugar que en otro tiempo había rechazado visitar por el tamaño de sus bichos. Si no hubiera llamado a Erik en un raro momento de tranquilidad una tarde de sábado y hubiéramos hablado de su familia —cosa que me hizo confiar en él—, ¿me habría sentido atraída por aquel lugar en particular? Las inexplicables coincidencias que hubo desde el principio de nuestra aventura y que siguen produciéndose hacen que parezca, si no predestinada, sí vinculada a algo más que la mera casualidad.

Es un ejercicio absurdo, tanto dar vueltas al «si esto, entonces lo otro», pero es difícil no caer en ello. Tratamos de encontrar un sentido a las cosas para entenderlas mejor, pero no es en las relaciones causales donde encontraremos la respuesta.

El hecho de aceptar la existencia de una belleza sincronística da sentido a nuestras vidas de una forma demasiado mística para que la comprendamos con la mente racional. Buscamos señales que nos guíen, aunque puedan ser tan efímeras como las estrellas fugaces que captamos con nuestra visión periférica cuando miramos al cielo de la noche. Somos escépticos —¿era un meteorito eso que he visto, o lo he imaginado?—, así que las descartamos en favor de un determinismo más racional, pensando que así nos protegemos y tenemos el control.

La capacidad de practicar algo que se te da fatal implica desprenderse de la falacia del control. Mi mantra favorito para el surf es Rendición-Control-Rendición, bellamente plasmado en la hipnótica fotografía del lengendario Midget Farrelly, el primer campeón mundial de surf. En la foto de LeRoy Grannis, tomada en 1968, Farrelly aparece sobre la punta de la tabla, con los pies en paralelo, las rodillas ligeramente flexionadas, los brazos relajados y estirados ante el cuerpo, con las manos juntas y la cabeza inclinada, como si rezara.[19] El momento refleja el extraordinario control que Farrelly debía de tener para adoptar la postura del suplicante sobre una ola en movimiento. Una instantánea de rendición y control a la vez.

Tengo reproducciones de esa fotografía en casa, en el despacho y en mi móvil; y guardo la imagen en mi cabeza para volver sobre ella cada día.

No es algo específico del surf. Este nexo entre rendición, azar y sentido (y hacer algo que se te da fatal) ha sido estudiado en profundidad bajo un nombre u otro a lo largo de los años. Yo estoy aquí para fomentar su potencial de mejorar tu vida, aunque otros han descrito ya sus bases teóricas.

Carl Jung se sentía muy atraído por la idea de la «sincronicidad» y la vinculó al concepto de *unus mundus* —literalmente, «un mundo»—, que simboliza el concepto de unidad. Su estrecha colaboración con el físico Wolfgang Pauli, que ganó el premio Nobel por su trabajo sobre la teoría cuántica, le lleva a adentrarse en lo místico y, sin embargo, busca evidencias científicas que demuestren que las coincidencias significativas se producen por una cone-

---

19. Grannis, LeRoy, *Midget Farrelly Surfing Shore Break*, Makaha, 1968.

xión espacio-tiempo entre sucesos físicos y psíquicos. Inspirado por sus conversaciones previas con Albert Einstein, Jung desarrolló un interés por el condicionalismo psíquico del tiempo y el espacio.[20] Dado que unos hechos en apariencia aleatorios pueden coincidir fuera de la percepción inmediata de una persona, pero paralelamente a su experiencia psicológica y emocional, Jung creía que estos sucesos sincronísticos demostraban que «la psique no puede localizarse en el espacio, o que el espacio existe en relación con la psique».[21] En otras palabras, hay cosas que suceden y tienen un sentido, aunque entre ellas haya una conexión acausal. Jung trabajó durante años con Pauli tratando de encontrar una base científica que vinculara estos fenómenos a nuestra mente consciente e inconsciente, y tuvo que reconocer que la sincronicidad seguía siendo un misterio. Sin embargo, en su opinión, estos sucesos ligados que van más allá de la mera coincidencia o de las circunstancias causales «son tan improbables que debemos asumir que se basan en alguna suerte de principio, o alguna propiedad del mundo empírico».[22]

Jung y Pauli no llegaron a encontrar una ecuación que explicara los sucesos sincronísticos. Sin embargo, el hecho de que estos maestros de la ciencia, incluido Einstein, dedicaran toda una vida de esfuerzo a entender el sentido demuestra su convicción de que la ciencia subyace a ese sentido; y dedicaron una buena parte de su vida a demostrarlo y cuantificarlo. No es tan raro que la ciencia y la filosofía se desarrollaran a la par desde la antigüedad. El empirismo es necesario para superar a la ciencia pura y dura, pero es allí donde la ciencia y el sentido se encuentran cuando la humanidad puede avanzar de verdad.

---

20. Jung, Carl Gustav y Richard Francis Carrington Hull, *Synchronicity: An Acausal Connecting Principle*, Princeton University Press, Princeton, Nueva Jersey, 1973, p. xii.

21. Jung, *ibid.*, p. 115.

22. *Ibid.*, p. 115.

Aquellos que siguieron los pasos y la disciplina de Jung, como el autor Remo Roth, han ido aún más lejos en la investigación de un pensamiento que no dependa de buscar causas y efectos detrás de todo, como nos empuja a hacer la tendencia actual al dualismo. Roth sugiere que cuando logramos dejar a un lado esa necesidad de buscar una cadena de causalidad somos más receptivos y se nos presentan oportunidades que de otro modo nunca tendríamos.[23] Porque el hecho de estar más abiertos nos permite captar cosas que antes no habríamos visto, y ¿quién sabe lo que una percepción más aguda puede traernos? Hacer algo que no se nos da bien nos ayuda a ser más receptivos.

Yo creo que la pieza que faltaba en la ecuación es el control. La necesidad de encontrar una causa equivale implícitamente a la necesidad de saber cómo controlar aquello que tenemos delante. Después de todo, la causa es algo que podemos comprender. Así pues, vivimos con la pretensión de que podemos controlarlo todo y lo amoldamos a nuestra visión de cómo deberían ser las cosas. La vida no va así. En lugar de esto, si nos olvidamos de nuestro erróneo sentido del control, la idea de que allí donde hay voluntad hay un camino, y aceptamos que las cosas pasan porque sí, es ahí donde encontraremos el verdadero camino a la felicidad. Hacer algo que no se te da bien te ayudará a encontrar ese camino. Dedicarte a algo que haces fatal te ayudará a convertir espadas y flechas en flores.

Solo el trayecto de aquel primer viaje a Costa Rica, desde el aeropuerto de Liberia hasta nuestro destino en la costa, fue toda una aventura. Nos habían dado unas indicaciones rudimentarias y no

---

23. Roth, Remo F., «Introduction to Carl G. Jung's Principle of Synchronicity», página web del autor, 2002. Disponible en: paulijungunusmundus.eu/synw/synchronicity_jung.htm. (Fecha de acceso: 1 de diciembre de 2017.)

teníamos ni idea de lo que se tardaba en llegar. Los ocho nos apretujamos en el todoterreno más grande que pudimos alquilar, aunque seguía siendo demasiado pequeño para que todos viajáramos cómodamente con nuestro equipaje. Hacía calor: unos 37 ºC de calor ecuatorial. Teníamos sed y estábamos cansados. Mi hijo pequeño, Gio —un charlatán de ocho años que siempre se quejaba por todo— fue todo el camino quejándose, y con razón. Era el más pequeño del grupo y tuvo que ir embutido en los asientos de atrás, entre sus hermanos y su primo.

No había indicaciones precisas, en la carretera no vimos más que unas pocas señales y no estábamos preparados para la hora y media que tuvimos que viajar por aquellos caminos de cabras para llegar a Nosara. Sedientos, paramos ante un puesto que vendía sandías pequeñas y perfectas a un lado de la carretera. Elegimos tres y se las pasamos a la *chica* que llevaba el puesto y que las abrió con muy poca ceremonia con su pequeño machete. En pie a un lado del polvoriento camino, engullimos aquella sandía dulce y roja, inclinándonos hacia delante para que el líquido no nos rezumara sobre la ropa.

Las carreteras que van y vienen de Liberia tienen un solo carril. Había un grupo de operarios pavimentando la estrecha carretera que subía la montaña, del otro lado de Nicoya, la única ciudad importante que había entre el aeropuerto y Nosara. Un operario nos hizo detenernos y le entregó a Joel una bandera roja sujeta a un palo y él supuso que tenía que conservarla, hasta que nos encontramos a otro grupo de operarios como a kilómetro y medio y les dio la bandera. El grupo de operarios abrió entonces el paso a los coches que esperaban para poder avanzar en la dirección contraria hasta que —según supusimos— entregaran la bandera roja al último vehículo de la cola y el proceso se repitiera.

El hecho de que nos eligieran para que lleváramos la bandera roja hasta el otro lado fue visto por toda la familia como una señal de bienvenida. En el coche todos estuvimos lanzando vítores mientras

Joel circulaba sosteniendo con orgullo la bandera roja por la ventanilla hasta que encontramos al segundo grupo de operarios. El operario al que entregó la bandera nos saludó con lo que parecía una bendición: «*¡Pura vida!*»

«Pura vida» es una expresión que acabamos por aprender y utilizar nosotros también y que viene a transmitir el espíritu hospitalario y hermoso de este país. *Pura vida* se usa para decir hola y adiós, y es un poco como decir todo va bien, que tenga un buen día y todo lo bonito que pueda haber de por medio junto. Aquel primer intercambio en el que se convertiría en nuestro hogar de adopción fue como una señal tácita de pertenencia, una bandera roja de bienvenida que duraría todo el viaje.

Yo había alquilado una casa por Internet y casi esperaba que fuera un desastre. Cuando llegamos a Playa Guiones, vimos las señales pintadas a mano que indicaban los diferentes lugares y encontramos sin problemas el hotel Harbor Reef, el complejo que gestionaba muchos de los alquileres de la zona. El tico que había tras la mesa de la oficina principal nos dio las llaves de Villa Belitza y nos señaló un camino polvoriento. Después de unos quince minutos dando vueltas por las pistas de tierra salpicadas de baches, llegamos al lugar, aunque en realidad no creo que estuviera a más de cien metros de la oficina. La casa de estuco pintada de color azafrán con tejas de arcilla estaba separada de la calle por una verja metálica. Era más grande de lo que esperaba. El interior era limpio, espacioso y acogedor. Los suelos de terracota, los muebles macizos de teca y la sólida construcción encajaban en el estilo típico de la zona. No podíamos ver las olas al romper a través de la densa vegetación de la jungla, pero oíamos su estruendo por encima de los cantos de los pájaros.

La noche cayó enseguida, y con ella desaparecieron los cantos agudos de las cigarras. Al atardecer, el aire reverberaba con el sonido agudo y chirriante de un organismo gigante que permeaba la jungla. Cuando oscurecía, los insectos enmudecían.

Aunque la palabra «oscurecer» no da para nada una idea exacta. Hacia las 7 de la tarde, estábamos hambrientos y totalmente agotados después de un día de viaje que había empezado a las 4 de la mañana. La adrenalina nos empujaba a saciar los aspectos más básicos: comer, dormir. Fuimos andando hasta el restaurante de Harbor Reef, ya que era el único que conocíamos. Pero íbamos literalmente a ciegas. No podíamos vernos ni las manos mientras caminábamos, y menos aún el camino que llevaba al edificio principal. El cielo estaba despejado, pero la luna quedaba oculta tras de la bóveda de la jungla. Íbamos dando traspiés, demasiado cansados para preocuparnos por lo que pisábamos. Una de las primeras normas cuando viajas a un lugar aislado: lleva linterna.

Christopher fue el primero en levantarse a la mañana siguiente y ya estaba en el pico a las 6 de la mañana. Los primeros días las olas fueron voluminosas: unos pies por encima de la cabeza en los grupos de olas. Pero el agua era templada, a esa hora no había nadie y el sol apenas empezaba a asomar por detrás de las montañas. Chris volvió de su primera sesión más feliz de lo que le había visto jamás, y confesó: «Me ha dado un poco de miedo estar ahí fuera solo».

En aquel momento no entendí realmente a qué se refería, pero años después yo tuve la misma sensación durante una sesión al amanecer... Rocco y yo solos con las olas. En parte es lo mejor que podía pasar, porque no tienes que competir con nadie por las olas, pero tampoco hay nadie aparte de ti que pueda ser la presa. Es las dos cosas. Ahí fuera eres plenamente consciente del orden del universo.

No tardamos en entrar en la bendita rutina de levantarnos antes del amanecer y pasar la mañana haciendo surf; luego tocaba la comida, seguida de juegos de mesa como el Scrabble o las cartas, una siesta, sesiones al atardecer, devorar la cena y a la cama antes de las 9. Cada mañana nos despertábamos oyendo el sonido de los pájaros, los insectos y los monos aulladores, que reclamaban su territorio con unos chillidos ensordecedores al menos dos veces al día: al amanecer y al atardecer. Una tarde, Joel se enzarzó en una competición de aullidos. Sí, un montón de gruñidos y rugidos con el macho alfa de nuestra manada local.

Chris y yo volvíamos de una sesión en un atardecer dorado cuando oímos, o más bien notamos en el pecho, los inexplicablemente fuertes gruñidos de un aullador. Estos diminutos primates tienen la llamada con mayor alcance de todos los animales terrestres, y se les puede oír a cinco kilómetros de distancia. De cerca, la primera vez que lo oyes, es como un repiqueteo terrorífico, como si la jungla entera entrara en estado de alarma. Encontramos a nuestra familia en la parte de atrás de la casa, observando cómo otra familia de primates se movía entre los árboles. Joel estaba provocando al macho alfa. Son ellos los que emiten ese sonido gutural que parece sacudir el bosque, como si pretendiera enzarzarse en una pelea territorial. El cuello del aullador estaba hinchado, y sus ojos negros estaban clavados en Joel y los sonidos extraños y nada propios de un aullador que profería. El mono respondía con mucha mayor fiereza de la que su tamaño habría hecho pensar. Sus enormes *cojones* colgaban bajo la brisa. El enfrentamiento se prolongó hasta que los adolescentes y las madres, con sus bebés aferrados a la espalda, se hubieron alejado lo suficiente de los grandes monos blancos y sin pelo del suelo.

Cuando los animales salvajes no nos entretenían, había otros de carácter más doméstico para animarnos el día. Una tarde, cuando íbamos conduciendo por la carretera principal, un rebaño de vacas nos obligó a parar. Un buey muy agresivo de largos cuernos quiso jugar a ver quién aguantaba más en un enfrentamiento a muerte con nuestro coche... En serio, pensé que iba a embestirnos, pero en el último momento giró bruscamente a la derecha para evitar golpearnos. Los caballos se desplazaban por los márgenes de la carretera sin ningún destino aparente. ¿A dónde iban? La playa y la orilla estaban a rebosar de perros, que parecían encantados de andar correteando por allí, persiguiendo peces y cocos.

Uno de ellos adoptó a nuestra familia. Un mestizo flacucho, marrón y de pelo corto, con hocico largo y orejas puntiagudas que un día nos siguió a casa y decidió quedarse. Le llamamos *Hector*. Aquella semana fue nuestro, y nos encantó.

Incluso las advertencias que nos habían hecho sobre la delincuencia en Centroamérica nos parecían infundadas. Perdimos nuestra nueva Flip Cam en la playa. Era una cámara del tamaño de la palma de la mano que tuvo un breve momento de popularidad antes de que los iPhones y los GoPros forzaran su obsolescencia. Habíamos grabado en vídeo toda la semana con ella y aún no habíamos pasado los archivos al ordenador. Cuando se dio cuenta de que había desaparecido, Joel pensó que se nos habría caído detrás de la cabaña en la que acampábamos en la playa, pero no la encontró cuando volvió para buscarla aquel mismo día. Yo supuse que nos la habrían robado. Joel, siempre tan optimista, pegó un cartel en un poste que había en el acceso a la playa principal:

VIDEOCÁMARA FLIP PERDIDA EN LA PLAYA.
PREGUNTEN POR JOEL EN EL JUNGLE JAVE CAFE.

Al día siguiente, Christopher volvía de una sesión al amanecer cuando vio en el lado opuesto del mismo poste de la playa el siguiente cartel:

CÁMARA ENCONTRADA EN LA PLAYA.
STEVE @ NOSARA PARADISE RENTAL. CASA CAPITÁN.

Cuando llamamos a la puerta de Casa Capitán, una adorable pareja nos entregó nuestra preciada cámara. Y no aceptaron ni un solo colón en compensación.

Ya llevábamos unos seis días allí cuando un camión entró marcha atrás en nuestra propiedad e hizo sonar el claxon. Cuando los niños y yo abrimos la puerta, nos encontramos un camión de reparto con el panel trasero levantado y un cargamento de pan, bizcochos y pastas alemanas. Nadie preguntó qué hacían todas aquellas pastas alemanas en mitad de la jungla. Estábamos hambrientos y, aunque fue algo inesperado, lo recibimos con los brazos abiertos.

Lo mejor del viaje fue que me adapté al nivel de energía y la actitud de la media de edad de nuestro grupo. Los jóvenes iban de los ocho a los veintiocho años, así que hice la media y me quedé en torno a los diecinueve. Salvo Christopher, a todos se nos daba fatal, en diferentes estadios, surfear. Cada día cargábamos siete tablas hasta la playa y, juntos, nos pasábamos las horas en el agua. En Nueva Jersey, mis sesiones de surf se veían a menudo interrumpidas por obligaciones de una u otra índole. En Costa Rica, mi única obligación era pasarlo bien.

Juega con el corazón

No había podido disfrutar de una semana de ocio, sin trabajar, desde... nunca. No comprobé nada relacionado con el trabajo ni una sola vez en toda la semana, una experiencia liberadora y que no he podido volver a repetir. El ánimo juguetón de los niños era contagioso, y yo me contagié en cuanto bajamos del avión.

Hacia mitad de la semana, localicé al artista local del tatuaje y le hice una visita y después traté de convencer a todos para que nos hiciéramos tatuajes a juego antes de irnos. Incluso a mi hijo de ocho años, Gio. (En la jungla, las normas parecían muy laxas.) Quizá me estaba dejando llevar. Joel ponía un poco de cordura a mi comportamiento de adolescente bronceada. Pero aquella sensación juguetona era algo nuevo. Me sentía más feliz de lo que me había sentido en años. ¿Y qué si había perdido una parte de mi capacidad básica de razonamiento de adulta? Me recordó aquel viejo dicho, conocido sobre todo por *El resplandor*, en su versión en inglés: «Mucho trabajo y poco reposo hacen de Jack un chico muy soso». Si no te diviertes, la cosa se puede poner muy fea.

Cuando de verdad te pones a practicar algo que se te da fatal, por costumbre y por educación la mayoría insiste en llamarlo ocio. Eso está bien. Se acerca. Y si bien a menudo en nuestra sociedad metemos nuestras actividades más importantes en la diminuta caja del llamado «ocio», hay algo en el concepto de juego que podemos utilizar para nuestros propósitos.

Stephen King no fue el primero en hacerse eco del viejo proverbio, que entró en nuestro saber moderno en el siglo XVII, como el proverbio más famoso del historiador galés James Howell. Pero la distinción entre trabajo y ocio se remonta a los filósofos de la antigua Grecia, quienes ya entonces los separaron con el propósito de alabar las virtudes del segundo. Sin duda, nadie pensaba en el surf en aquella época, de lo contrario Homero habría hecho que Odiseo se demorara en unos rompientes en su viaje de regreso a casa.

El interés por el juego no desapareció con los griegos. En el siglo XVIII, Friedrich Schiller, gran poeta y filósofo, advierte del riesgo de vivir solo para el trabajo en su obra *Cartas sobre la educación estética del hombre*. Schiller escribe: «El hombre solo juega cuando es un ser humano en el sentido más pleno de la palabra, y solo es plenamente humano cuando juega».[24] Aquella semana en la jungla fui plenamente humana, y me gustó.

Es difícil practicar algo que se te da fatal si no tienes esa sensación de juego, y si no sabes jugar, nunca serás capaz de practicar algo

---

24. Schiller, Friedrich *et al.*, «Twenty-Third Letter», en *On the Aesthetic Education of Man in a Series of Letters*, Clarendon Press, Oxford, 2005, p. 107.

que te sale fatal. Pero ¿a qué nos referimos exactamente con «jugar»? Al igual que el porno, parece que tiene que ser de esas cosas que todos reconocemos en cuanto las vemos. Lo que para una persona es juego, para otra es una tortura (véase frisbee, golf o surf, tanto da).

Desde el punto de vista antropológico, los humanos y los animales juegan como entrenamiento para adquirir alguna destreza que les será necesaria o útil en la vida. Desde luego, que los jóvenes nobles jugaran a espadas en el siglo XIV influía mucho en su esperanza de vida. Aprende a luchar bien o morirás. En los animales, una buena parte del juego está orientada al aprendizaje de destrezas necesarias para la supervivencia. Los cachorros de león acechan la cola de sus madres y persiguen a sus hermanos para aprender a derribar a la cebra y poder alimentarse cuando se independizan. El juego se considera un instinto, pero, si es un instinto, ¿no debe tener una función evolutiva? Cómo determinar qué es juego y qué es la práctica placentera de algo con un propósito ha sido objeto de estudio desde hace siglos.

A finales del siglo XIX, el tema del juego se profesionalizó. El filósofo Karl Groos escribió lo que se ha convertido en una guía esencial del juego como área de estudio. Groos escribió primero sobre los animales y el juego y, por extensión, aplicó su trabajo al representante más importante del reino animal. En su *The Play of Man*, Groos aporta una base científica a las máximas de Schiller. Después de escribir su primer estudio, *The Play of Animals*, concluyó que «entre los animales superiores, existen ciertos instintos que, sobre todo en la juventud, pero también en la madurez, provocan una actividad sin un objetivo serio, y de este modo originan los diversos fenómenos que incluimos en la palabra "juego". Así pues, cuando una acción se realiza por el mero placer que produce, eso es juego».[25] Parece bastante obvio. Pero bajo esa fría defi-

---

25. Groos, Karl, «Introduction», en *The Play of Man*, D. Appleton & Company, Nueva York, 1901, p. 2.

nición alemana hay una idea maravillosa: el juego está ahí para ti y para mí sin ninguna razón, y lo tendremos ahí hasta el día en que muramos.

En relación con este instinto o impulso de jugar, Groos y Max Reischle, teólogo contemporáneo de Groos, creían que el juego contribuye al desarrollo ético de los individuos y que la «sociedad humana alcanza su plenitud solo entre las individualidades bien definidas, puesto que solo estas están preparadas para servir al conjunto».[26] En relación con el imperativo evolutivo de jugar, nosotros, como sociedad, funcionamos mejor si ampliamos nuestras experiencias. Las monoculturas se apagan…, tanto en el medio natural como en el medio que constituye nuestro ser, y eso a su vez afecta a la sociedad como un todo.

En una de mis películas de surf favoritas de todos los tiempos, *Step Into Liquid*, cuando le preguntan para qué sirve el surf, el surfista profesional y escritor Sam George contesta: «Si salgo del agua de un humor diferente y mucho más alegre que cuando entré, y de algún modo eso se traslada a mi vida y acabo siendo una persona más feliz y mejor, creo que podría decirse que surfear es bueno para la sociedad».[27] La mejora del ánimo es solo una parte.

Konrad Lange, otro contemporáneo de Groos, escribe: «En las diversas ocupaciones del hombre, como norma, solo empleamos un número limitado de nuestro poder mental, y aun esto solo de una forma incompleta. Son incontables los resortes de sentimiento que se ocultan en el pecho del hombre, intactos y sin probar».[28] Y pasa a explicar el efecto desastroso que esto tiene en la raza humana. Pero ¿por qué dejar una parte de nosotros intacta y sin probar?

---

26. Groos, *ibid.*, p. 404.

27. *Step Into Liquid*, documental dirigido por Dana Brown (Artisan Entertainment, 2003), DVD.

28. Groos, *ibid.*, p. 379.

Salgamos ahí fuera y hagamos algo. Incluso si ese algo se nos da fatal.

Siguiendo con la amplia definición de juego de Groos, podemos ver que no solo significa corretear en el patio, y que no necesariamente implica pararse a comprar nada en una tienda de deportes. Sí, en este libro hablo continuamente del surf y, sí, etimológicamente, la palabra inglesa *play*, «juego», implica actividad física (del inglés antiguo *plega*, que significa «movimiento rápido»). Pero si jugar incluye cualquier cosa que hagamos solo «por el mero placer que produce», seguro que también sirven actividades más reflexivas o estáticas. Mejor aún, busca algo que pueda ser ambas cosas. Incluso las partes más contemplativas o pasivas del surf proporcionan tanto o más placer que la actividad en sí. Cuando floto sobre mi tabla mirando al horizonte, observo buscando señales de las olas que vienen, escucho, siento el viento y el agua que se mueve a mi alrededor. Y en esos momentos me fundo con el océano, entro en una especie de estado de meditación.

¿Qué tiene esto que ver con la serendipia? ¿Con el hecho de rendirte a algo más grande y misterioso?

Mucho. Porque, por muy contradictorio que pueda parecer, jugar es difícil. Para todos. Somos muy pocos los que de verdad lo hacemos. Muy pocos los que de verdad queremos jugar. Si fuera tan fácil, no tendríamos esos interminables debates sobre el equilibrio entre el trabajo y la vida. Si todos fuéramos grandes jugadores, todos tendríamos apartamentos o casas junto al parque, porque habría diez veces más parques.

El compromiso de jugar no es difícil solo porque todos tenemos demasiadas responsabilidades. Es difícil porque, al igual que cuando practicas algo que se te da fatal, significa renunciar a ser el mejor. Cuando juegas te rindes a la espontaneidad. Eso requiere humildad. Párate alguna vez a observar algún oscuro juego de un grupo de niños en el patio. Si tuvieran las puñetas que tenemos los adultos, no acabarían fundiéndose entre risitas, que es como suelen acabar los juegos de niños. Jugar es difícil porque significa renunciar a uno mismo. No puedes tomarte en serio cuando juegas.

Y tampoco ayuda que nuestra cultura tenga unas ideas tan enfrentadas sobre el trabajo y el juego y la mítica intersección entre ambos.

El estudio de juego *versus* trabajo ha atraído a los grandes pensadores durante años. Y, sin embargo, no parecemos haber avanzado hacia una vida más equilibrada. En algún momento, como proclamaba recientemente una pancarta publicitaria, abrazamos la idea de que «somos lo que hacemos». La idea es identificarnos con orgullo por nuestros logros profesionales, y da a entender que el trabajo por sí mismo es suficiente. Una trampa peligrosa.

El trabajo se sobrevalora

Encontraremos señales que sancionan una vida dedicada al trabajo allí donde miremos. Esa pancarta publicitaria se hace eco del absurdo pero generalizado dicho: «Haz lo que te gusta y no trabajarás ni un solo día en tu vida». Yo misma lo he dicho. Me encanta lo que hago, y mi vida profesional está íntimamente ligada a mi vida personal. Siempre estaré agradecida por haber encontrado un trabajo que significa algo para mí y me permite mantener a mi familia. Pero seamos claros. Cuando trabajo, trabajo. No es lo mismo que jugar. Para mí, parte del atractivo de practicar el surf es que tiene muy poco que ver con mi profesión. (Digo poco porque siempre hay algún maravilloso momento en que el mundo de las olas y el de las palabras y el saber se solapan. Pero esas intersecciones del diagrama de Venn no son lo que me permite centrarme.) Hacer algo al margen del trabajo es esencial, no solo para el individuo, también para la sociedad en su conjunto. ¿No sería genial si las conversaciones en un cóctel pasaran del habitual «Hola, ¿cómo va?» a «Hola, ¿qué estás haciendo ahora que se te dé fatal?»

A menudo pienso en la portada de un número de la revista *Surfer* sobre Andy Irons, uno de los mejores surfistas de la historia. El titular decía: «QUIERO VOLVER A ENAMORARME DEL DEPORTE QUE ME LO DIO TODO». Andy Irons era un campeón mundial de surf cuyo estado de alucine no estaba garantizado a pesar de que pasaba su vida montando las olas más grandes del mundo y se le consideraba uno de los más grandes de todos los tiempos en este deporte. Recuerdo que cuando vi el titular pensé que, para algunos, incluso el surf es un trabajo. Eso no quita lo increíble que es, pero confirma la idea de que, cuando hay unas expectativas de rendimiento, la dinámica cambia. Ninguna actividad es inherentemente un trabajo o un juego.

Si eso te suena un poco existencialista, no andas desencaminado. Creo que el juego y el trabajo son el estado mental que tú pones en cada actividad al hacerla tuya, y no una esencia específica que ya lleven en sí. No pude resistirme a comentarle esta idea a mi amigo Andy Martin, profesor de Cambridge de Literatura francesa y, por supuesto, surfista. Ha practicado el surf por todo el mundo pero al mismo tiempo es capaz de hablar de Sartre con conocimiento profundo, que no es poco. Cuando le pregunté qué pensaría Sartre de practicar algo que haces fatal como forma de combatir la angustia existencial, me remitió a *El ser y la nada*, donde Sartre habla principalmente de esquiar, y pasó a hacer una reflexión sobre el significado de deslizarse sobre el agua.

«Lo que Sartre dice es que todo el mundo, cuando surfea, o esquía o lo que sea, está intentando ser un socrático, lo que equivale a decir morir, trascender, alcanzar la divinidad. Superar su imperfección como humano. Así pues, cuando esquío, no quiero sino ser el Esquiador, de un modo semialegórico. Perfecto. Impecable. La expresión técnica que Sartre utiliza para decir esto es "por sí mismo y en sí mismo". Todos queremos ser dioses. Pero ahí topamos con el sentido del fracaso que llevamos grabado en la conciencia. Hay una inevitable asimetría entre el sueño y la experiencia.»[29]

Según dice Sartre, este mito o deseo de alcanzar la perfección es algo que llevamos imbuido. Y, por supuesto, jamás alcanzaremos la perfección completa. Por eso dedicarte a algo que se te da fatal puede ser tan condenadamente difícil. Siempre lo percibirás como algo incompleto.

Sartre trata de aceptar el desafío. Como explica Martin, «la nieve al fundirse proporciona a Sartre una metáfora del fenómeno en su conjunto. En efecto, desde el punto de vista filosófico, lo que nos está diciendo es: "Tengo defectos, pero llevo imbuida la absurda aspiración de ser sublime". La curva maniacodepresiva está ahí. La sensación de decepción. La disociación cognitiva. De vez en cuando, las dos cosas coinciden brevemente y, en ese momento, sentimos que estamos probando la inmortalidad».

Si bien se podría pensar que hay que alcanzar una suerte de perfección para probar la inmortalidad, creo que, puesto que eso no es posible, podemos disfrutar de momentos más sencillos buscando lo sublime a través de la aceptación de nuestro carácter imperfecto. Y esto lo haremos si nos permitimos a nosotros mismos jugar y hacerlo fatal.

Sin embargo, no lo conseguiremos si nuestro único propósito es, valga la redundancia, conseguir ese propósito. Si tenemos un propósito. Obsesionarse con los resultados es para los utilitaristas. Pero tú, como aficionado honorario que eres mientras lees este libro, eres un buen existencialista. Yo también. Como dice Sartre, el

---

29. Andy Martin, entrevista con la autora (15 de enero de 2018).

juego es libertad.[30] Una persona cuyo único propósito y objetivo es la «seriedad», según la define Sartre, carece del espacio y el tiempo para la contemplación y el crecimiento espiritual e intelectual. La idea tiene una particular relevancia en nuestros días, puesto que llevamos la adicción al trabajo como una insignia de honor. El adicto al trabajo utiliza su trabajo como excusa para evitar otros aspectos satisfactorios de la vida. Ya sea por miedo, por una competitividad mal enfocada, por falta de imaginación o por «seriedad» absoluta. Todos conocemos a la típica persona que se escuda en el trabajo para no vivir ni disfrutar de una vida plena: para explicar por qué no puede estar más presente como padre o compañero; por qué no puede ir más a menudo al gimnasio. Por qué la colada no está hecha o no podemos visitar más a menudo a nuestros ancianos padres. Por qué no podemos tomarnos el tiempo para aprender algo nuevo incluso si se nos da fatal.

Lo más chocante es la tendencia a alardear de lo mucho que trabajamos. Es como alardear de no dormir. No sé los demás, pero yo prefiero trabajar menos y dormir suficiente. Me ayuda a sentir que estoy haciendo algo bien. Pero si digo que yo no caigo en la trampa de presumir por mi trabajo, también estaría alardeando (y mintiendo).

Una de las cosas más reveladoras que Gio me ha preguntado nunca fue:

—Mamá, ¿por qué te hacen trabajar tanto?

Hice una pausa antes de contestar, porque en aquella pregunta inocente ya iba implícita la vergonzosa respuesta.

—¿Me hacen? Nadie me hace trabajar —contesté, y al momento fui consciente de mi poca habilidad para gestionar mi tiempo.

—Entonces, ¿por qué trabajas tanto y luego te quejas?

---

30. Sartre, Jean-Paul, «Freedom: The First Condition of Action», en *Being and Nothingness: An Essay on Phenomenological Ontology*, traducción de Hazel E. Barnes, Washington Square Press, Nueva York, 2012, pp. 580–581.

Otro disparo certero que mi hijo de nueve años lanzaba a mi corazón.

La atracción por el trabajo es una forma equivocada de fomentar ese sentido del propósito, y es en parte lo que hace tan difícil que nos sintamos cómodos haciendo las cosas fatal. Pero hay una profunda diferencia entre la dedicación al trabajo y la inmersión completa que ciega a la persona a cualquier otra experiencia. En última instancia, la obsesión por el trabajo puede cerrar nuestra mente a aquello que nos hace humanos. Esto vale absolutamente para todo el mundo dentro del espectro socioeconómico —si su energía se lo permite, claro—, ya que lo que elegimos hacer fatal no tiene nada que ver con un precio, y sí más con un estado mental.

Lo que importa no es tanto lo que hacemos en nuestro tiempo de juego o de ocio. Josef Pieper nos recuerda que es mucho más que eso. Escribe: «El ocio, debe entenderse claramente, es una actitud mental y espiritual. No es solo el resultado de factores externos, no es el resultado inevitable de tener tiempo libre, un día de fiesta, un fin de semana o unas vacaciones. Se trata de un estado mental, una condición del alma».[31]

La perspectiva del ocio interesa a filósofos y científicos de diferentes disciplinas. Y se sobrentiende que su consideración cae dentro del campo de los economistas, puesto que el tiempo que se toma para el ocio afecta de forma directa al tiempo dedicado al trabajo y, por tanto, a la productividad.

El influyente economista británico John Maynard Keynes, en su ensayo de 1931 *Economic Possibilities for our Grandchildren*, predijo que, para 2028, la economía global sería tan vasta y eficiente que la jornada semanal se habría reducido a quince horas. El problema, según lo veía él, era cómo llenaría la gente todo ese tiempo libre. «¿No debemos esperar una crisis nerviosa general?», pregunta en su ensayo. Keynes traiciona su falta de confianza en nuestra fortaleza

---

31. Pieper, Josef, *Leisure: The Basis of Culture*, Ignatius Press, San Francisco, 2009, p. 46.

mental y espiritual, a la que Pieper se refiere también cuando escribe que «se nos ha enseñado durante demasiado tiempo a esforzarnos y no a disfrutar».[32]

Keynes vinculaba el ocio al crecimiento de la economía global y, si bien se equivocó totalmente con lo de la semana laboral más corta, tenía razón sobre la capacidad del hombre de disfrutar del tiempo libre. No solo trabajamos tanto como a principios del siglo xx, la distribución de las horas trabajadas se ha invertido: la gente que se enriquece con su trabajo trabaja más que los obreros, y tanto los unos como los otros parecen tener menos tiempo para el ocio, no más. El abismo cada vez mayor que hay en la distribución de la riqueza hace que la fuerza obrera tampoco pueda disfrutar de su tiempo de ocio. Así pues, ¿a dónde nos lleva esto?

En 2008, con la fecha señalada por Keynes en su predicción aproximándose ya a los cien años, un grupo de renombrados economistas retomó el tema de por qué trabajamos tanto. El análisis, presentado en el libro *Revisiting Keynes* con aportaciones de dieciséis destacados pensadores, abarca desde los beneficios sociales del trabajo hasta el aumento del consumismo. Tenemos que trabajar más para poder hacer y comprar lo que vemos en los otros. Lo que lo acaba de empeorar es que los aumentos de salario vienen acompañados de un aumento en el precio del ocio.

La desigualdad de ingresos también tiene parte de culpa. Los estudios demuestran que cuanto mayor es la desigualdad de los salarios en un entorno laboral, más horas trabajan todos. Este efecto se ve potenciado por un sistema económico competitivo y en el que se recompensa al trabajador por el rendimiento; cosa que, según explica el economista de Harvard Richard B. Freeman, «da a la persona

---

32. Keynes, John Maynard, «Economic Possibilities for Our Grandchildren», en *Revisiting Keynes*, edición de Lorenzo Pecchi y Gustavo Piga, MIT Press, Cambridge, Massachusetts, 2008, pp. 22–23.

que pone una hora extra de trabajo un rédito potencialmente alto».[33] ¡Quien más trabaja, más gana!

Los estadounidenses, y esto no es ninguna sorpresa, son los peores en esto. Freeman escribe: «Los Estados Unidos son el contraejemplo más chocante de la predicción de Keynes de que una mayor riqueza generaría más tiempo de ocio». Y sigue diciendo: «Los estadounidenses están tan comprometidos con el trabajo que no se toman ni cuatro días de vacaciones de las dos semanas que les corresponden, mientras que los europeos consumen casi por entero las 4-5 semanas que tienen».[34] La idea es que los estadounidenses trabajan más; por tanto, la correlación entre horas trabajadas y la elevada productividad justifica la cultura de adicción al trabajo que se fomenta en los Estados Unidos. Pero ¿realmente nos hace eso más productivos? Y, lo más importante, ¿nos hace más felices?

Por lo que se refiere a la productividad, los estudios demuestran una y otra vez que al llegar a cierto punto, si las horas trabajadas superan un límite, se produce un descenso. Más horas de trabajo no benefician a nadie. Ni al trabajador ni al jefe.

En enero de 2017, Francia aprobó una ley que estipulaba que los trabajadores tenían derecho a no comprobar los correos relacionados con el trabajo fuera de su horario laboral.[35] Lo que la gente hace con su tiempo libre es cosa suya, por supuesto, pero esta ley reconoce que las obligaciones profesionales están violando nuestra vida privada. Las fronteras institucionales pueden hacer mucho por crear una cultura en la que se valore el tiempo libre. Hay algo tan absolutamente antiestadounidense en esta ley

---

33. Freeman, Richard B., «Why Do We Work More Than Keynes Expected?», *ibid.*, p. 137.

34. *Ibid.*, p. 136.

35. Close, Kerry, «France Just Gave Workers the "Right to Disconnect" from Work Email», *Time* (3 de enero de 2017). Disponible en: time.com/4620457/france-workers-disconnect-email/.

francesa, y sin embargo las estadísticas indican que los franceses trabajan un 15 % menos que los estadounidenses y son igual de productivos.[36]

¿Quién gana aquí?

Por lo que se refiere a la felicidad, creo que depende de dónde encuentras la diversión. Según Freeman: «Mucha gente va a trabajar por razones que nada tienen que ver con el dinero... El lugar de trabajo es un entorno social donde la gente se reúne e interactúa. Entre un 40 y un 60 % de los trabajadores estadounidenses han salido con alguien de su entorno laboral».[37] Sin embargo, eso es porque la gente siempre está en el trabajo. ¿Dónde si no iban a encontrar a alguien a quien querer? Pero ¿por qué no en el estudio de yoga, junto al torno de un ceramista o surfeando? Además, en la era post Harvey Weinstein, las aventuras con compañeros de trabajo se van a complicar. Quizás haríamos mejor buscando el amor en otro sitio.

Otro de los autores que intervinieron en la elaboración de *Revisiting Keynes*, el economista de la Universidad de Columbia Edmund S. Phelps, postula que el trabajo proporciona un espacio donde la gente puede ejercitar la mente y desarrollar nuevos talentos. En una época de continuos avances técnicos, «un número cada vez mayor de trabajos ofrecerán el cambio y el desafío que solo las economías predominantemente capitalistas, gracias a su dinamismo, pueden generar».[38]

Sin duda, el trabajo puede ser placentero. No lo discuto. Los que tenemos la suerte de trabajar en entornos dinámicos podemos obte-

---

36. «Average Annual Hours Actually Worked per Worker», *OECD.stat*, Organización para la Cooperación y el Desarrollo Económicos, 2018, stats.oecd.org/index.aspx?datasetcode=ANHRS#, https://data.oecd.org/lprdty/gdp-per-hour-worked.htm; https://stats.oecd.org/index.aspx?DataSetCode=ANHRS. (Fecha de acceso: 18 de noviembre de 2018.)

37. Freeman, *ibid.*, p. 140.

38. Phelps, Edmund S., «Corporatism and Keynes: His Philosophy of Growth», en *Revisiting Keynes*, p. 102.

ner un beneficio social e intelectual de aquello que nos sirve para ganarnos el pan. Pero no importa cómo lo plantees, el objetivo final del trabajo es el de obtener logros materiales, y apartarnos de ese imperativo nos ayuda a crecer de una forma importante y no cuantificable.

Estudios científicos recientes aportan un nuevo argumento en favor de mi regreso casi inducido a la infancia (¡tatuajes para toda la familia!), el discurso filosófico de Schiller, con sus dos siglos y medio de antigüedad, el argumento antitotalitarista de Pieper, el existencialismo de Sartre, lo que le quitaba el sueño a Keynes por la noche... Sí, todo ello tiene una base sólida si nos guiamos por los estudios de la profesora de psicología de Berkeley Alison Gopnik, líder en desarrollo y aprendizaje infantil.

Como veremos una y otra vez, los niños parecen entender con un talento innato y especial la sabiduría de lanzarse aunque no sepan hacer bien las cosas. En su popular charla TED, *What Do Babies Think?*, Gopnik compara los procesos de pensamiento de los bebés con los de los adultos.[39] Según explica, los adultos nos «enfocamos» como una linterna en aquello que nos sirve para recoger adecuadamente los beneficios del lado del cerebro con una función ejecutiva, donde se toman las decisiones calculadas (¡Si trabajo más, gano más!) Sin duda, la función ejecutiva es necesaria para que estemos seguros, conservemos el empleo y seamos productivos y socialmente aptos. Por el contrario, los bebés tienen más bien un «farol de conciencia». No se les da bien centrarse, porque las partes inhibitorias del cerebro aún no han empezado a funcionar y no están ahí para ahogar otros estímulos. Todo lo que les rodea es interesante, lo aceptan todo. Así es también como se produce el aprendizaje creativo, imaginativo e innovador. Si bien estaríamos fritos si no aprendiéramos a centrarnos en tareas espe-

---

39. Gopnik, Alison, *What Do Babies Think?* TED Global, octubre de 2011, www.ted.com/talks/alison_gopnik_what_do_babies_think.

cíficas para hacer el trabajo y mantenernos activos y vivos, de vez en cuando nos iría bien pensar como bebés y niños y estar más abiertos a aprender.

Todo esto podemos vincularlo con Platón y Aristóteles, quienes dejaron claro que el ocio y el juego son la forma de abrir la mente al crecimiento intelectual y espiritual. Como seres civilizados que somos, en nuestras vidas es básica la capacidad de dejar responsablemente a un lado nuestra meta —y nuestros impulsos guiados por las recompensas— y dejar espacio para algo en lo que podemos no ser tan buenos y de lo que podemos disfrutar sin tener que ser productivos.

En algún punto de la progresión entre la simplicidad de la infancia y el deseo de jugar para ganar del adulto, perdemos algo. Nuestras mentes se ven dominadas por el deseo de conseguir metas y recompensas. Nuestra cultura está tan orientada al éxito que incluso los niños han dejado de jugar por diversión. Cuando juegan, todo el mundo recibe una estrella dorada o un trofeo solo por participar. Se hacen pruebas a niños de cuatro años para derivarlos a la guardería adecuada. Los estudiantes de bachillerato llegan al punto del colapso en su lucha por acceder a las universidades más prestigiosas, y esas universidades presionan para fomentar la competitividad y el rendimiento.

Todo este éxito como símbolo de valía no funciona con los niños. Los niños están más medicados que nunca. Según informa el CDC (en EE UU, Centro para el Control y Prevención de Enfermedades), entre 1994 y 2010 se ha multiplicado por cinco el uso de medicamentos psiquiátricos entre menores.[40] El mundo centrado en las metas en el que vivimos es la antifórmula para que los niños y los adolescentes crezcan resistentes y seguros de sí mismos. Como padres, podemos remediar esta desafortunada tendencia poniendo un mejor ejemplo.

---

40. *Health, United States, 2013: With Special Feature on Prescription Drugs*, informe n.º 2014–1232, National Center for Health Statistics, Hyattsville, Maryland, 2014.

En este caso, «poner un mejor ejemplo» no es tratar de parecer sobrehumano delante de los niños. Se trata más bien de parecernos más a ellos. Dejar que las cosas pasen. Rendirnos al azar.

Rendirse al paraíso, someterse al infierno

Nuestro segundo viaje a Costa Rica ya fue como propietarios. Estábamos que nos salíamos de la emoción, y eso sin duda nos impidió ser conscientes de lo que se nos venía encima. Encontrar los 1.242 metros cuadrados de jungla que poseíamos tendría que haber sido difícil. Pero cuando llegamos a la comunidad de Playa Guiones que acabaríamos considerando nuestro hogar, seguimos dando tumbos más de dos kilómetros, girando a derecha y a izquierda como si supiéramos a dónde íbamos.

—¿Cómo sabes a qué lado girar? —me preguntó Joel.

—No lo sé, pero estoy siguiendo el vídeo de Erik en mi cabeza. Creo que estamos cerca.

Algunos de aquellos giros nos llevaron a un punto muerto, pero finalmente, subimos por una colina empinada y cenagosa como si un cable invisible tirara de nosotros. Mi cerebro no dejaba de pasar del «¿Dónde demonios estamos?» a «¡Este es nuestro nuevo hogar!» Y allá delante, conforme nos acercábamos al final de la carretera, reconocí el cartel de «Se Vende» en un determinado árbol. «¡Eh! —pensé—. ¿Qué hace eso aún ahí?»

—¡Ya estamos! —dije en voz alta—. ¡Esta es nuestra propiedad!

—¿Estás segura? —preguntó Joel.

La expectación y el entusiasmo que sentía de pronto desaparecieron, y me sentí invadida por una calma poco habitual en mí.

—Oh, sí, es esta.

La parcela estaba a nuestra izquierda, era casi la última de la carretera. A la derecha había una maraña de denso bosque, a través del cual podíamos entrever el Pacífico, grande y azul, las líneas de las olas que se formaban en dirección a la playa. Oíamos el sonido de la espuma trepar por la colina hacia donde estábamos y el olor del océano nos embriagaba, el olor de la tierra rica en carbón y el dulce aroma de los árboles en flor.

Bajé de un salto del coche, fui directa al árbol que ostentaba el ofensivo cartel de «Se Vende» y lo arranqué. Me adentré en la parcela saturada de plantas con solo unas chanclas, y enseguida entendí que el miedo existe mayoritariamente en lo abstracto.

Hasta entonces, lo que conocíamos como la sección K de Guiones no había sido más que una teoría. Claro, teníamos el vídeo de Erik traqueteando por la pista forestal que llevaba hasta nuestra parcela. Pero durante nuestro primer viaje a Nosara nunca nos alejamos de un radio de un kilómetro de la casa que habíamos alquilado. Aquello fue como enamorarse. El resto del mundo desaparece, solo tienes ojos para lo que tienes ante ti. No fue poca cosa que nuestro primer viaje a Costa Rica fuera mágico para todos. De haber sido una decepción, ahora estaríamos bien protegidos y con nuestro dinero en el banco y una hipoteca mucho más pequeña por nuestro apartamento. En vez de eso, éramos pobres en dinero, y teníamos todo aquel potencial de una vida feliz en la jungla ante nosotros.

Ahora, a construir.

Y ¿por dónde empezar sino por nuestro nuevo (y único) amigo en Nosara? Erik resultó ser un vikingo surfista de metro noventa y ojos azules, nada que ver con el hombretón moreno, recio y de pelo oscuro que yo había imaginado a raíz de nuestras conversaciones. Tendría que haberlo visto como una señal, nada de portentos, sino como una llamada de humildad, porque no teníamos ni idea sobre nada en aquella disparatada aventura. Más adelante oiríamos historias de terror sobre gente que intentaba construir una casa en Costa Rica. Los ingenuos y optimistas estadounidenses, canadienses y europeos que entraban en aquel país amable y pasaban años luchando por ver terminadas sus casas y en muchos casos nunca lo conseguían. La gente perdía los ahorros de toda su vida, quedaba atrapada en un cenagal legal. Tenía la sensación de que en nuestro caso todo iría bien.

Podría decir que todo se fue al traste en cuanto nos lanzamos ciegamente al proceso de construir nuestra casa en el paraíso, a más de seis mil kilómetros de nuestra casa en Nueva York. Pero eso no es lo que pasó. Erik no solo resultó ser una persona de confianza, sigue siendo un gran amigo. Conocimos arquitectos locales que entendieron a la perfección lo que queríamos. A pesar de la barrera del lenguaje, escucharon nuestras ideas y presentaron un diseño moderno de inspiración japonesa que encajaba perfectamente en la visión que yo tenía de la casa. El caso es que nuestra casa suscitó un gran revuelo en la comunidad, y su influencia ahora puede verse en la arquitectura vernácula allá donde mires.

Cuando contratamos al constructor, lo hicimos sin haber tenido contacto con él salvo por correo electrónico. Yo había visto algunos de sus trabajos cuando nos reunimos con Erik, que nos enseñó casas construidas por diferentes cuadrillas. Nos gustó el trabajo de este contratista en particular porque se notaba que entendía los acabados modernos. Aceptamos sus tarifas, y antes incluso de que firmáramos el contrato, se puso a trabajar en el terreno.

Contacté por correo electrónico con Marion Peri, el propietario de la empresa que habíamos decidido contratar, ya que estábamos discutiendo los detalles del contrato. Cuando me dijo que ya habían empezado los trabajos, le pregunté:

—¿No quiere que le paguen antes de empezar?

—No pasa nada. Eso no me preocupa. Estoy seguro de que cumplirá usted.

¿Cómo podía saberlo?

A lo largo del siguiente año y medio, estuvimos planificando las vacaciones de los chicos para viajar a Nosara a la mínima oportunidad y poder supervisar el proyecto.

Nuevamente, nuestro contratista resultó no ser el tico de mediana edad que yo esperaba, sino un joven israelí guapísimo y entusiasta que se había casado con una lugareña y había formado una familia con ella en Nosara. Lo primero que le dijo a Joel cuando nos presentamos desde el otro lado de nuestra propiedad durante nuestra primera visita a las obras fue:

—Eres judío ¿verdad? ¡Venid a casa esta noche a celebrar el seder! Mis padres han venido desde Tel Aviv.

Comimos cerdo a la plancha (sí, cerdo) en su casa en el río Nosara, que, según descubrimos, se desbordaba cada año durante la temporada de lluvias, rodeaba la casa de agua fangosa y traía consigo caimanes que atacaban a los perros de la familia. Marion y su familia se han convertido en una extensión de nuestra familia en Nosara.

A pesar de las advertencias, sobre todo de amigos que pensaban que estábamos locos, construir la casa de nuestros sueños en Centroamérica no se parecía en nada a la caótica pesadilla que suelen ser los proyectos de construcción por todo el mundo. Si buscaba señales de la honestidad de mis colegas humanos, las veía allá donde mirara, como las señales pintadas a mano que encontrabas por todas partes en Nosara indicando a los visitantes las maravillas inesperadas de aquel lugar asombroso. Seguir aquellas señales reforzó mi fe en que el mundo puede ser un lugar benéfico, y que los momentos que indican lo contrario son la excepción. Al menos por el momento, era ahí donde estaba la ilusión, y me encantaba vivir en aquel sitio.

Fue la ola de Guiones lo que me llevó por primera vez a Nosara. Esa ola me enseñaría más sobre rendición y sobre cómo surfear que ninguna otra. En un gran día, podía ser una rompiente grande y estruendosa, pero también podía ser la perfecta y delicada ola de cintura a la cabeza que necesitaba para ponerme en pie y surfear. Esa ola imbuyó en mí el conocimiento visceral que me permitió renunciar al control como una forma de lograr lo que quería, que es montar una ola. Hasta que practiqué el surf en Guiones, había llegado siempre a fuerza de musculatura al pico y a la ola. Remar con todas mis fuerzas, incorporarme con ímpetu..., para mí surfear era una tarea hercúlea. Nunca me sentía lo bastante fuerte, lo bastante ágil, lo bastante joven para coger sin esfuerzo la ola. Dedicaba una energía preciosa a resistirme al océano, y no hace falta que diga a dónde me llevó eso. A ningún sitio.

Había miles de razones para que mi amada obsesión se me diera fatal, pero hasta aquel momento no había entendido el concepto fundamental de trabajar con la ola, en oposición a resistirme a ella. La lección que cambió todo aquello llegó, como llegan la mayoría, a través del fracaso.

Un día, agotada y derrotada después de haber estado enferma durante uno de nuestros viajes, no fui capaz de reunir la voluntad para ponerme de pie cuando cogí una ola. Los brazos me cedieron contra la tabla. Mi cuerpo parecía de plomo contra la fuerza de la gravedad, que aquel día no era mi amiga. Para compensar mi falta de energía, sucumbí a mi debilidad y dejé que la ola hiciera el trabajo de poner la tabla debajo de mí para que yo pudiera ponerme de pie. En lugar de incorporarme empleando mi fuerza, me sometí a la física de la situación. Y, si bien fue mágico poder ponerme en pie sin apenas esfuerzo, fue una lección de surf basada en principios científicos muy básicos que no se me habían ocurrido hasta aquel momento. Como un fluido newtoniano que se vuelve más resistente cuanto más fuerte lo golpeas, el hecho de resistirte a una ola hace que sea más difícil montarla, y así no vas a ninguna parte.

Si te resistes al agua, el agua gana.

Al olvidarme de mis fallidas estrategias y limitarme a sentir la ola, finalmente entendí que buena parte de mis problemas con el surf venían no de la dificultad del deporte en sí (que son bastantes), sino del esfuerzo excesivo que invertía en combatir el entorno que me rodeaba en lugar de responder a su invitación.

Y lo mismo encima que debajo del agua, que es donde los surfistas acaban cuando pierden la ola o se caen.

Cuanto mejor surfeaba (en un sentido relativo…, nunca se me dará bien), más grandes quería las olas. No hablo de pasar de olas de entre metro veinte y metro ochenta de alto a olas de dos y medio y tres metros. Hago esta distinción porque en el surf los principiantes siempre exageran el tamaño de las olas y los expertos lo minimizan. Es lo opuesto a la clásica historia de pesca, donde el pez se vuelve más grande cada vez que repites la historia. En la cultura del surf, puedes haber estado viendo «bombas» (olas grandes) y los surfistas encogerán los hombros y dirán: «No tendrá mucho más de un metro». En Hawái esta norma se duplica por el lado contrario. Así pues, una ola que en California mide entre dos metros y medio y tres metros mide entre un metro y metro ochenta en Hawái. Esto se debe a la forma en que se mide la ola…, de si se hace desde la parte de atrás (método hawaiano) o desde la cresta hasta la base (el de todos los demás). También tiene que ver con el *machismo*.

¿Qué es lo contrario de un *macho*? Yo. Para mí, todo lo que pase de la cintura, es una ola *gino*rme. Y las olas *siempre* parecen más pequeñas desde la orilla. Siempre.

Cuanto más grande es la ola, más grande es la caída. Yo nunca había buscado expresamente olas grandes hasta que empecé a surfear en Guiones, y eso significaba caídas más importantes. Las primeras me dejaron muy asustada. Me asustaba tanto que una mala caída me podía llevar de vuelta al principio de la barrera de olas o incluso a la orilla. Esto es, hasta que apliqué el mismo pensamiento que a las olas. Si dejo que las olas hagan lo que ellas hacen, lo que en estas circunstancias significa facilitarme una caída suave, y dejo que pasen sin tratar de controlar la situación, al final la ola me soltará y podré emerger. Resistirse a la fuerza del agua era inútil. Al relajarme mientras la ola se adueñaba de mí me sentía más tranquila, consumía menos oxígeno y recibía menos golpes. Si te resistes a la ola, la ola ganará. Esto se ha convertido en un mantra para mí. Relájate y en lugar de oposición encontrarás unidad. No te resistas a la ola. Conviértete en ella.

Una lección que trato de llevar conmigo en todas las situaciones de mi vida.

Andy Martin y yo también especulamos sobre el hecho de que Sartre entendía una cosa sobre el surf, incluso si no sabía que existía. Sartre escribió extensamente sobre el esquí, y creía que el acto ideal de deslizarse (que resulta que es un término que suele usarse también en el surf) «es un deslizarse que no deja huella», por ejemplo, deslizarse sobre el agua.[41] Sartre se refería al deporte del esquí acuático, que se había inventado hacía poco, en 1943, y si bien ya había surfistas en el mundo, no llegaban a mil, y no es probable que topara nunca con ninguno. De todos modos, el existencialista no era un hombre de playa. Ese era el fuerte de su rival, Camus. Como Martin dijo: «Sartre despreciaba toda esa atracción por la playa».[42] Aun así, Sartre defiende que, en relación con el agua, «deslizarse puede considerarse como algo idéntico a una creación continua». Continua, esto es, hasta que te caes. Y entonces todos volvemos a ser muy humanos.[43]

Este acto de creación incluye un acto de conquista, puesto que el hombre debe subir la montaña para poder deslizarse y bajarla. O adentrarse en el agua remando sobre la tabla y coger la ola para poder montarla. La montaña y el océano, ambos indomables, lle-

41. Martin, Andy, «Swimming and Skiing: Two Modes of Existential Consciousness», *Sports, Ethics and Philosophy*, vol. 4, n.º 1 (11 de marzo de 2010). Doi: 10.1080/17511320903264206.

42. Andy Martin, entrevista con la autora, *ibid.*

43. Sartre, *ibid.*, p. 746.

van al hombre a la esencia misma de su búsqueda por el ser. Para Sartre y sus colegas existencialistas es una lucha continua, el querer ser aquello que también se quiere dominar. Al final, su frustración con la armonía es lo que mantiene al hombre en pugna con la angustia existencial. Si pudiera, le diría: no te resistas a la ola. Sé la ola.

Nuestra aventura en Costa Rica se convirtió en una nueva forma de vida para nuestra familia. Hicimos amigos y experimentamos coincidencias raras —y sí, significativas— cada vez que íbamos. Aquel país se convirtió en el único lugar donde dejaba de ser productiva y me limitaba a ser. Mi manera de surfear mejoró. Después de cada sesión, me acostumbré a sentarme en el patio de atrás de la casa y contemplar los árboles, y los monos y las salamandras que los ocupaban. Me puedo pasar horas observando los colibrís y las mariposas revoloteando por las flores del árbol del paraíso. Es el momento en que hago menos y me siento más viva.

Pero lo que pasa con el paraíso es que también es el infierno.

Cuando la vida me daba limones, yo hacía limonada, pero se me caía el azúcar y eso atraía a las hormigas. Muchas hormigas. ¡Toda una biomasa!

Habíamos construido una casa sin puertas en una jungla que no duerme. Donde los animales entran, aunque muchos no son bien recibidos (salvo el perro, al que habíamos apodado *Carlino de la jungla*). Nos despertaban los temblores de tierra; uno de ellos nos agrietó los cimientos. Pasábamos días enteros sin agua, y la luz se iba varias veces al día. Nos atacaron abejas agresivas y ejércitos de hormigas diminutas; hubo cosas que se torcían cada día que pasamos allí.

Queremos creer que hay un lugar donde las cámaras perdidas encuentran el camino para volver con sus dueños y hay perros buenos que se instalan en tu casa temporalmente para que no tengas que responsabilizarte de ellos. Donde los camiones de reparto de la panadería aparecen solo porque tienes hambre. Pero esa solo es una cara del paraíso.

La otra cara es un lío y puede ser un asco. Eso no significa que lo dejes. Tírate de cabeza a una aventura, sin expectativas sobre lo que pueda traer, y no encontrarás lo que buscabas, sino algo mucho más importante.

No SE TRATA de JUZGARSE A UNO MISMO, se TRATA de AUTO- compasión.

OLA 3
Mi peor ola: el día que me abrí un nuevo orificio corporal

Regla #3:
No te compares con otros.

Lección #3:
Se va a poner feo.

Beneficio #3:
Llegarás a conocerte a ti mismo, lo cual, posiblemente,
es lo más difícil que has hecho en tu vida.

Hacerse daño con la quilla de la tabla es algo que va con el surf. Todos los que practican este deporte acaban haciendo algún viaje a urgencias —si tienes la suerte de tener un servicio de urgencias a mano— para que les cosan, les recoloquen un hueso dislocado o, en los casos más extremos, los reanimen. Las olas son más fuertes que nosotros, y las tablas pueden convertirse en armas de destrucción. La quilla de una tabla de surf se fabrica con diferentes materiales duros, la mayoría con compuestos modelados o fibra de vidrio laminada, finamente moldeada para que corte las aguas. Funcionan un poco como las aletas de un delfín o de un tiburón, y proporcionan agarre y equilibrio para cortar el agua con mayor velocidad, eficacia y control, dependiendo del tipo de quilla y del número de las mismas. Dado que los humanos no tenemos la suerte de tener aletas en el cuerpo, tenemos que confiarnos a las versiones artificiales añadidas a nuestras tablas de surf.

Con los años, he oído historias terribles sobre orejas cortadas, un testículo perdido y una persona que, literalmente, se hizo un nuevo orificio corporal. Un chico que perdió la cabellera, un talón de Aquiles roto. Una de las historias de supervivencia más brutales que conozco es la que aparece en el libro *The Wave*, de Susan Casey. El libro narra la experiencia casi mortal de Brett Lickle con una ola de treinta metros cuando la quilla afilada de su tabla le abrió la parte posterior de la pantorrilla.[44] De haber estado surfeando con alguien menos sobrehumano que su compañero surfista Laird Hamilton, que se quitó su traje de neopreno para hacerle un torniquete hasta que pudiera ponerlo a salvo, seguramente se habría desangrado en el agreste mar hawaiano. Según cuenta la historia, Laird nadó hasta la orilla y corrió desnudo en busca de ayuda, como un Neptuno que sale de los mares para salvar la vida a su amigo.

Las historias sobre accidentes de surf siempre tienen algo de valor y nobleza. En el caso de Brett Lickle, él y Laird estaban tratando de montar las olas más grandes. Dos de los mejores surfistas que ha visto nunca el deporte de los reyes tratando de escalar de espaldas una montaña de agua, el hombre enfrentado a la naturaleza. Y, cuando la naturaleza gana, todos nos inclinamos ante esas almas que no parecen tener miedo y que se lanzan a aquello que alimenta nuestros sueños o nuestras pesadillas, nuestros miedos y aspiraciones.

Incluso si las leyes de la probabilidad dictan que absolutamente todos los que surfean con regularidad se harán daño en algún momento —le pasa a todo el mundo, desde el novicio hasta el profesional—, cada vez que me pasa me invaden el miedo y la autocrítica. Me he roto el menisco de la rodilla izquierda, me he

---

44. Casey, Susan, *The Wave: In Pursuit of the Rogues, Freaks and Giants of the Ocean*, Anchor Canada, Nueva York, 2011, p. 282.

distendido el músculo de la pantorrilla, me he roto un dedo, he sufrido traumatismos varias veces al golpearme la cabeza con el borde de la tabla, y perdí la sensibilidad en todo el costado derecho en una ocasión cuando quedé doblada hacia atrás después de una caída monumental de la tabla en Ocean Beach, San Diego. Supe que estaba doblada cuando los pies me golpearon la nuca, y la conciencia de que mi cuerpo se había contorsionado de una forma tan antinatural me produjo náuseas. Cuando salí a la superficie y logré llegar a la orilla, le conté al amigo con el que estaba surfeando lo que me había pasado y le comenté el estúpido movimiento que me había puesto en peligro, y él estuvo explicando la historia a la hora de las comidas durante días.

Pero, a riesgo de que se me acuse de ser demasiado optimista con lo de hacer las cosas fatal, hacerse daño es parte del juego. Te pongas como te pongas, acabarás dando tumbos y golpeándote en la cabeza. Y sin embargo, lo mismo se puede decir de tu trabajo, o cuando haces algo en lo que sí eres bueno. La diferencia es esta: cuando cometes un error en el trabajo, importa. Oh, claro, igual tienes un jefe muy comprensivo y un departamento de Recursos Humanos positivo, pero cada vez que metes la pata tienes una oportunidad menos de volver a hacerlo. Las leyes de la escasez así lo dictan.

Cuando la pifias mientras practicas ese algo que se te da fatal, no importa. Te haces daño, pero nada más. No tiene mayor importancia, y es algo ilimitado. No hay ningún dispositivo contando.

En realidad, eso te hace más fuerte. Porque, cada vez que la pifias con una ola, es un entrenamiento para cuando la pifies en el trabajo o cometas algún error que cueste semanas arreglar. Hacer algo que se te da fatal significa fallar y caer dentro de unos límites. Conseguirás superar el proceso, y verás que fastidiarla en realidad no es el fin del mundo. Al contrario, te ayudará a estar mejor preparado para afrontar este tipo de situaciones en el futuro.

El deseo no es tu amigo

Aquel día de finales de verano, el viento del mar formaba pequeñas olas. El pico estaba abarrotado de surfistas que esperaban la rompiente local y cambiante de la costa de Jersey. Éramos unos veinte, amigos, familia, jóvenes, casi profesionales y unos pocos surfistas de mediana edad con tablas grandes (incluida yo). Fue un día glorioso. El sol brillaba, el agua estaba a una temperatura perfecta de 22 ºC e inusualmente clara. El océano, tan lleno de vida, inspiró a uno de nuestros amigos a decir: «¡Esto parece un acuario!» Bancos de pequeños peces y alguna otra criatura más grande asomaban sobre las aguas, huyendo de lo que fuera que los perseguía. De vez en cuando, el agua estallaba a mi alrededor cuando innumerables pececillos plateados asomaban en la superficie y se arremolinaban sobre la tabla. Los grupos de delfines «nariz de botella» se dejaban ver justo al otro lado del pico, arqueándose de forma grácil sobre el agua por un instante antes de volver a sumergirse en silencio. Algunos interrumpían su camino hacia el sur y se ponían a nadar en círculos y a golpear la superficie con la cola para desorientar a los peces para que les resultara más fácil comerlos.

Todo surfista sabe que, allí donde hay abundante vida marina, hay otros peces de tamaño mayor que preferimos no nombrar. Es algo de lo que hablamos en tierra, pero que raramente mencionamos cuando estamos en el agua. No se trata tanto de superstición como de respeto por el orden del universo, sobre todo cuando nos alejamos de tierra firme y abandonamos nuestro estatus de predadores para convertirnos en presas.

El día era precioso, aunque difícilmente íbamos a conseguir una buena ola; pero tratábamos de arreglarnos con lo que el mar nos proporcionaba. Las olas que llegaban eran huecas y rompían en un banco de arena en las aguas poco profundas, y yo me dedicaba a decidir hacia qué olas remaba y cuáles dejaba pasar. Tuve que abandonar algunas veces para no colisionar con otro surfista o contra el fondo arenoso. Después de dos horas, no había logrado coger ni una sola ola. Y aunque el día era perfecto —el solo hecho de estar en el pico con los amigos era motivo de alegría—, yo quería una ola. No soy una persona avariciosa, pero veía a otros que conseguían su breve momento de gloria con las olas y en cambio a mí se me escapaban todas. Mi sensación de felicidad empezaba a agriarse por el deseo no satisfecho. Ahí es cuando las cosas empezaron a torcerse.

Después de todos estos años de surfear fatal, he tenido que adoptar ciertos mecanismos para afrontarlo y poder seguir (surfeando y haciéndolo fatal) sin volverme loca o, peor, renunciar. Uno de ellos consiste en entrar en un estado mental en el que no hay deseo. Al suprimir el deseo, me convenzo a mí misma de que estar en el agua es suficiente, de que remar hacia el pico es suficiente y de que sentarme sobre la tabla es suficiente. Si una ola viene hacia mí, me digo, la veré como un regalo del mar. Si remo para llegar y consigo montar la ola, es una bendición. La acción y el resultado de montar una ola con éxito no son sino una recompensa momentánea..., una recompensa que no espero (no debería esperar) ni deseo.

Pero, si he de ser sincera, no siempre consigo pensar en esos términos. Una cosa es limitar tu necesidad de coger una ola cuando estás frente a un ordenador. Pero ¿y cuando estás ahí fuera y ves que otros, algunos con mucho menos talento que tú, lo consiguen? Es entonces cuando se impone recurrir al saber de algunos expertos.

Jaimal Yogis, por ejemplo. Es el autor y director del documental *Saltwater Buddha* y del libro *All Our Waves Are Water*, dos incursiones en su búsqueda vital para aunar las disciplinas de la espiritualidad y el surf y dar un sentido al mundo que le rodea.[45] Abordé con Jaimal el tema de las cosas que se nos dan fatal y no hizo falta que le diera ninguna gran explicación. Lo entendió enseguida, y

---

45. Jaimal Yogis, entrevista con la autora (15 de agosto de 2017).

desde el principio de la conversación ya se hizo eco del dogma de lo bueno que es hacer algo fatal. «Lo cierto es que es un asco que nos dediquemos a hacer cosas que se nos dan fatal. No digo que hacer surf sea un asco, pero aprender es difícil, y dominarlo hasta el punto de la perfección es imposible.» Jaimal lo compara con la práctica zen de resolver un koan. «A alguien se le plantea una pregunta que es imposible responder y acaba por rendirse porque no puede responder. Finalmente —explica—, tiene que rendirse al hecho de que hay cosas que uno no puede saber.» O hacer…, por mucho que lo desees.

El secreto está en seguir haciéndolas sin sentir la necesidad de una respuesta, del éxito o de tener un propósito.

Si queremos liberarnos de la necesidad de obtener un resultado determinado, siempre es útil entender dónde empieza todo. Nuestro deseo original, según el monje budista vietnamita Thich Nhat Hanh, es el de sobrevivir cuando abandonamos el vientre de nuestra madre. Chinos y vietnamitas se refieren al vientre de la madre como el palacio del infante.[46] En ese palacio estamos seguros. Nuestras madres nos alimentan, respiran por nosotros y eliminan nuestros desechos mientras nosotros flotamos en la seguridad del líquido amniótico. Cuando se nos obliga a salir del vientre, quedamos expuestos y vulnerables. Tenemos que aprender a hacer todas esas cosas por nosotros mismos. Esa primera bocanada de aire es difícil, ya que tenemos que expulsar el líquido de los pulmones para dejar espacio al aire.

El deseo original de sobrevivir cuando nacemos se prolonga durante nuestra infancia y la edad adulta. Mientras aprendemos a respirar, a comer y a funcionar por nosotros mismos, seguimos experimentando ese profundo deseo original, que se manifiesta en la forma de un anhelo rudimentario. Yo he sentido ese anhelo toda mi vida, aunque nunca supe por qué. Cuando empecé a surfear, me di cuen-

---

46. Hanh, Thich Nhat, *Fear*, HarperOne, Nueva York, 2012, p. 8.

ta de que mi anhelo tomaba la forma del deseo de surfear. Sentí esto incluso antes de saber cómo es montar una ola.

Evidentemente, el tema del deseo original poco tiene que ver con las olas. Mi ola podría ser el *swing* de otra persona que juega al golf, marcar un gol, el dominio de un lenguaje antiguo o el intento de alguien de tocar un determinado acorde al violín. Se trata del deseo en sí, del hecho de anticipar el desenlace deseado. En el caso del surf, con frecuencia revivo una aproximación al deseo original de llenar mis pulmones de aire cuando una ola me derriba y me quedo sin oxígeno, antes de salir a la superficie y respirar. Esto es especialmente cierto cuando hay un dolor extremo implicado. Quizás estoy llevando el tema un poco demasiado lejos, pero cuando surfeo me siento renacer.

Pero, como explica Thich Nhat Hanh, «decir que el anhelo es la causa de todo nuestro sufrimiento es simplista».[47] Y nos dice que, si queremos encontrar la forma de curarnos, debemos entender lo que provoca ese sufrimiento. Cuando nuestro sufrimiento se debe al deseo de un resultado concreto, la práctica de la falta de objetivos o *apranihita* puede ayudarnos.

La práctica budista de la falta de objetivos resulta especialmente útil cuando algo se nos da fatal. En el famoso Sutra del Corazón aprendemos que no hay nada que conseguir, y si somos capaces de olvidarnos de ir en pos de un momento efímero y vivimos en el presente, si aceptamos y practicamos la falta de objetivos, descubriremos que ya tenemos lo que anhelamos. Hahn escribe sobre el Sutra del Corazón: «Si no podemos dejar de correr, nos perderemos los milagros de la vida que hay en nuestro interior y a nuestro alrededor. Al practicar la falta de objetivos, ya no necesitas ir en pos de nada».[48]

---

47. Hanh, Thich Nhat, *The Heart of the Buddha's Teaching: Transforming Suffering into Peace, Joy, and Liberation*, Harmony, Nueva York, 1999, p. 23.

48. Hanh, Thich Nhat, *The Other Shore: A New Translation of the Heart Sutra*, Palm Leaves Press, Berkeley, California, 2017, p. 97.

El truco está en estar presentes sin dejarnos llevar por el deseo de algo. El maestro Hahn lo resume bellamente: «Cuando estamos en contacto con las cosas mediante la mente del amor, no huimos ni nos escondemos, y esa es la base de la libertad. La falta de objetivos ocupa el lugar del anhelo».[49]

Yo no necesito una ola. No necesito surfear bien o de forma elegante. Y si estos desenlaces exitosos nos preocupan es porque les atribuimos un significado. Cuanto más significado atribuyamos a un desenlace, más importante será. Renunciar a esta necesidad de encontrar un sentido es lo que nos da la libertad, y «la libertad es la única condición para la felicidad».[50] Así pues, la libertad de hacer algo mal puede hacernos felices. Pero renunciar no es tan fácil como pueda parecer. Requiere práctica.

Y, definitivamente, lo que yo necesito es práctica.

Una mañana sin olas (para mí), me reprendí a mí misma cuando una ola me engulló: «¡Burra inútil!» Eso no es libertad, ni tocar las cosas con la mente del amor. Me estaba criticando a mí misma.

Un momento después, cuando me di cuenta de lo que estaba haciendo, me eché a reír. *Qué burra por llamarme burra*, es lo que se me pasó por la cabeza. Pero ese segundo «burra» fue divertido. El hecho de reírme de mí misma cambió la experiencia y pasó de ser algo insatisfactorio a otra cosa. Aunque tampoco fuera del todo satisfactoria. Una cosa que no era terrible. Me volví y regresé al pico. La práctica requiere práctica.

La idea de que dedicarte a algo que se te da fatal —y meter la pata hasta el fondo— te ayudará cuando falles en algo más importante, no existe solo en los koans. La práctica de la aceptación ha encontrado una confirmación en lo que sabemos de la neurociencia desde los primeros tiempos de esta disciplina.

---

49. Hanh, *Fear*, p. 242.

50. Hanh, *Fear*, pp. 78–79.

Practicar algo con la actitud adecuada puede cambiar nuestra percepción, puesto que el cerebro humano tiene un carácter muy maleable. El término es «neuroplasticidad», y significa exactamente lo que parece. Es lo que nos da la capacidad de seguir aprendiendo y cambiando a lo largo de nuestras vidas. Y esto gustará a los que hacemos cosas que se nos dan fatal: cuando desafiamos a nuestra mente, se mantiene sana más tiempo. Imagina un futuro de viejos aficionados pasándolo bien con cosas que en realidad no importan. Estarán mucho más sanos y en forma que si se hubieran quedado en casa.

La neuroplasticidad se basa en el principio de que «las neuronas que se activan juntas tienen una conexión más fuerte» (el famoso *neurons that fire together, wire together*). Donald Hebb, conocido como el padre de la neuropsicología, creó el concepto en 1949 para explicar cómo se produce el aprendizaje y cómo se forman los hábitos.[51] Por decirlo de una forma sencilla, las neuronas de nuestro cerebro liberan neurotransmisores para comunicarse con otras neuronas. Este proceso crea vías resistentes que son más fuertes y sólidas cuanto más frecuentes son las transmisiones. De lo que se deduce que las experiencias positivas favorecen nuevas experiencias positivas.

Pero se trata de un fenómeno neutro. Nuestro cerebro no distingue entre rutas neuronales «buenas» y «malas», las rutas neuronales son lo que son. De modo que la neuroplasticidad funciona exactamente igual con los aspectos negativos del pensamiento. Si no dejamos de repetirnos que no seremos felices a menos que pase esto y esto otro —y luego no pasa—, estaremos reforzando nuestra frustración y nuestra desdicha.

Si convertimos en un hábito el desear solo un cierto desenlace, nos estancaremos y nos centraremos únicamente en el resultado. Es

---

51. Cooper, S. J., «Donald O. Hebb's Synapse and Learning Rule: A History and Commentary», *Neuroscience and Biobehavioral Reviews*, vol. 28, n.º 8 (enero de 2005). Disponible en: www.ncbi.nlm.nih.gov/pubmed/15642626.

un estado mental muy distinto al del aprendizaje. Hay recompensas asociadas al hecho de mejorar, desde luego, pero aprender es un proceso en el que recolectamos, no se trata de plantar nada. Aprender nos abre al mundo.

Es uno de los aspectos en que hacer algo que se nos da fatal coincide con el aprendizaje. Cuando aceptamos practicar algo que se nos da fatal, nos olvidamos de la obsesión por los objetivos. Hacer las cosas con vistas a obtener una recompensa da a nuestros esfuerzos un carácter transaccional, y en estas circunstancias no es raro que todo se tuerza. Sobre todo si la recompensa nunca llega. Nuestros cerebros pueden entrar en el bucle negativo de querer algo que podría no suceder nunca del modo en que nosotros queremos. Si no dejamos de pensar en términos de fracaso, fracaso, fracaso, es posible que nos desanimemos tanto que nos neguemos incluso el placer de intentarlo.

Las historias importan

Ay, has llegado a este libro con una vida entera de rutas neuronales ya trazadas en tu mente. Muchas son negativas, puede que la mayoría. Yo también.

La pregunta es: ¿qué hay en el hecho de hacer algo que se nos da fatal que pueda ayudarnos a reorientar y reiniciar estas rutas? Y por supuesto que podemos salir y crear otras nuevas, pero ¿cómo enfrentarnos a la vieja y perturbadora negatividad?

En su superventas *Capture*, el doctor David Kessler nos dice que la mejor forma de escapar del bucle de la negatividad es sustituirla por positividad. Kessler utiliza el término «captura» para definir este fenómeno y describir cómo aquello que atrae nuestra atención se ve reforzado si nos centramos en ello de forma continuada. El estímulo puede ser tan simple como una voz molesta en la mesa de al lado en un restaurante: una vez que tu mente se centra en ella, no puedes seguir escuchando con atención a tu acompañante ni disfrutar de la comida. Este es un ejemplo benigno de captura, pero demuestra la rapidez con la que algo puede adueñarse de nuestra atención y hacernos caer en un bucle. En el extremo contrario, la experiencia puede ser tan compleja como un repentino despertar espiritual. Este nuevo centro de atención cobra una gran importancia. Y minimiza la influencia de la antigua ruta neuronal.

Kessler afirma que «podemos remodelar gradualmente nuestra mente, incluso transformar la forma en que experimentamos el mundo, si bien superar una forma de captura con frecuencia depende de que descubramos otra».[52]

Pero eso no es todo. Necesitamos encontrar nuevas rutas positivas que atender. Kessler escribe: «En el transcurso de una vida, cada uno de nosotros crea un relato coherente a partir de la maraña y el caos a menudo fragmentario de nuestro día a día, de la narración siempre en movimiento de nuestras vidas… Sin unas pautas autocreadas, la trayectoria de nuestra existencia sería como un revoltijo de detalles aleatorios… Así pues, es esencial preguntar cómo se conciben nuestras historias».[53]

Creo que ahí es donde está el secreto. En contar historias. Joan Didion, una maestra en este arte, afina un poco más: «Contamos historias para vivir».[54] Necesitamos las historias tanto como respirar.

Así pues, ¿cómo podemos derrotar las rutas neuronales de una historia negativa y convertirla en una positiva? Kessler nos dice que podemos influir en el proceso cambiando activamente lo que ocupa nuestra atención. Ahí es donde la mente debe enfrentarse al cerebro.

---

52. Kessler, David A., *Capture: Unraveling the Mystery of Mental Suffering*, Harper Perennial, Nueva York, 2017, p. 267.

53. Kessler, *ibid.*, p. 266.

54. Didion, Joan, *We Tell Ourselves Stories in Order to Live: Collected Nonfiction*, Everyman's Library, Nueva York, 2006.

Intentar diferenciar ambas cosas podría ayudarnos a entender un poco mejor lo escurridizo que es todo esto.

La distinción entre mente y cerebro aún no es algo establecido. Y no porque no lo hayamos intentado. El tema ha sido objeto de debate desde los albores de la ciencia y la filosofía, un debate que se ha vuelto muy acalorado a la vista del rápido aumento en los avances de la neurociencia. Ahora que tenemos escáneres de IRMf (imagen por resonancia magnética funcional) que detectan el flujo sanguíneo en el cerebro y muestran la actividad neuronal, podemos cuantificar, hasta cierto punto, causa y efecto. Pero la neuroquímica del cerebro no permite necesariamente predecir el comportamiento. «Si bien los escáneres son increíbles y la tecnología una maravilla absoluta —dice Sally Satel, coautora de *Brainwashed*—, siempre podremos conservar el norte si recordamos que el cerebro y la mente son dos estructuras diferentes».[55]

Para acabar de complicar la tarea de separar mente y cerebro, estudios recientes han demostrado que nuestros comportamientos se rigen por motivos inconscientes en un grado mayor del que pensábamos. Pero también sabemos que con la conciencia podemos sobreponernos a esos impulsos inconscientes. Nuestros cerebros tal vez son unos mandones, pero no son necesariamente los que mandan. Ahí es donde entra la mente, y es el motivo de que las historias que construimos tengan tanto poder.

Dejemos la ciencia y sus limitaciones como punto de referencia y volvamos sobre uno de los conceptos budistas más importantes. La atención plena o *mindfulness* es la práctica de traer la mente al presente. Esto nos ayuda a no proyectar un futuro en un momento dado, o a no regodearnos en el pasado, o a no calificar una experiencia como agradable o desagradable. En lugar de mirar las cosas como buenas, malas o neutras, la atención plena reconoce que simplemen-

---

55. Satel, Sally, «Distinguishing Brain from Mind», *The Atlantic* (30 de mayo de 2013). Disponible en: www.theatlantic.com/health/archive/2013/05/distinguishing-brain-from-mind/276380/.

te son. Lo que nos lleva de vuelta a las rutas neuronales que crea el cerebro: las células no juzgan, se limitan a hacer lo que tienen que hacer. Del Buda aprendemos que la semilla de la bondad y la negatividad están en nosotros. Tenemos que regar las semillas adecuadas. Si hacemos esto, cambiaremos la energía del hábito, ese bucle negativo que contribuye a nuestro sufrimiento, y la convertiremos en atención plena. Cuando haces algo mal, la energía de la costumbre te dice que lo dejes, pero si practicas la atención plena, sigues adelante y no juzgas. Y eso es libertad. La libertad de contar la historia que quieres contar.

Me viene a la mente Lucy Marsden, la última viuda confederada que queda con vida en la épica novela de Allan Gurganus, una mujer de noventa y nueve años, tan vivaracha como cuando tenía dieciséis. Sobre la forma seductora en que su marido, el capitán Marsden, contaba historias, la mujer dice esta famosa frase: «¿Sabes, cielo? Las historias solo le pasan a la gente que puede contarlas».[56] Y lo que elegimos contar es tan importante como las historias en sí.

Tanto si aprendemos del personaje inventado de Lucy Marsden o de la muy real Joan Didion, tanto si se trata de ficción como de no ficción, lo que importa es la historia. De todos modos, la distinción entre ficción y no ficción es algo muy inglés que en otras lenguas o culturas no tiene un carácter tan de blanco o negro. Porque los humanos ya contaban historias desde hace tanto como once mil años, incluso si no nos ponemos de acuerdo sobre cómo llamarlas. En última instancia, las historias son en gran medida lo que nos convierte en humanos. Que seamos de una forma u otra depende de las historias que contamos y de cómo las contamos.

Tengo la poderosa sensación de que la técnica de contar historias para revertir los efectos de la negatividad es algo que la mayoría ya hacemos de forma instintiva cuando hablamos de aquellas partes

---

56. Gurganus, Allan, *Oldest Living Confederate Widow Tells All: A Novel*, Ivy Books, Nueva York, 1990, p. 211.

de nuestra vida que asignamos al ocio, el juego y la despreocupación. Piensa en esto: ¿cuál es la historia que puedes contar en cualquier momento cuando quieres hacer reír a alguien? Quizás es sobre una primera cita, o cuando te quedaste dormido durante una conversación en la comida. Algo que te ayude a romper el hielo.

Por mi experiencia, diría que seguramente es una historia sobre algo que te encanta hacer y que se te da fatal. Aquella vez que bajaste bailando del escenario del karaoke y acabaste sobre la mesa de billar (y de ahí al hospital). Aquella vez que tu amiga te pidió que cantaras en su boda. Para muchos, las historias más felices y alegres se derivan de momentos en que experimentamos una forma aguda de fracaso. Huesos rotos, bochorno, mortificación. Y con el tiempo, convertimos esa ruta supuestamente negativa en algo que nos hace reír. Es lo que hacemos. Y funciona. Yo, desde luego, tengo las mías.

El dolor es información

Aquella gloriosa tarde de agosto en Nueva Jersey, mientras estaba en el agua, ninguno de estos pensamientos se habían abierto paso hasta mi cerebro. Yo lo que sabía es que quería una ola y que iba a hacer lo posible por conseguirla.

La marea estaba subiendo y las olas empezaban a romper en aguas más profundas, lo que significa que las probabilidades de topar con el fondo arenoso eran menos. Pero me estaba cansando de remar y fallar, remar y fallar. No podía marcharme sin montar al menos una ola, así que decidí lanzarme a por la siguiente ola decente que se acercara. Vi mi ola formarse en el horizonte, una ola de un tamaño considerable para el día que llevábamos. Calculé que me llegaría a la altura del hombro. Estaba bien posicionada, tenía prioridad y me dije: esta es mía. Cuando me volví para remar hacia la ola, supe en mi corazón que me iba a costar. Las olas huecas requieren una incorporación tardía, lo que significa que el surfista tiene que ponerse de pie justo bajo el labio de la ola y moverse hacia el lado con rapidez para conseguir el control e incorporarse a la cresta. Esto es particularmente difícil con una tabla grande, porque es más pesada y más lenta que las tablas más cortas.

Dejé las precauciones a un lado y seguí el consejo de Erik, al que conocimos en el capítulo anterior, uno de los mejores surfistas que conozco. Erik decía: «A veces lo mejor es lanzarse sin más, incluso si sabes que te vas a caer. Si consigues entrar y sobrevives, ya podrás relajarte». Por supuesto, eso tendría que pasar al iniciar la sesión, no al final.

Cogí la ola y me puse en pie de un salto —¡qué alegría!—, pero en cuanto me giré, la base de la tabla desapareció de debajo de mis pies. El labio de la ola nos engulló a mí y a la tabla, haciendo que esta girase, de modo que la parte de arriba estaba abajo y el lado de la quilla arriba. El dolor agudo que noté entre las piernas me decía que la quilla me había golpeado ahí. La ola nos había convertido a la tabla y a mí en un sándwich y nos arrastró juntas hacia la orilla. Después de dos vueltas completas debajo del agua, conseguí agarrar la quilla con la mano para arrancarla del lugar al que se aferraba con obstinación contra mis partes. Esto lo recordé después, cuando vi el corte de quince centímetros en mi mano derecha. Las dos (yo y la tabla) fuimos arrastradas por la espuma, hasta que conseguí salir a la superficie jadeando para respirar y por el dolor atroz del golpe de la quilla. Oh, y también me llevé un buen golpe en la cabeza. Básicamente, mi tabla me la jugó, y luego me dio un golpe en la cabeza. No puede acusarse a una tabla de agresión, y las olas siempre hacen lo que quieren contigo, pero aquello ya era demasiado.

Mientras yo escupía entre aquel mar de espuma que se forma donde las olas rompen tratando de recuperar la compostura y valorar los daños, mi amigo Jimmy regresaba hacia el pico después de haber saltado en el aire con pericia para salir de una pequeña ola de izquierda en su tabla de casi tres metros y medio.

Había presenciado el lamentable episodio y preguntó:

—¿Estás bien?

—Aún no lo sé… —respondí con más recelo del que pretendía. Sentía como si mi voz estuviera hundida en el punto donde había tenido clavada la quilla. Le dije dónde me había golpeado.

—Oh, sí, a mí también me ha pasado —dijo con una risa, y entonces se dio la vuelta y remó para ir en busca de una nueva ola.

La compasión no está entre el repertorio de sentimientos del surfista, a menos que la merezcas de verdad, como cuando estás al borde de la muerte.

Me sentía paralizada, y por unos momentos permanecí allí, con el agua hasta la cintura, pensando si debía volver al pico. El dolor pasará, me dije. Hacía un bonito día y no me apetecía terminar la sesión. Pero la idea de sentarme a horcajadas sobre la tabla me hizo estremecer.

El dolor inicial del golpe empezaba a disminuir —o quizás es que mi cuerpo estaba en *shock*—, y en mi mente apareció la siguiente pregunta lógica: ¿estoy sangrando? No me gustaba la idea de sangrar en el agua habiendo tanta gente allí, incluido mi hijo. En aguas donde hay peces pequeños la sangre atrae a peces mayores. El hecho de que haya tiburones que detectan una presa en una parte por diez mil millones altera la lógica retorcida que el cerebro de un surfista conjura para plantearse seguir surfeando con una herida sangrante. Sí, el océano es muy grande, y seguro que las probabilidades son ridículas, pero en nuestra imaginación son mucho mayores. Decidí dejarlo.

Bajé la vista al agua que se arremolinaba alrededor de mi torso. No se veía rosada, y por un momento me sentí aliviada. Cuando salí renqueando a la playa, vi el tajo que tenía en la cara interna del muslo. Sangraba, pero no demasiado. Primera valoración: no ha tocado ninguna arteria vital, solo es una herida superficial. Todo bien, pero, caray, me costaba caminar.

Yo había tenido a mis dos hijos a la antigua, y para mí no era una novedad la incomodidad que produce sentir dolor en esa zona.

La palpitación y la presión constante, la aterradora posibilidad de orinarme cuando llegara el momento. Sobrevives y te recuperas, pero supe que pasarían semanas antes de que volviera a meterme en el agua. Peor, culpaba a mi ineptitud de aquella caída. Repasé absurdamente mis movimientos, preguntándome si había vacilado antes de volverme sobre la tabla y por tanto merecía lo que me había pasado.

En el surf, la vacilación es el rasgo más característico de un aficionado. Si vas a por una ola y vacilas, o la pierdes o te caes. La nobleza de ir a por todas con una ola, incluso si es pequeña, ya indica la clase de compromiso que se necesita para surfear bien. ¿Había ido a por ella a sabiendas o había sido un acto inconsciente? Repasé la ola una y otra vez en mi cabeza.

Después de volver a casa renqueando, me di una rápida ducha para poder ponerme las tiritas que mi marido iba a ir a comprar a la farmacia local. Cuando me enjaboné, la sensación de escozor entre las piernas me hizo aullar de dolor. Me ayudé con un espejo y descubrí lo que no quería saber: la herida que me había hecho la quilla dio para mí un nuevo sentido a la palabra «tajo». Me había abierto un nuevo orificio corporal, igual que aquel pobre surfista sobre el que había leído, pero el mío no era ningún recto. El tejido estaba desgarrado y en carne viva, como una chuleta mal cortada, y mis partes me dolían mucho.

—Joel —exclamé—, olvídate de las tiritas.

Cuando me acerqué al mostrador de recepción de urgencias para informarle a la enfermera de mi herida, la mujer no se dio cuenta de que llevaba una toalla sujeta entre las piernas, pero reparó enseguida en el corte que tenía en la mano derecha.

—Oh, una quilla… —dijo.

—Sí.

—Una vez mi hijo casi se corta una oreja con una de esas cosas. Tuvieron que cosérsela.

La enfermera se mostraba adecuadamente consternada.

—Lo de la mano es superficial. No he venido por eso. —Mi voz seguía enterrada ya sabéis dónde.

Ella me miró con expresión inquisitiva.

—¿Dónde es entonces?

Señalé la toalla que llevaba entre las piernas. Eso despertó su interés.

Echó la cabeza hacia atrás y lanzó una risotada.

—¡Guau! —aulló—. A los chicos les va a encantar.

Y se fue a buscar a la persona que establecía la prioridad de los casos entre carcajadas. No había nadie desangrándose ni con un ataque al corazón, así que me pusieron la primera de la lista. Me alegró ver que al menos alguien se estaba divirtiendo con aquello.

Una hora y media después, salí arrastrando los pies de urgencias, con diecisiete puntos en la cara interna del muslo y la vagina, arropada por las risitas de los sanitarios. No sé, por lo visto era condenadamente divertido.

No pude sentarme durante semanas. Tenía que estar de pie ante mi mesa de trabajo y durante las reuniones. (Mis colegas tuvieron la misma respuesta que el personal de urgencias.) No pude ponerme bragas durante un mes. Cuando comprobé si la herida estaba curando bien con un espejo, vi que mis genitales se habían puesto negros. Y le grité a Joel:

—¡Oh, Dios, la he matado!

Cuando vi a Jimmy el día después del accidente y supo de la gravedad de la herida, me confesó:

—Sí, no entiendo por qué fuiste a por aquella ola. Era muy empinada.

Vale, quizá me sentía muy orgullosa por lo que había hecho. Quizá no vacilé. Pero en mi caso, como dice el libro de Proverbios, la arrogancia anticipó mi caída. Si bien por un momento me sentí orgullosa de haber ido a por aquella ola, y humilde por mi fracaso, Jimmy dijo algo que no pude quitarme de la cabeza.

—Pues sí, a lo mejor alguien está tratando de decirte algo. ¡Quizá por ahí hay alguien que no quiere que surfees!

Si Jimmy no hubiera sido profesor de religión y surfista, no le habría dado importancia. Pero él podía muy bien tener línea directa con el Hombre o el Conductor, que es el nombre que la mitología surfista da al maestro de las olas. Quizá Jimmy *sabía* algo.

Por muy absurdo que parezca que a un poder superior pueda importarle lo bastante para decidir sobre mi derecho a surfear, las palabras desenfadadas de Jimmy me sorprendieron. El surf había despertado una espiritualidad latente en mí. Me siento abrumada por el poder del mar cada vez que remo en dirección al pico. Esperar una ola es una especie de plegaria. Y, si bien no lo llamaría religión, el surf se ha convertido en una forma de disciplina para mí, y cada sesión es una práctica de paciencia, humildad, habilidad. Aun así, nací siendo católica, y cuesta no dejarse influir por los condicionamientos bíblicos: quizás alguien no quería que surfeara.

La idea me afectó sobremanera. Después de pensarlo mucho, me di cuenta de que ese alguien era sin duda la voz que oía en mi cabeza —¿de dónde salía?—, y eso me hizo mucho más daño que el dolor del golpe y el tejido inflamado.

El dolor es útil. Hace que centres tu atención donde hay que centrarla. Es peor no sentirlo, porque si no sabes que estás herido no puedes arreglar lo que se ha roto. Sin embargo, en este caso, el dolor físico no era ni de lejos tan malo como el desasosiego que lo acompañaba. Quizá me he hecho daño, cacareaba la voz crítica de mi cabeza, porque no merezco surfear. Eso estuve diciéndome durante unos días, mientras estuve alejada del agua.

Cuando empiezas a surfear tan mayor, pagas un precio. En mi caso, una parte la pago con humillaciones. Y acepto que nunca seré una buena surfista. Cada vez se me da mejor seguir mi propio consejo y me tomo estos contratiempos como la cosa sin importancia que son, motas en el paso del tiempo, sobre todo en el contexto de algo que me gusta tanto. Pero también tengo mis momentos. Nunca dejo de debatirme con el sentimiento de vergüenza, y en parte lo asocio a una frase de uno de los mejores libros que hay sobre la vida del surfista, *Años salvajes*, de William Finnegan.

El libro de Finnegan me gustó tanto que, cuando terminé, volví al principio y lo releí una segunda vez. Y empecé a leerlo una tercera vez, pero me contuve. Me había obsesionado. Para mí el libro era doloroso y exquisito a la vez. Doloroso porque Finnegan llevaba un estilo de vida que yo no supe que existía hasta que fui demasiado mayor. Exquisito porque son casi quinientas páginas de brillante prosa sobre montar las olas. Para alguien que es escritora, editora y surfista como yo, esto es lo más parecido a un paraíso en papel que puede existir. Pero en el libro, Finnegan dice una cosa que me dolió tanto como el ignominioso episodio con la quilla.

Finnegan escribe sobre su novia adolescente: «Caryn no tenía interés por aprender a surfear, y a mí me pareció lo más sensato. La gente que empezaba a surfear a una edad avanzada, o sea, con más de catorce años, en mi opinión no tenía ninguna posibilidad de hacerlo bien y sufría mucho dolor y mucha tristeza antes de acabar dejándolo».[57]

Catorce. ¡Catorce! ¿Catorce? Yo tenía cuarenta cuando empecé y, según Finnegan, eso lo explicaba todo. Ahí lo tenía, bien claro, la confirmación de que me estaba engañando a mí misma, la explicación a mi dolor y mi tristeza. Hasta su apellido coincidía parcialmente, por lo de *fin*, que es «quilla» en inglés. Quizá también Finnegan sabe algo.

Al principio, la idea de que me había puesto con el surf con veintiséis años de retraso me pareció oscuramente divertida. Pero entonces me di cuenta de que aquella cifra irrisoria había removido algo más profundo en mi interior. Algo más que la sensación de

---

57. Finnegan, William, *Barbarian Days: A Surfing Life*, Penguin Books, Nueva York, 2016, p. 123.

catástrofe que acompaña a una metedura de pata. Con eso había aprendido a manejarme.

Y no podía desprenderme de ese otro algo: las dudas generalizadas sobre mí misma. Sí, los veintiséis años de retraso eran algo arbitrario, una cifra absurda (hay muchos buenos surfistas que han empezado mucho después de los catorce), pero ese no era el problema. Si me sentía tan afectada es porque sus palabras habían despertado algo que aún acechaba escondido en mi interior. La sensación de que estaba haciendo el ridículo.

¿De dónde me venían esas dudas? Siempre había pensado que, además de la predisposición a admitir que no sabía o no podía hacer algo sin sentirme mal por ello, también había en mí un núcleo sólido de seguridad en mí misma. Soy una autodidacta, y la curiosidad siempre me ha empujado a ir en pos de mis intereses y a dejarme llevar por el asombro para aprender lo que no me enseñaban los estudios formales. Los cuatro años que pasé en la universidad no me sirvieron de gran cosa, porque nunca acepté las estructuras de la vida universitaria. Mi trabajo como editora ha contribuido más a mi educación que la asistencia a ninguna institución de estudios superiores. Pero el surf dejaba al descubierto mis inseguridades como ninguna otra cosa. Me pongo continuamente en situaciones que me asustan. Me he hecho daño hasta tal punto que cualquier madre responsable de dos niños se cuestionaría lo adecuado de jugar en el océano con lo que es, en esencia, un arma adosada al cuerpo, una tabla de surf con una cuerda elástica atada al tobillo.

Era plenamente consciente de mi nivel de destreza y no pretendía que fuera de otro modo. Pero el comentario de Jimmy me hizo sentir una inseguridad que no sabía que estaba ahí y expuso una dolorosa brecha en mi imagen de mí misma.

El problema en parte es que con el surf el aprendizaje y la práctica se hacen casi siempre bajo el ojo público, bajo el escrutinio de otros surfistas. Peor aún, la mayoría de surfistas son mejores que yo y entiendo que no me quieran por allí en medio. Mientras trataba de comprender por qué me sentía tan mortificada por aquella herida, pensé si todo aquel episodio no habría despertado en mí el miedo atávico a haber deshonrado a una tribu a la que ni siquiera sabía que pertenecía. Por muy razonables que seamos, todos tememos que otros nos vean y nos juzguen, cuando en realidad a la mayoría les importa un bledo. Tienen cosas más importantes de que preocuparse.

Todos conocemos el síndrome del impostor, la barrera innata que la mayoría tenemos en nuestro ego y que lleva consigo el miedo a ser descubiertos, a no estar a la altura. Esa vara de medir es una estafa, un instrumento romo en el que la grandiosidad se mide contra la inferioridad, donde ambas cosas se convierten en una misma cosa. ¿Y qué, si a los que nos ven les molesta que lo hagamos fatal? Hemos de aprender que nuestro problema es la historia que nosotros mismos nos contamos, y que somos nosotros quienes tenemos que solucionarla.

«El Sutra de la Flecha es una especie de mantra budista en el que aprendemos que hay dos clases de dolor: el dolor físico, que es real, y el dolor psíquico, que es creado —manifiesta Jaimal Yogis, que se mueve con facilidad entre la jerga del surf mientras desvela los misterios de nuestras almas ansiosas—. Debes reconocer las historias que te dices a ti misma y ser consciente de que eres tú quien las crea —me dijo—. Y si bien al principio quizá te fustigarás por haberlas creado, lo verdaderamente difícil es apartarlas de tu lado.»[58] El dolor de la psique también nos da información, lleva nuestra atención allí donde se necesita, y es aquí donde *se parece* al dolor físico. Lo que tenemos que hacer no es suprimir esas historias, sino aprender a manejarlas y evitar que arraiguen. No debemos regar las malas semillas.

Las historias también pueden ser muy molestas.

---

58. Jaimal Yogis, *ibid.*

La confianza para fallar

Cuando empecé a profundizar sobre la ciencia y el misterio de la autoconfianza, esperaba que me ayudaría a desarrollar el tipo adecuado de historias, de las que no te destruyen, sino que te nutren y te ayudan a reiniciar las rutas neuronales malas.

Fue un alivio descubrir que había otra gente que había ignorado (o desconocía) la advertencia de William Finnegan sobre la edad. Katty Kay, por ejemplo, periodista de la BBC, que empezó con el *kitesurf* a los cuarenta. Y escribió un libro sobre la seguridad en uno mismo, por eso tenía la esperanza de que con sus investigaciones podría arrojar alguna luz sobre la forma en que hacer algo fatal puede ayudarnos a adquirir seguridad.[59] También supuse que tendría algunos consejos que dar de primera mano.

En *The Confidence Code: The Science and Art of Self-Assurance—What Women Should Know*, la periodista de la BBC analiza junto con la corresponsal de la ABC Claire Shipman el vínculo entre la seguridad en uno mismo y lo que ellas llaman «las primas de la seguridad», véase autoestima, optimismo, autocompasión y autoeficacia. El episodio de la quilla me había hecho caer en un estado de agitación que tenía relación precisamente con estas cosas. Si bien cada una abarca aspectos diferentes de la forma en que nos vemos a nosotros mismos en el mundo, todas están interconectadas. Y sin embargo, no necesariamente aparecen juntas: puedes tener una fuerte autoestima, pero tener una crisis de confianza cuando realizas cierta tarea; el optimismo no garantiza la autoeficacia, sino que te hace centrarte en el mundo exterior con la convicción de que todo irá bien; tener seguridad significa que confías en tu capacidad de hacer algo incluso si se te da fatal. Pero, aunque hay diferencias o matices entre estos atributos, la confianza, el optimismo y la au-

---

59. Kay, Katty y Claire Shipman, *The Confidence Code: The Science and Art of Self-Assurance—What Women Should Know*, HarperBusiness, Nueva York, 2018, p. 40.

toeficacia están, según las autoras, «estrechamente ligados al senti-miento del poder personal».[60]

Como Kay y Shipman aprendieron, un pequeño exceso de con-fianza nunca está de más si queremos reforzar nuestro poder perso-nal. Y dado que la confianza es, básicamente, una llamada a la ac-ción, no tener ninguna lleva a la inactividad. «La confianza es aquello que convierte los pensamientos en actos», dice Richard Petty, profesor de psicología de la Universidad Estatal de Ohio y experto en la materia.[61] Es decir, si no hacemos nada ni probamos nada, nunca llegaremos a ninguna parte. El exceso de confianza —ligado a una especie de optimismo— nos empuja a actuar. Así pues, ¿qué pasa cuando nuestro exceso de confianza nos lleva a in-tentarlo y fallamos? Aquí la solución la tenemos en el extremo con-trario. Si aceptamos que a veces hay cosas que se nos dan fatal, no tendremos miedo de intentarlo. Y aunar ese exceso de confianza con las cosas que se nos dan fatal puede ayudarnos a equilibrar los altibajos de nuestros egos y darnos la temeridad que necesitamos para hacerlo y punto. «¡Lo tengo!», nos decimos, pero al mismo tiempo añadimos: «¿Y qué, si no es así?»

Los conocimientos de Kay sobre la relación de la confianza con el acto de hacer algo que se nos da fatal son resultado de sus extensas investigaciones y su experiencia personal. La autora, que se describe a sí misma como una persona entusiasta y competitiva, es una hábil esquiadora y jugadora de polo. Reconoce que se inició en el deporte del *kitesurf* porque «el elemento desafío me atraía. Quería ahuyentar mis propios demonios. No había muchas mujeres que practicaran el *kitesurf* cuando yo empecé hace trece años, y para mí parte de su atractivo radicaba en conquistar un deporte practicado mayoritaria-mente por hombres».[62]

---

60. Kay, *ibid.*, p. 48.

61. Kay, *ibid.*, 50.

62. Katty Kay, entrevista con la autora (24 de agosto de 2017).

Kay contaba que adquirió cierto grado de competencia en un entorno específico, pero no ha sido capaz de avanzar hasta el punto de la maestría cuando se mueve en un entorno menos familiar. También se decía que no podía saltar. «No dejaba de repetirme que nunca dominaría este deporte, y estuve a punto de rendirme.»[63] El salto se produce cuando te levantas del agua posicionando la tabla para que el viento la impulse hacia arriba, y cuando vuelves a estar en contacto con el agua sigues surfeando. Aunque Kay no es capaz de saltar, sigue en ello.

«Sería bueno —concedió Kay— aceptar que quizás ese algo que tanto te gusta siempre se te dará mal, o al menos en parte. Si lo que pretendes es alcanzar la perfección, ni siquiera lo intentarás. Si eres capaz de lanzarte a algo e intentarlo, puedes probar montones de cosas. Permitirte hacer las cosas de forma imperfecta puede ser la manera de conocer cosas muy distintas.» Y si bien confirmaba que fallar o fracasar puede ayudar a adquirir seguridad, insistía en que la forma de plantearlo es una parte fundamental del proceso. «Dejar de compararnos con las habilidades de los demás es importante —dijo—. En el caso de mi lucha con el *kitesurf*, el hecho de que continuara me dio seguridad. Tuve la fortaleza y la valentía de seguir adelante.»

Un consejo que me pareció muy útil cuando hablé con Kay fue que, ay, quizá nunca encontremos la cura a nuestras dudas. Pero quizá ya tenemos lo más parecido que vamos a encontrar a un programa de recuperación. Lo que aprendí —y pude probarlo en mí misma— es que las dudas siempre van a estar ahí, pero la autocompasión puede hacerlas desaparecer. Permítete dudar. Sé sincero. Es normal cuando practicas algo que no se te da bien, y eso no va a cambiar.

Pero perdónate por ello.

No te olvides del *auto* en la autocompasión. Tu grupo no te ayudará a enfrentarte a tus demonios. Tus dudas son tuyas.

---

63. *Ibíd.*

La compasión se asienta en el amor. Y si nos amamos a nosotros mismos incluso con nuestros fracasos, lo más probable es que tengamos la seguridad para volver a intentarlo. De nuevo, tenemos ante nosotros otra de las formas en que hacer cosas que se nos dan fatal puede ayudarnos en otros aspectos de nuestra vida. Si aprendemos a amarnos y perdonarnos en momentos de fracaso, sabremos lo que significa perdonarnos cuando tengamos que hacerlo en otras facetas de nuestra vida.

Hanh nos enseña que «si llevamos la compasión en nuestros corazones, cada pensamiento, palabra y acto puede provocar un milagro».[64]

Por otro lado, la autocrítica es un mal aliado para la autocompasión. Una vez aprendemos a no juzgarnos, podemos contemplar nuestros talentos menores con compasión. Esto no significa que no reconozcamos que hacemos algo mal. Significa que podemos amarnos y ser más tolerantes con nosotros mismos cuando lo intentamos y fallamos. Criticarse a uno mismo solo es posible cuando tienes objetivos ambiciosos en mente. Por eso te quedas atrás. No estás a la altura. Y sigue y suma.

Dedicarnos a algo que se nos da mal significa que nos olvidamos de los objetivos y aceptamos desde el principio que no hay ningún objetivo. ¿Cómo se puede criticar eso?

Todo esto en realidad cuenta, y mucho, en situaciones en que las apuestas son muy altas. Si eres capaz de aceptarte mientras haces algo que se te da fatal, pero es inofensivo, adquirirás los mecanismos que necesitas para afrontar la situación cuando las cosas vayan realmente mal y sí que importe, podrás aceptarlo y afrontarlo de forma productiva. Tanto si es en el trabajo como en tu faceta de padre o madre, o como miembro de un equipo, todos metemos la pata alguna vez. No te equivoques, no estoy diciendo que sea estupendo hacer mal cosas que afectan a otros. Jamás ani-

---

64. Hanh, *Fear*, p. 173.

maría a nadie a aceptar tranquilamente hacer mal su trabajo en una sala de urgencias o en un quirófano, ni ninguna otra cosa que implique una responsabilidad sobre nadie. Son las cosas insignificantes, las que se amontonan una tras otra, ola a ola, momento a momento —y luego desaparecen por completo—, las que constituyen el objeto perfecto para hacerlas fatal. Pero si practicas cambiar la sensación de humillación por aceptación cuando algo se te da mal, estás despejando el camino para conseguir mejores resultados cuando sea crucial.

Todos tendemos a centrarnos en nuestras experiencias individuales y a aislarlas. Cuando tenemos un mal día, perdemos el trabajo, rompemos con nuestra pareja o tenemos que afrontar una mala noticia sobre nuestra salud, tenemos la costumbre de centrarnos en esa experiencia singular y pensar: ¿por qué me pasa esto a mí? Pero en vez de eso podríamos pensar: ¿por qué no a mí? Cuando hablamos de autocompasión es esencial comprender que todos somos parte de una misma humanidad, que todos tenemos experiencias negativas.

Jaimal Yogis entiende esto por experiencia propia: «La historia que nos creemos es que somos individuos separados que existen al margen de otros seres y siempre vamos a hacer las cosas mal porque los demás siempre son mejores. Pero en un ego construido de este modo la iluminación no puede producirse».[65]

Personalmente, doy fe de la veracidad de la teoría sobre el juego y la resiliencia porque en un viaje a Costa Rica, un día que acababa de volver de una sesión inusualmente provechosa en la playa (véase: cogí unas pocas olas de tamaño aceptable) y estaba contenta, recibí un correo electrónico con la desagradable noticia de que las ventas de los libros que editaba eran muy malas. Yo ya esperaba una fuerte reprimenda para cuando acabara el año. Ya sabía que no había alcanzado mis objetivos, pero no me había

---

65. Jaimal Yogis, *ibid.*

dado cuenta de que el desfase era tan importante. El mensaje me dejó descolocada, porque por lo general siempre sé más o menos dónde estoy a lo largo del año. Yo veo los números igual que las letras: en conjunto. Me dicen cosas, y me precio de entender bien la historia que me cuentan los números. Solo que iba completamente perdida con la historia de ese año. La noticia me puso mala, y me recordó una conversación que había tenido un año antes.

Fue una conversación con Alex Dick-Read, antiguo editor en jefe de una de las grandes revistas de surf, ahora difunta, *The Surfer's Path*. Habíamos estado hablando de surfear, escribir, publicar, y en ese momento yo me estaba quejando porque no pasaba suficiente tiempo en el agua para mejorar mi modo de surfear de forma significativa. Con frecuencia me enzarzo en un debate interno y absurdo: ¿dejo mi vida profesional en Nueva York y me conformo con un trabajo más modesto para poder surfear cada día? Por supuesto, incluso si lo hiciera, el surf se me seguiría dando fatal, y a nadie se le escaparía lo absurdo de la pregunta. Además, no podría ganarme la vida, o sea que es un ejercicio estúpido. Y aun así, todos saben que siempre ando lloriqueando con la gente que pienso que puede mostrarse comprensiva. La promesa de que «lo otro siempre es mejor» es una mentira podrida. Todos lo sabemos. Pero lo creemos de todos modos.

A pesar de todo, Alex me escuchó con paciencia y entonces preguntó:

—Bueno, ¿qué prefieres, ser una buena editora o una buena surfista?

—¡Una buena editora, desde luego! —contesté sin siquiera pensarlo.

—Entonces —siguió diciendo él con una benevolencia que no merecía—, estás donde debes estar.

Pienso con frecuencia en esta conversación cuando me pongo de mal humor por la tremenda disparidad entre el tiempo que paso en el agua y el que paso en la oficina, y enseguida me calmo al recordar la respuesta que le di de forma tan instantánea. Por supuesto que quiero ser mejor en mi trabajo que en algo que hago por diversión.

Pero, por lo visto, también lo estaba haciendo fatal como editora. Mierda. Como pasa con todo, lo que puede hacer por ti practicar algo que se te da fatal tiene un límite. Sentí que había cruzado la línea.

Los días que siguieron, pasé la mayor parte del tiempo practicando lo que hago cuando estoy en el agua y no consigo coger una ola. Sentarme, respirar, relajarme. Estar. Una vez logré hacer esto sin el ruido y el miedo rondando mi cabeza, traté de pensar cómo podía haber estado tan equivocada en algo que había hecho cada día durante treinta años. Había pasado la mitad de ese tiempo entrenándome a conciencia para que el surf se me diera fatal, y eso me ayudó a comprender que también podía dejar de pifiarla en aquello a lo que había dedicado mi carrera profesional.

Así pues, me senté. Respiré hondo, no a la manera de la meditación, sino de esa forma en que respiras cuando intentas no dejarte llevar por el pánico. En ese espacio encontré cierta claridad. Tenía un duro trabajo por delante, pero estaba preparada para afrontarlo. Tuve que admitir que había tomado algunas decisiones muy cuestionables y que tendría que cambiar mi estrategia si quería mejorar.

Unos días después, recibí la noticia de que las cifras que me habían mandado no se basaban en datos actualizados de ventas. Los nuevos datos, más ajustados, sí contaban la historia que yo esperaba. Seguía sin haber alcanzado mi meta y tenía trabajo que hacer, pero, si bien la había pifiado al hacer números, no era por un ataque de locura. Y no la pifié del todo puesto que en todo momento había sido consciente de las cifras y del motivo de esas cifras. Un pequeño matiz, quizá, pero me ayudó a centrarme en la tarea que tenía ante mí. En lugar de sentirme abrumada por mi fracaso, estaba preparada para asumir el reto. Había pasado unos días tratando de montar olas, y me lo había pasado muy bien. El fracaso era mi segunda naturaleza. No lo asociaba a la sensación tortuosa de la ansiedad. Lo asociaba al agua templada, al sol, al surf y a mi familia.

Las historias traen recompensas

Las dudas me estuvieron acosando durante mi convalecencia hasta que llegaron unas palabras de ánimo de un lugar inesperado. Si alguna vez ha habido una señal del universo, esta venía directa de ahí.

Tengo dos tablas fabricadas por el legendario Jim Phillips, que practicó el surf prolíficamente en la Costa Este pero que, muy sensatamente, ahora reside en el sur de California. Son tablas de tres metros de una sola quilla con un alma o nervio de madera, bordes suaves y punta curvada. Me encanta la forma en que la planta de mis pies se curva sobre el nervio ligeramente elevado del centro y la parte superior, como si se agarraran. Nunca me he sentido más feliz sobre una tabla. La primera que compré en nuestra tienda de surf local me gustó tanto —era de un deslumbrante fucsia, con una quilla amarilla y translúcida— que compré una hermana gemela blanca, con una bonita quilla azul, solo unos meses después. La fucsia la tengo en Costa Rica para nuestros viajes surferos al sur. La belleza más modesta de blanco está en Nueva Jersey.

Las tablas se llaman *Da Copy Cat*, en honor del infame surfista de Malibú de la década de 1960 Miki Dora, que se movía sobre su tabla con el sigilo de un gato. Si pensara que esas cosas pasan, me lo imaginaría revolviéndose en su tumba porque monto una tabla que lleva su nombre. Dora despreciaba a cualquiera que no fuera un experto en el surf y se le conocía por deslizarse por encima de los aficionados para derribarlos de sus tablas. Esto fue antes de que se inventara la cuerda elástica que se ata al tobillo, lo que significa que cuando hacía caer a alguien obligaba al afligido surfista a perder un tiempo precioso tratando de recuperar su tabla. El insulto era un poderoso disuasivo. Quizá Dora fuera un as, pero también era un gilipollas.

Ni siquiera el espíritu vengativo de Miki Dora pudo evitar que la noticia de mi accidente llegara a la Costa Oeste. Nuestro vecino de Nueva Jersey tiene un hermano que vive en San Diego. Es un abogado que practica el surf, y le habló de mi herida a otro colega abogado, que resultó que era amigo de Jim Phillips, el fabricante de tablas. Los detalles escabrosos dieron alas a la historia.

Phillips y yo habíamos interrumpido nuestro contacto cinco veces, pero aquel hombre medio ermitaño decidió dedicar unos minutos de su tiempo a escribirme un correo electrónico de ánimo mientras me recuperaba del daño que había sufrido mi cuerpo y mi seguridad en mí misma. Entre las cosas que me decía estaba esto:

«… espero que la recuperación sea rápida, el tiempo que pasa uno lejos de las olas puede hacerse muy largo… Vuelve a subir a tu montura, no te dejes desanimar. Solo puedo esperar que tus futuros días con el surf sean más placenteros, y que no haya dolor.»

Por bien que sus palabras signifiquen mucho para mí, lo que de verdad me importaba fue la generosidad y la consideración que había demostrado al escribirme aquellas palabras y el hecho de que me reconociera como una compañera surfista. Hasta ese momento no había sido consciente de ello, pero lo que yo buscaba era una conexión.

Aunque nunca me propuse ser miembro del gremio de los surfistas, al pasar tanto tiempo en el agua conocí a otros surfistas. El deporte es lo bastante democrático para que, si bien lo dominan los hombres más jóvenes, en la mayoría de picos haya jóvenes y viejos, hombres y mujeres. Como a mí me costó tanto aprender, al principio me mantuve al margen. Pero conforme pasaban los años y ganaba confianza, empecé a fijarme en las caras que se repetían. Y con el tiempo eso me trajo la alegría de nuevas amistades.

Las conexiones eran profundas y, sin embargo, nunca me consideré una surfista hasta que vi ese correo de Jim Phillips en mi bandeja de entrada. Aunque no tenía intención de rendirme, las dudas se habían colado en mi mente, y eso no me ayudaría cuando volviera a ponerme ante una ola. La falta de compromiso es una maldición para un surfista, y yo tendría que obligarme a volver a subir a la tabla. Las palabras compasivas de Phillips llegaron cuando me estaba cuestionando mi derecho a seguir surfeando. En hechos y en palabras, los milagros existen.

Y es en la comunidad y en la conexión donde se producen. «El poder de la voluntad no es suficiente para sustentar el cambio —nos recuerda el doctor Kessler—. El desafío está en sacar la fuerza de algo que no sea la mera autodisciplina o la condenación. El cambio duradero se produce cuando nos olvidamos de esos elementos de presión que nos aíslan y nos permitimos sentir el apoyo y la conexión en lugar de preocuparnos por el yo.»[66]

No dejo de volver sobre el poder de cada historia. Tanto si salen de la mente de un doctor como de un científico, un buscador, un genio literario o incluso un personaje ficticio, las historias son esenciales para movernos en la vida. Mi primera historia después del accidente que tuve surfeando me decía que no tenía derecho a estar en el agua con otros surfistas más diestros. No era digna. La historia contraria, si me voy al otro extremo de mi ego herido, se apoya en los sentimientos poco fiables de orgullo por haber llegado hasta allí (sin duda, la mejor de las dos). Pero, al final, ambas trayectorias no son sino imágenes distorsionadas de mi ego. En las aguas más calmadas de mi alma, la historia que me digo a mí misma es, simplemente: «Soy surfista».

Pero no llegué a este punto por mí misma, para eso me hizo falta la ayuda de un compañero surfista.

Un mes después, con las amables palabras de Jim Phillips en mi cabeza y su tabla bajo mi cuerpo, me puse a remar. Su mensaje tuvo el efecto curativo de ayudarme a perdonarme a mí misma por haber

---

66. Kessler, p. 267.

tomado una decisión equivocada ante una ola, y de recordarme que no es mi habilidad lo que hace que siga saliendo al agua en busca de una nueva ola. Al llegar al pico, me senté con cautela sobre mi tabla y esperé a que llegara una ola. El médico me había advertido que esperara seis semanas antes de volver a subirme a la tabla. Pero cuatro semanas dando vueltas a la cabeza eran más que suficientes. Qué caray. Soy surfista.

No se **TRATA** de ser **FANTÁSTICO**; se trata de **QUE NO** te importe que es **FANTÁS-TICO.**

OLA 4

Mi mejor ola: surfeando la quimio o cualquier mierda que se ponga en tu camino

Regla #4:
Tendrás que empezar desde el principio otra vez.

Lección #4:
Ser vulnerable te hace más fuerte.

Beneficio #4:
Que algo se te dé fatal es una razón para vivir.

Mis partes bajas habían sanado bien y para el otoño estaba de nuevo en el agua. Al menos hasta finales de octubre, cuando la supertormenta *Sandy* devastó la isla barrera de la costa de Nueva Jersey y nos mantuvo alejados de nuestra casa y del mar durante meses. El embate del océano arrancó casas de sus cimientos y las empujó como si fueran bolas de billar que chocaban unas con otras y destrozaban todo lo que tocaban.

El caos desencadenó más caos: en las carreteras se abrieron agujeros enormes que engulleron coches y camiones; los restos de las casas destrozadas —electrodomésticos, cajas fuertes, madera— fueron arrastrados por la inundación hasta la bahía y el océano; un incendio posterior a la tormenta destruyó el parque de atracciones de un siglo de antigüedad que había a kilómetro y medio de nuestra casa. Yo iba de pequeña a ese parque y seguí yendo de adolescente, en la década de 1970. Mi padre había ido antes que yo y yo llevaba a mis hijos cada verano. Tenía mucha historia, pero las cosas cambian. La noche antes de la tormenta nos vimos obligados a evacuar nuestra casa. Protegimos lo que pudimos y pusimos al mal tiempo buena cara —¿qué otra cosa podíamos hacer?—, pero fue una sensación muy extraña abandonar la casa familiar llevándonos solo los recuerdos de lo que allí habíamos vivido. No nos molestamos en llevarnos nada. Le eché una última mirada al hogar que tanto amábamos: un puerto en el que habíamos creado innumerables recuerdos familiares y con el que siempre habíamos podido contar, tanto en los momentos felices como en los difíciles, reducido sin miramientos a mero decorado material por el inminente paso de la tormenta. Una de tantas otras estructuras vulnerables que pronto soportaría el embate del viento, la lluvia y la marea y quizá quedaría hecha pedazos.

—Adiós, querida casa —dije en voz alta, como si ella pudiera responder—. Espero que sigas aquí mañana.

Subimos al coche y viajamos tierra adentro.

Alegría donde menos lo esperas

La tormenta no fue la única fuerza de la naturaleza que provocó el caos aquel otoño.

En la estela de *Sandy* y de la destrucción que provocó, me diagnosticaron un cáncer de mama. Si llevas la cuenta, me hice una segunda vagina en agosto, *Sandy* llegó en octubre y me dieron el diagnóstico en diciembre. Justo cuando había recuperado algo de confianza, mi vida de surfista —y todos los demás aspectos de mi vida— estaba a punto de soportar una seria caída de la tabla.

El cáncer de mama nunca se había contado entre los hombres del saco de mis pesadillas. Había demasiadas otras cosas que me asustaban. Descubrir que era vulnerable de un modo que no había imaginado me recordó que el hecho de que aprendamos a vivir con las amenazas que vemos no significa que no puedan aparecer otras: una aleta dorsal aparece cortando el agua tranquila, una revisión rutinaria se complica. Ser un desastre de surfista me había enseñado a aceptar que nunca somos invulnerables, pero estaba a punto de aprender que nuestra invulnerabilidad contenía multitudes. El surf me había tratado con dureza, pero siempre había sido decisión mía nadar hacia la ola, siempre había sido un desafío y una vulnerabilidad que yo había buscado.

El cáncer era otro tipo de vulnerabilidad.

Aunque eso no fue todo. Ocurrió algo más tras aquel invierno terriblemente vulnerable, cuando nuestra casa y mi salud se vieron en jaque. Fue entonces cuando experimenté la mejor ola de mi vida. Fue una orillera, lenta, suave y pequeñita, que compartí con Rocco una feliz mañana de julio. Hacía cinco meses que no me metía en el agua.

Justo antes de la Navidad de aquel año, una mamografía rutinaria reveló la presencia de un agresivo tumor invasivo en mi pecho izquierdo.

Afortunadamente, nuestra casa había quedado intacta, como para probar la (¿cruel?) aleatoriedad de la naturaleza. Sandy había abierto una brecha en la zona oeste de la bahía, pero sus aguas se detuvieron a tres casas de la nuestra. Una franja de casas del centro de la isla se salvaron de la ruina gracias a que su afortunada situación las protegió de los peores embates del viento, el oleaje y la marea. Aunque las aguas subterráneas inundaron nuestro sótano y perdimos todo lo que guardábamos allí, el nivel del agua no alcanzó la parte principal de la casa. Muchas otras casas, al igual que mi cuerpo, no salieron tan bien paradas.

Varias operaciones a lo largo de los dos meses siguientes arrojaron un margen de beneficio cuestionable. Decidimos tratar el cáncer sistémicamente antes de ocuparnos de las células del carcinoma ductal *in situ* (DCIS, por sus siglas en inglés) que se habían instalado en mi pecho. Una vez que me aseguré de que mi familia no quedaba desprotegida si las cosas se precipitaban —estuve «jugando con los números» otra vez—, la pregunta rápidamente se convirtió en: ¿significará esto el fin del surf para mí?

En febrero, antes de empezar mi primer ciclo de quimio, justo cuatro semanas después de la última de las tres operaciones que no me curaron, fui a surfear a Guiones contraviniendo las recomendaciones de mi fisioterapeuta. La cicatrización demasiado rápida de la fascia había creado un cordón de tejido rígido entre la piel y el músculo de mi brazo izquierdo. Parecía una cuerda de guitarra bien visible que iba desde la muñeca, pasando por la cara interna de mi antebrazo y el bíceps, hasta la axila. Era espantosa y espantosamente dolorosa, y me impedía estirar el brazo del todo. Eso haría muy, muy difícil practicar el surf (y la verdad es que yo no necesitaba más dificultades). Mis médicos fueron muy serviciales: me consultaron para programar las operaciones teniendo en cuenta mis planes de viaje, en el entendimiento de que meterme en el agua era primordial para mi salud mental. La fisioterapeuta lo fue menos.

Cuando le dije que quería ir a surfear me dijo:

—Eso es ridículo. No puedes surfear con el brazo así. Además, todavía estás recuperándote de la operación.

—¿Siguiente opción? —pregunté.

—¿Qué quieres decir?

—Voy a surfear de todos modos, así que ayúdame a averiguar cómo hacerlo.

—¿Qué os pasa a vosotros? —preguntó ella—. Mi novio surfea y también se pasa el tiempo haciendo tonterías. ¿Es que todos sois masoquistas?

—Ni de lejos.

Me enseñó un ejercicio para el brazo que consistía en apoyarme de lado contra la pared y realizar lentos movimientos de ascensión por la pared con los dedos, arriba y abajo, arriba y abajo. Se suponía que con ese movimiento forzaba con suavidad a mi brazo a estirarse y romper así el tejido delincuente. Cada vez que la extensión del músculo tiraba del rígido cordón fibroso, mi cuerpo se estremecía de dolor. La fisioterapeuta me recomendó que realizara el ejercicio antes y después de cada sesión de surf.

Esa terapia se quedó rápidamente en nada después de mi primera sesión en el rompiente de Guiones. Entre los movimientos de remar y el embate de las olas contra mi brazo, aquel obstinado tejido se separó de un tirón. Después de una ola particularmente fuerte, metí la cabeza bajo el agua para sofocar mi grito. Para finales de aquella semana, había recuperado el movimiento completo de mi brazo y podía utilizarlo con normalidad.

Mi decisión inapelable de viajar a Guiones con un solo brazo funcional fue un momento crítico para que yo aceptara el cáncer. Es un poco bochornoso admitir que, cuando me dieron el diagnóstico, mi primer pensamiento fue: «No tengo tiempo para esto». No sabía qué saldría perjudicado, si el trabajo o la vida familiar. Y de pronto, cuando pareció que me impediría seguir surfeando, me reboté. Dejé de preocuparme sobre cómo iba a convivir con el cáncer y me metí en el agua. Dolió como mil demonios durante un momento. Pero hubo algo en aquel dolor que me recordó que todavía estaba viva, que podía luchar de distintas maneras, de maneras que no necesitaban de un equipo de médicos ni de fantásticas máquinas ni de medicinas. Al meterme en el agua, mi cáncer se convirtió en una dificultad más en mi carrera de surfista, donde ya eran multitud. Estaba acostumbrada a las dificultades.

Una aventura «Te ha tocado»

En cuanto crees que ya lo sabes todo sobre el cáncer, este te recuerda por qué sigue siendo la gran C.

Después de la visita con el radiólogo que detectó el tumor y lo analizó, hubo visitas y consultas con un cirujano que haría la mastectomía y otro que se encargaría de la cirugía reconstructiva. El cirujano me recomendó a un oncólogo. Un distante patólogo informó del tamaño, la agresividad y el tipo de células que estaban proliferando en mi cuerpo. Hubo visitas para obtener segundas opiniones, citas y chequeos médicos con mi internista y mi ginecólogo. Un cardiólogo tuvo que asegurarse de que mi corazón sería lo bastante fuerte para aguantar el tratamiento. En la clínica donde me trataban había enfermeras y farmacólogos que se ocuparon de los detalles del tratamiento.

Nadie te enseña a organizar el batallón de médicos que tienen que verte o el orden de los procedimientos que tienes que seguir, nadie te da un mapa de carreteras. Tuve que seguir instintos que no tenía y el consejo de otros que habían pasado por lo mismo. Pero, por supuesto, nadie había pasado exactamente por lo mismo que estaba pasando yo, porque mi particular conjunto de circunstancias no se parecía a ningún otro, como ocurre con todo el mundo. Ninguno de nosotros es el paciente medio. Aunque algunos somos menos medios que otros. Esa es la buena noticia y la mala noticia, donde la esperanza y la desesperación se convierten en primos cercanos. Como si yo tuviera voz en el asunto, una de mis enfermeras me advirtió: «Será mejor que no seas un caso raro, porque eso en medicina no es bueno».

Solo lloré una vez durante aquel calvario, al verme desbordada por tantas opciones, y eso a pesar de saber lo afortunada que era por tener opciones. De todos modos, aprendí que no había caminos correctos ni equivocados. Las decisiones eran en última instancia mías, lo que me frustraba porque yo no tenía ni la más remota idea de qué hacer. Me sentía sola y vulnerable. Tenía la inevitable sensación de que se me daba fatal tener cáncer. De tanto en tanto, me preguntaba si acaso moriría. Y lo que es peor, me preguntaba si tendría la tenacidad de volver a aprender a surfear desde el principio. Tendría que volver a empezar de nuevo.

De manera que me concentré en cuestiones más prosaicas. El tiempo se convirtió en un *fastidio*. No dejaba de pensar: «¡Mierda!

¡Estar enfermo consume mucho *tiempo*!» Al principio no sabía cómo me las apañaría para compaginar las visitas médicas, los tratamientos y las operaciones con mi trabajo, sobre todo porque quería mantener mi enfermedad en secreto. Para mí era importante que mi vida laboral no se viera alterada por esta nueva realidad. Pero no había forma de evitarlo. Un diagnóstico es una máquina de robar tiempo, como una inspección de Hacienda o un atasco de tráfico. «Necesito un avatar para mi cáncer», me quejé a Joel.

En los momentos de lucidez —y en retrospectiva—, me daba cuenta de que mi pensamiento se había vuelto circular. Mi lucha contra mi nuevo déficit de tiempo respondía más a mi estado de negación. Si andaba siempre enfadada por las horas que no podía emplear en las cosas que me gustaban o las obligaciones que tenía, no me concentraría en el terror que el diagnóstico inspiraba. ¿Qué tiempo estaba perdiendo realmente? ¿Qué aspecto de la enfermedad y el tratamiento los convertía en ladrones de tiempo? ¿*Para qué* era aquel tiempo, de todos modos? ¿Es que lo tenía apalabrado para algo?

Lo estaba enfocando todo mal. Necesitaba una nueva estrategia, así que intenté reformular mi juicio de valor sobre cómo estaba empleando mis días: ¡tener cáncer era como vivir una aventura! Intenté ver cada hora de aquel mundo nuevo asombrosamente complejo como una nueva experiencia. Aprendería de ella, como hacemos con cualquier nueva experiencia. Aprendería a vivir con aquel nuevo miedo que traía aparejado. ¡Qué lujo llegar a conocer el miedo para así comprenderlo mejor! Hubo pensamientos oscuros, por supuesto, pero con la aceptación de la aventura experimenté una especie de iluminación. No iba a llegar a ser «buena» en tener cáncer. Podía leer todos los libros que quisiera, aprender todas las palabras, hacer todas las preguntas adecuadas, y seguiría estando en la misma situación: sin nada de lo que fardar, excepto de un nuevo vocabulario macabro.

Tenía también un as en la manga como surfista en lo referente a mi psicología. Sabía que aparecería otra ola en el horizonte.

Ser vulnerable es un asco, o quizá no

Durante los dos meses siguientes, mientras seguía el tratamiento, pasé la mayor parte del tiempo en la playa de nuestra maltrecha comunidad de Nueva Jersey, también yo maltrecha, e hice surf mental. Me compré una cámara réflex digital para poder tomar fotos de Rocco mientras cogía una ola tras otra. Mientras mi cuerpo iba siendo tácticamente envenenado, mi hijo se hacía más fuerte con cada sesión. Había días que solo caminar por la arena fina y profunda hasta la orilla del rompiente bastaba para dejarme exhausta. Los paseos semanales por la playa hasta la reserva natural que Rocco y yo solíamos hacer y que duraban horas se hicieron imposibles.

De vez en cuando me sentía con fuerzas para salir al agua, pero casi nunca con fuerzas suficientes para surfear. Estar entre las olas era cura suficiente, una bendición, pero también me hacía sentir más vulnerable que nunca. Después de la primera explosión de miedo y rabia que acompañó al diagnóstico y después de ser consciente de su faceta de viaje peligroso, empecé a sentirme vulnerable de un modo desconocido para mí. Los tratamientos me enfermaban y llevaban mi cuerpo al límite, y me sentí víctima de una traición. Mi cuerpo se había vuelto contra sí mismo y, como resultado de eso, yo había enfermado. Esta nueva vulnerabilidad desplazaba cualquier otro sentimiento. En vez de intentar en vano resistirme a ese sentimiento, decidí aceptarlo. Estaba lo suficientemente cerca de ser un asco para que me sintiera cómoda. Podría aprender de él, si conseguía envolverlo en mis brazos.

La palabra «vulnerable» deriva del latín *vulnerare*, que significa «herir», así que mi respuesta refleja a los insultos fisiológicos a mi cuerpo, tanto interiores como exteriores, seguía los orígenes de la palabra utilizada para expresarla. Eso tenía sentido para mí.

Y ese significado original se había perdido. Una herida en el cuerpo no es solo una zona de destrucción. Una herida es una zona de curación, de construcción, de recuperación. A nivel celular, cada

pequeña laceración o golpe en nuestro cuerpo es atendido por briga-
das de reparación. La acción violenta que provocó la herida está en
el pasado. Cada momento que pasa nos acerca más a la recuperación
de nuestra integridad.

Pero las únicas cosas que llamamos «vulnerables» en nuestros
días son cosas fatalmente comprometidas o destrozadas. Las noticias prueban de manera sistemática lo vulnerables que somos tecno-
lógicamente hablando: *hackers* que acceden a información privada,
enemigos que amenazan con sabotear nuestros servicios públicos, la
efectiva manipulación de las redes sociales por lucro o influencia.
Las cosas vulnerables son lugares de debilidad, paranoia y miedo.
Cuando un sistema es vulnerable, está expuesto a que algo o alguien
se aproveche de la situación o, como mínimo, cause la tensión suficiente para que se produzca un colapso, como un puente mal dise-
ñado. Y hablar acerca de proteger esos sistemas implica identificar
esas debilidades para poder defendernos de ellas.

Así las cosas, la vulnerabilidad en la experiencia emocional humana puede confundirnos. Si estamos acostumbrados a pensar que ser
vulnerable es estar débil o roto, pasamos por alto su valor como sentimiento y trabajamos contra él, en lugar de tomar nota de lo que nos
enseña y de los regalos de curación que nos brinda la vulnerabilidad.

Brené Brown ha dedicado su carrera a desenmarañar el modo en
que convertimos la vulnerabilidad en algo patológico.[67] Su charla sobre el tema es una de las más vistas en la página web de TED, lo que
revela claramente que muchas personas no solo se sienten identifica-
das con el problema, sino que además luchan contra él. El tema no es
si uno se siente vulnerable, sino si es capaz de aceptar que lo es. Igual
que en el contexto cultural general, consideramos la vulnerabilidad
personal como un lastre. Los sinónimos hablan por sí solos: «debilidad», «indefensión», «impotencia», «estar expuesto», etcétera.

---

67. Brown, Brené, *The Power of Vulnerability*, TEDxHouston, junio de 2010. Disponible en:
www.ted.com/talks/brene_brown_on_vulnerability.

Excepto uno: «apertura».

La investigación de Brown ha convertido esos peyorativos en oportunidades. Brown sostiene que «la vulnerabilidad es donde nacen el amor, la pertenencia, la alegría, el valor, la empatía y la creatividad. Es la fuente de la esperanza, la empatía, la responsabilidad y la autenticidad».[68] Según Brown, aquellos que se sienten más cómodos con ella son los «abiertos de corazón». Son las personas que abrazan la vulnerabilidad en lugar de huir de ella y consideran que eso es lo que los convierte en personas hermosas.

Comprendía esto. Lo había asimilado en mi vida de aficionada en cuanto cogí una tabla de surf. Surfear como una chapucera de mediana edad no me hizo hermosa, pero abrió la puerta a lugares en los que me sentía vulnerable. Con el tiempo, había aceptado el hecho de que siempre sería la estudiante, nunca la maestra, de que estaría en lo más bajo de la jerarquía, con todo lo que ello conlleva. Ser una pésima surfista era una forma de practicar una manera (relativamente) inocua de ser vulnerable. Paradójicamente, me di cuenta de que había pasado tanto tiempo siendo vulnerable que había desarrollado una especie de resiliencia. Eso no tenía nada que ver con la aptitud. Simplemente, me había tragado el orgullo y le había dedicado tiempo. Me había permitido vivir en espacio abierto. Aunque siempre sería una novicia, seguiría intentándolo. Hasta aquel momento pensaba que había estado haciendo el trabajo duro, pero comprendí que aquellos no habían sido más que pasitos de bebé hacia el objetivo de contarme entre los «abiertos de corazón».

De inmediato, me vi capaz de examinar algunas de las elecciones que había tomado a la luz de mi nueva relación con la vulnerabilidad tras el diagnóstico. Por ejemplo: me las había arreglado para mantener el diagnóstico en secreto, solo para mí y mis allegados, durante siete largos meses. Evitando que la noticia se dispersara, imaginé

---

68. Brown, Brené, *Daring Greatly: How the Courage to Be Vulnerable Transforms the Way We Live, Love, Parent, and Lead*, reimpresión, Avery, Nueva York, 2015, p. 34.

que podría apartar la sensación de estar expuesta que un diagnóstico de cáncer causa. Me imaginaba que podría pasar al otro lado del asunto y entonces sería capaz de decir a la gente: «Oh, sí, tuve cáncer, le pateé el trasero y ahora ya lo he superado. Todo va bien». Deseaba con todo mi corazón poder hablar de mi enfermedad en tiempo pasado: terminado, acabado, cerrado, nunca más. Pero mi cáncer no era tiempo pasado todavía; estaba muy lejos de haber pasado. Estaba muy, pero que muy presente.

Incluso elegí un protocolo de quimio que me permitió mantener la apariencia de que estaba saludable. No se me cayó el pelo y, excepto los primeros días después del tratamiento, el resto del tiempo pude fingir con éxito que estaba bien. Tenía muy mal aspecto, pero yo le decía a la gente que solo estaba cansada.

En retrospectiva, me di cuenta de que no quería que nadie supiera cuál era mi verdadero estado de salud porque me sentía avergonzada. Avergonzada por estar débil, indefensa, impotente. Avergonzada por darle un nombre a mi vulnerabilidad. En la investigación de Brown sobre lo que ella llama la «Defensa Contra las Artes Oscuras» de la vergüenza, escribe: «La vergüenza deriva su poder del silencio», y aconseja: "Si hablamos sobre ella, empieza a marchitarse…" No podemos abrazar la vulnerabilidad si la vergüenza asfixia nuestros sentimientos de valía y conexión».[69] La vergüenza nos hace sentir indignos de ser amados e impide que aceptemos nuestra vulnerabilidad, que es justamente lo que nos abre el camino hacia el amor.

Todos tenemos en la cabeza una voz que nos dice que no somos lo bastante buenos, saludables, listos o fuertes. Cuando ocurre algo como el cáncer, esa voz parece ser correcta. Es una sensación terrible y del todo innecesaria. No debería ser necesario llevar una vida ajena a la desgracia para poder vivir abiertamente con lo que somos. Esa voz se equivoca. La vergüenza habita en el centro de esas medidas

---

69. *Ibid.*, p. 67.

distorsionadas de la propia valía y alimenta los monstruos de la desconfianza en nosotros mismos y la autocrítica. Tomar conciencia de la existencia de este amasijo de vergüenza es el primer paso para resistirse a ella. Una vez que nos enfrentamos a estos sentimientos, podemos empezar a aceptar nuestra vulnerabilidad y abrir nuestro corazón al amor que tenemos que dar y recibir.

Justo cuando pensabas que era seguro volver al agua...

Cuando empecé mi última tanda de quimio, les pregunté a mis médicos si podíamos dejarlo. Hasta la última fibra de mi ser decía: «¡Basta!» Mi cuerpo protestaba de mala manera mientras me acercaba a la clínica de la Calle Quince de Chelsea con unas arcadas terribles. Las enfermeras empezaron a llamarme «el palo», porque mis venas se negaban a cooperar y desaparecían, lo que hacía aún más difícil colocar la vía intravenosa para la bomba que me administraba el cóctel químico de metotrexato y 5-fluorouracilo. La parte «C» (Cytoxan) del tratamiento CMF la tomaba por vía oral. Mi cuerpo, básicamente, estaba diciendo: «¡A la mierda con esa mierda!» Y mi mente lo secundaba.

En vez de tener que soportar el tratamiento final, sucedió algo mucho peor: un segundo tumor apareció en el mismo pecho. Eso me recordó otra de mis pesadillas recurrentes, la de entrar en ascensores que me llevan a lugares incognoscibles y que se desplazan hacia los lados o en diagonal, o suben o bajan demasiado. Por lo visto, viajaba en el ascensor de la vulnerabilidad, que no dejaba de bajar y bajar y, justo cuando pensaba que había llegado al sótano, descubría que aún quedaban plantas subterráneas por explorar.

Debido a la doble amenaza que suponían el DCIS residual y la aparición del nuevo tumor, mis médicos y yo decidimos que la mastectomía sería el mejor curso de acción. Nunca sabremos si el segundo tumor se nos pasó en el diagnóstico inicial o si salió a pesar de la quimio. Prefiero creer lo primero, porque lo segundo no augura nada bueno para mi futuro.

En cualquier caso, se determinó que el protocolo de quimio que había soportado había sido ineficaz, de manera que tendría que iniciar uno distinto —básicamente, un segundo intento— una vez que me recuperase de la mastectomía y que mi sistema inmunitario se reflotara lo suficiente para aguantar más tratamiento. Otro de esos ascensores que bajaban en picado hacia la oscuridad.

Me dieron un bienvenido respiro de dos semanas entre el final del fallido primer protocolo y la mastectomía y posterior quimio. Dos semanas significaban solo una cosa para mí: tiempo suficiente para disfrutar de al menos una sesión de surf antes de verme obligada a pasar cuatro o cinco meses más varada en tierra. Después de tantos meses de arraigo a la tierra químicamente inducido, tenía que meterme en el agua y sentir mi cuerpo como quería que estuviera. Solo un momento. Un momento era suficiente.

Unas olas pequeñas, a la altura del muslo, me dieron la bienvenida en nuestro retiro de Nueva Jersey. Era julio, ocho meses después de que me diagnosticaran. Rocco y yo remamos juntos en las aguas verdes del Atlántico. Mi hijo avanzó con brazadas fáciles a través de la espuma tranquila y dos minutos después estaba sentado en su tabla en el pico. Yo tuve que esforzarme mucho. Los brazos sin fuerza ninguna, el corazón desbocado, los pulmones que no daban abasto: ¡Maldita sea!, este año me ha dejado para el arrastre, pensé. No fui capaz de hacerlo.

Tragándome un sollozo, giré mi elegante tabla blanca de Jim Phillips, la misma que me había atacado hacía un año, para volver a la orilla. Cuando me subí de nuevo en mi querida tabla, la sentí familiar y estable, como si regresara a casa. Habíamos pasado muchas cosas juntas, pero en aquel momento no podía honrarla con una sesión porque estaba agotada a causa de los insultos que mi cuerpo había soportado durante los meses anteriores. Una voz interior me chinchaba: *Es imposible que lo consigas.* Cuando alcancé las aguas someras cercanas a la orilla, de pronto me vi como debía de haberme visto mi hijo desde el pico: derrotada.

En vez de sacar la tabla del agua, la giré para que encarase las pequeñas olas que rompían. Apoyé la cabeza en la tabla (cosa que no debe hacerse nunca en mar abierto, pero incluso mantener la cabeza erguida requería una energía de la que yo no disponía) y empecé a remar recurriendo a las pocas fuerzas que me quedaban en el cuerpo. Conseguí pasar del rompiente.

Cuando Rocco y yo empezamos a surfear, ambos nos quedábamos en la parte interior de la barrera de olas, donde las olas nos empujaban constantemente hacia la orilla. Solía ponerlo en posición y empujarlo hacia las olas hasta que él tuvo fuerza suficiente para impulsarse por sí mismo. Cuando empecé a ir más allá del rompiente para coger alguna ola, no le quitaba ojo de encima. De pequeño, lloraba de miedo por mí cuando pasaba fuera demasiado tiempo o la corriente me arrastraba demasiado lejos al norte o al sur de su línea de visión.

Un día, cuando tenía trece años, me tomó totalmente por sorpresa ver a Rocco en el pico. Estábamos en Costa Rica, donde nunca había ido más allá del rompiente, que está mucho más lejos de la orilla que en Nueva Jersey. Me aterró que hubiera remado hacia el exterior sin mi supervisión. Yo lo creía de vuelta y a salvo en la orilla.

—¿Cómo narices has llegado hasta aquí? —le pregunté cuando llegó a mi altura.

—He tardado media hora, pero lo he conseguido.

Estaba muy orgulloso, y yo también. Desde aquel día, siempre salimos juntos. La marea ha cambiado. Ahora yo veo a Rocco hacer el pato y remar a través de enormes olas rompientes y caer en bombas que yo evito a toda costa. Cuando las olas se hacen demasiado fuertes para mí, surfeo en la parte interior mientras él enfila hacia el horizonte con la esperanza de coger alguna grande. Todavía necesito reunir hasta la última gota de fe para no sentir pánico cuando lo veo desaparecer bajo el oleaje o arrastrado por la resaca. Surfear con

Rocco es para mí lo más parecido a estar en el cielo, igual que compartir música con Gio (sobre todo nuestra mutua obsesión por Bruce Springsteen y Eddie Vedder). Pero todavía lucho con el miedo por la seguridad de Rocco en el agua. Supongo que uno consigue lo que pide, y cielo e infierno nunca están tan separados como uno quisiera.

El día que cogí la mejor ola de mi vida, la sonrisa de Rocco al ver que me acercaba a la barrera de olas me dio el impulso que necesitaba para continuar. Cuando me deslicé hasta él y me senté en mi tabla, él solo sonrió y dijo: «Lo has conseguido», antes de girarse diestramente y remar hacia una ola.

Una ola era todo lo que yo necesitaba. Tras pasar media hora flotando en el pico con mi hijo, una pequeña línea de ola se acercó a mí. Giré la tabla para ponerme en dirección a la orilla y vi a Rocco a mi izquierda. Él estaba más cerca de la base y tenía prioridad. Si hubiera sido cualquier otro surfista habría respetado su derecho de paso, pero dejé de lado la etiqueta para compartir una ola con mi hijo, esperando no estropeársela. Remé más fuerte de lo que parecía necesario para coger la ondulación a la altura de la cadera y cogí la fuerza de la ola, que me levantó y me empujó hacia delante mientras yo saltaba para ponerme de pie, me giraba y montaba la ola en perfecto equilibrio. En vez de esforzarme, dejé que la ola hiciera el trabajo. Una tabla sabe qué hacer sobre una ola. Aquella era suave y benigna, propia de un mar inusualmente piadoso. Rocco se deslizaba a solo seis metros por delante mío. Los dos la cabalgamos hasta que la ola se deshizo en la orilla. Él giró antes de eso, mientras yo caía de la tabla a la espuma.

Sin aliento por la belleza del momento, lloré mientras me dirigía de nuevo hacia el pico. Las lágrimas saladas se mezclaban con el agua salada del océano y formaban un caldo de liberación emocional. Que pudiera siquiera montar una ola me parecía un pequeño milagro; pero compartir aquella ola con Rocco fue una especie de gracia divina cuando más la necesitaba. No volví a coger una ola durante el resto de la sesión, y pasaría mucho tiempo antes de que volviera a aventurarme a meterme en el mar.

Lo peor de mi tratamiento estaba por llegar. Mientras me recuperaba de la mastectomía que había modificado permanentemente la mitad izquierda de mi torso, soporté otros dos meses de un protocolo conocido como «el diablo rojo». Pero había experimentado lo que era ser vulnerable, y sabía que la belleza y la vida vienen con la vulnerabilidad, con la misma certeza que el riesgo. Cuando estaba demasiado enferma para trabajar o demasiado cansada para moverme, cerraba los ojos y montaba aquella ola junto a Rocco una y otra vez.

Gratitud: una puerta a la resiliencia

Alcancé el punto más bajo de mi malestar físico en un año que sumó siete meses de quimio y cinco operaciones quirúrgicas la semana final de aquella segunda tanda de tratamiento. Estábamos a finales de octubre de un año que me había vapuleado como una mala caída de la tabla. Me las había arreglado para trabajar durante todo aquel calvario: ir a la oficina me distraía y me permitía concentrarme en otras cosas aparte de lo mal que me sentía. Me había afeitado la cabeza antes de que se me cayera el pelo, todavía deseosa de controlar lo que pudiera (algunas lecciones hay que aprenderlas una y otra vez). Cualquier esperanza de mantener mi enfermedad en el ámbito privado quedó aplastada en cuanto aparecí sin pelo en la oficina. Al ver mi calva reluciente, una compañera me preguntó:

—¿Estás bien?

—No, no lo estoy —contesté, pensando: *¡Ea, ya lo has dicho!*

Aquellas últimas semanas me habían dejado aplastada. Apenas podía ir de un extremo a otro del apartamento. En un intento de consolarme, Rocco me envolvía la cabeza desnuda con la exuberante melena que le llegaba a media espalda.

Me encantaba que lo hiciera.

Un día particularmente brutal, tumbada en el sofá de nuestra sala de estar, me sentí más cerca de la muerte que nunca, y no lo digo metafóricamente. Allí tumbada, me dije: «Así es como se siente la muerte». Intenté evocar la ola con Rocco de tres meses antes, pero estaba tan consumida que me quedé en la orilla de mi imaginación. Me descubrí enumerando bendiciones. En mi momento más bajo sentí que perdía contacto casi con todo. ¡Había tan poco que yo pudiera hacer! Pero todavía podía contar.

La gratitud se convirtió en la única manera de sortear mi estado. Sin importar cómo me sintiera, extraje consuelo del hecho de que seguía en mi casa, rodeada de mi amorosa familia. Estaba relativamente a salvo, a excepción de las células que habitaban mi cuerpo y que amenazaban mi longevidad. Me sentí extremadamente consciente de la infinidad de circunstancias que eran peores que las mías y la autocompasión se desvaneció. En su lugar apareció el aprecio por mi buena fortuna por poder tener los cuidados que necesitaba y el consuelo, el amor y el apoyo de amigos y familiares, sin importar el resultado final. La gratitud se convirtió en el beneficio inesperado de la vulnerabilidad extrema. Una vez que mi corazón se abrió a lo vulnerable que yo era, se abrió un camino, y la gratitud entró por él rápidamente. Un corazón abierto hace inventario. Eso también es lo que uno hace cuando se corre una aventura.

Uno de los libros más hermosos escritos sobre el tema es el libro final del neurocientífico Oliver Sacks, una pequeña pero potente recopilación de ensayos cortos llamado *Gratitude*, escrito cuando sabía que estaba muriéndose. Al enterarse de la existencia de la metástasis que finalmente aceleraría su fin, el doctor Sacks escribe: «No puedo pretender que no tengo miedo. Pero el sentimiento que predomina en mí es la gratitud».[70] Es especialmente conmovedor porque él escribe como sujeto y como objeto, como

---

70. Sacks, Oliver, *Gratitude*, Knopf, Nueva York, 2015, p. 20.

científico que observa sus propias experiencias y como el sujeto que las experimenta.

La respuesta del doctor Sacks a un pronóstico fatal puede parecer extraordinaria, pero la ciencia también nos dice que no es tan inusual. Según un estudio de las emociones realizado tras los sucesos del 11-S, un grupo de psicólogos descubrió que además del miedo, la cólera y la tristeza predominaban también sentimientos más positivos, como la gratitud y la compasión.[71] La relación entre estos estados emocionales positivos y negativos es explorada en la teoría de «ampliación y construcción» de Barbara Fredrickson, psicóloga de la Universidad de Michigan. Fredrickson expone que las emociones positivas «amplían y construyen el repertorio de pensamiento-acción inmediato de las personas y favorece la construcción de recursos personales de resistencia a las dificultades».[72] Cuantos más recursos positivos obren en poder de la persona, más adaptable es cuando las cosas salen mal. Y la gratitud es uno de los grandes *kahunas* del pensamiento positivo.

La práctica de la gratitud conduce a sentir más alegría, entusiasmo, energía y bienestar. A veces es fácil. Sentirse agradecido por las cosas buenas es una reacción instintiva. Pero, mientras la gratitud es la respuesta natural ante las experiencias que nos aportan alegría, comodidad y seguridad, con práctica podemos «ampliar y construir» un acceso a esos sentimientos positivos en momentos de dolor, incomodidad o inseguridad. La gratitud nos ayuda a aceptar las cosas como son en todo el espectro de experiencias, en lugar de desperdiciar un tiempo y unos recursos preciosos deseando que fueran de

---

71. Fredrickson, Barbara L. *et al.*, «What Good Are Positive Emotions in Crises? A Prospective Study of Resilience and Emotions Following the Terrorist Attacks on the United States on September 11, 2001», *Journal of Personality and Social Psychology*, vol. 84, n.º 2 (febrero de 2003). Disponible en: www.ncbi.nlm.nih.gov/pmc/articles/PMC2755263/.

72. Fredrickson, Barbara L., «Broaden-And-Build Theory of Positive Emotions», *Philosophical Transactions of the Royal Society B*, vol. 359, n.º 1449 (septiembre de 2004), p. 1369. Doi: 10.1098/rstb.2004.1512.

otro modo. Años de surfear fatal me prepararon para esa práctica, aunque no fui capaz de articularla hasta que me encontré muriéndome en aquel sofá.

Hasta ese momento, no había asimilado los principios de la práctica de la gratitud requeridos para sentirse agradecido por las dificultades de la vida. Nuestro instinto nos impulsa a alejar de nosotros lo malo. Pero cuando nos abrimos completamente a nuestra vulnerabilidad y dejamos espacio para experimentar las emociones positivas que se ocultan del otro lado del miedo, la ira o el resentimiento, tomamos conciencia de lo que de otro modo daríamos por sentado. Cuando permitimos que una profunda gratitud entre en nuestra vida —en el dolor y en el consuelo, en tiempos de gran dificultad y en aquellos de una alegría infinita—, nos ayudamos a sanar, psíquicamente y, a veces, físicamente.

Todos hemos experimentado la reacción de nuestro sistema nervioso autónomo a las situaciones adversas: incremento de la actividad cardiovascular, aceleración del ritmo cardiaco y la presión arterial, etcétera. Es nuestra amígdala cerebral de nuevo, diciéndonos que huyamos o luchemos. Pero podemos elegir acceder a nuestras funciones ejecutivas más evolucionadas contenidas en el córtex frontal. Esa es la parte más nueva de nuestro cerebro, que podemos entrenar para que se imponga a nuestra parte más primitiva y nos ayude a volver nuestra atención para acentuar lo positivo. Cuando lo logramos, nuestro cuerpo responde en esa onda y los niveles de estrés fisiológico descienden. La gratitud nos ayuda a lograrlo.

Uno de mis hábitos favoritos de gratitud procede de un surfista —¿quién, si no?—. Dale Webster ostenta el récord de surfear el mayor número de días consecutivos del Libro Guinness de los Récords.[73] Desde el 3 de septiembre de 1975 hasta el 4 de octubre de 2015 —un total de 14.641 días—, sin importar el tiempo que hicie-

---

73. «Most Consecutive Days Surfing», *Guinness World Records*. Disponible en: www.guinnessworldrecords.com/world-records/most-consecutive-days-surfing (4 de marzo de 2018).

ra o el estado del mar, se encontrara bien o se encontrara mal, Webster salía al mar y cogía al menos tres olas. Famoso por su intervención en una de las mejores películas sobre surf de todos los tiempos, que incluso los no surfistas disfrutan, *Step Into Liquid*, la tenacidad de Webster no fue lo que más me impresionó. Durante cada sesión, Webster honraba una antigua tradición hawaiana haciendo una reverencia a la ola en agradecimiento. No poca hazaña, pues lo hacía cabalgando la ola de espaldas. Con los brazos abiertos para abrir su corazón al horizonte, presentaba sus respetos al océano.

Una piedra en el riñón detuvo a Webster en su cuadragésimo primer año de surfear cada día. Apuesto a que les dio las gracias igualmente a los dioses del surf. Quizás esa vez por darle un respiro.

Con una gran dosis de optimismo, habíamos programado un viaje a nuestra casa de Nosara solo cuatro semanas después de la última tanda del segundo ciclo de quimio. Después de haberme visto obligada a cancelar dos viajes anteriores ese año, estaba decidida a surfear lloviera o tronara. Tenía cuatro semanas para recuperar la fuerza suficiente para salir al mar.

Empecé dando un paseo desde mi apartamento hasta Broadway y de vuelta a mi apartamento —unas doce manzanas ida y vuelta— con Joel a mi lado. Él trató de ayudarme a mantenerme erguida, pero yo lo aparté de un empujón.

—Déjame hacerlo sola… —le dije—. Pero agárrame si me caigo.

Acabé exhausta, pero lo conseguí.

Al día siguiente fui un poco más lejos. Mi sistema inmunitario había soportado una paliza, así que me mantuve alejada del gimnasio y concentré mis esfuerzos en caminar un poco más y un poco más lejos cada día. Nueva York es una ciudad estupenda para pasear, y me centré en la calle de los teatros para mantenerme alerta y entretenida mientras obligaba a mi cuerpo a ir una manzana o dos o diez más allá. El pensamiento de meterme en el agua con mi tabla era suficiente para mantenerme en el tajo. Sabía que tendría que empezar desde el principio. Un nuevo cuerpo, una nueva surfista. Pero estaba preparada para ello. Ser una surfista felizmente mala significaba que mi orgullo por los logros no dependía de hitos de excelencia. Empezar de nuevo era algo que básicamente hacía cada vez que me metía en el agua. «Empezar de nuevo» tras dos tratamientos de quimio y cinco operaciones sonaba realmente bien.

Si alguien me hubiera planteado mis circunstancias en el juego de «¿Qué preferirías…?» un par de años antes, sin dudarlo habría preferido conservar mi pecho a seguir surfeando. Para gran sorpresa y perverso placer míos —y quizás es simplemente que el instinto de supervivencia se hacía notar porque ya no tenía el pecho—, me despedí sin ceremonias de lo que estaba causándome dolor y amenazando todo lo que yo quería. En la batalla pecho contra surf, elegiría poder surfear como el factor vital en esa ecuación. Fácil.

A medida que se acercaba el momento del viaje, me sentí una vez más pasando de unos estados mentales a otros. Había sido una novata del cáncer y había abrazado la vulnerabilidad, luego me había convertido en una veterana curtida en mil batallas y había confiado en la gratitud, pero, ahora que empezaba a avanzar, buscaba algo más. Lo mismo que había estado cultivando durante los años de fracasos, caídas y revolcones en las olas. Algo tan sencillo como la *resiliencia*.

Justo cuando me sentía más físicamente destrozada, mi amigo y visionario de la sanación del cuerpo, el doctor Eric Goodman, me dijo unas palabras mágicas: «El cuerpo desea estar saludable». Percibir el cuerpo como un sistema resiliente era exactamente lo que necesitaba. La teoría de la «adaptación complaciente» de Eric —básicamente, lo mal que se nos da vivir en nuestros cuerpos asombrosos— explica la causa raíz de nuestras molestias y nuestros dolores. Él ayuda a pacientes a sanar sobre la base de la creencia fundamental en nuestra capacidad para desplazarnos de la complacencia a la adaptación resiliente. Nuestro cuerpo es asombroso, pero con demasiada frecuencia lo damos por sentado. La premisa más fundamental (y la más feliz) de su trabajo es que nacemos con esas herramientas de resiliencia. Distintos estudios han demostrado que, como afirma el doctor Goodman, la resiliencia es innata y debe contemplarse como algo excepcional. Así que incluso aquellos a quienes algo se nos da fatal podemos recoger los beneficios de nuestra capacidad innata de recuperación.

Puesto que nuestro cerebro es adiestrable —vimos esto cuando hablamos de la neuroplasticidad en el capítulo anterior—, podemos trabajar para encontrar maneras de apuntalar nuestra capacidad de reacción cuando las cosas se tuercen. La practica de la gratitud es una de las más efectivas. Esta idea nos lleva de nuevo a la Correcta Atención de la práctica budista. Lo último en ciencia y las prácticas milenarias se enlazan. Cada cual encuentra su manera.

Alguien en cuyo trabajo llegué a confiar es Andrew Zolli, cuyo libro *Resilience* exploraba el tema extensamente.[74] Su formación y práctica formaban la base de ese trabajo, pero también había aprendido mucho de su experiencia de primera mano, como yo. Después de unos años de problemas personales que terminaron con una visita rutinaria al médico por un resfriado, a Zolli le diagnosticaron una enfermedad cardiaca congénita casi siempre fatal y programaron rápidamente una operación a corazón abierto.

Tras treinta horas de operación, Zolli entró en lo que él llama «Mi propia isla privada de fallos como respuesta directa a esa experiencia». Él se preguntó: «¿Qué grado de alteración se necesita para que uno alcance un poco de humildad? Al final, uno aprende la lección».[75]

A Zolli siempre le gustó la fotografía, pero había abandonado la práctica por falta de tiempo, talento y propósito hasta su crisis de salud. Me explicó que su concentración en la fotografía, actualmen-

---

74. Zolli, Andrew y Ann Marie Healy, *Resilience: Why Things Bounce Back*, ed. reimp., Simon & Schuster, Nueva York, 2013.

75. Andrew Zolli, entrevista con la autora (8 de marzo de 2018).

te una parte importante de su vida, era «una consecuencia directa de haberse encontrado en el mismo límite de la existencia». La vida le había dado una visión profundamente personal de la resiliencia y un renovado deseo de fallar. «Considero esta conversación como mi vida después de la muerte —me dijo—. Que algo se nos dé fatal, de hecho más de una cosa, es parte de nuestro continuo de ser.»

Me pregunté en voz alta cómo que algo se nos dé fatal podía ayudarnos a acrecentar nuestras reservas de resiliencia. Zolli se explicó: «Uno es más dado a improvisar cuando empieza a aprender algo sin miedo al fracaso». Cuando surgen contratiempos —de los que inevitablemente nadie está exento, en especial las personas que se esfuerzan por aprender algo nuevo o por mejorar en algo para lo que carecen de talento—, «uno necesita un reservorio de respuestas al que recurrir para poder hacer frente a la situación —explicó él—. Ser bueno improvisando se traduce en resiliencia». Zolli llama a esto comportamiento *adhocrático* en contraposición al comportamiento *burocrático*. Esta respuesta adhocrática se parece más al jazz que a la música clásica; es menos planificada y responde más a las experiencias tal y como se presentan. La resiliencia funciona mejor en una adhocracia.

La teoría de Zolli puede aplicarse a todos los sistemas, y él generosamente la aplicó a mi metáfora de trabajo personal del surf. «La lección de rodar con las olas es válida en el plano individual, para grupos de personas en organizaciones y para las civilizaciones. Es la capacidad de liberarse y dejarse llevar cuando se aplica la fuerza. Infraestructuras que crean hormigón poroso, casas que se sueltan de sus amarres y flotan: el principio es válido a cualquier escala.» *No te resistas a la ola, conviértete en ella.*

Yo también sabía que los sistemas adhocráticos tienden a *progresar* cuando las cosas van mal en lugar de pararse en seco. El hecho de poder acceder a nuestro potencial de resiliencia nos permite asistir a otros cuando lo necesitan y contribuir a crear una reacción en cadena para lograr el bien mayor. Una comunidad resiliente se une para ayudar a aquellos que se encuentran en grave peligro y necesidad. Esto se aprecia a menudo tras desastres naturales, cuando los organismos exteriores reaccionan al ralentí. Yo lo presencié de primera mano cuando la supertormenta *Sandy* golpeó nuestra comunidad playera. Incluso vecinos que llevaban mucho tiempo enemistados se ayudaron y juntos ayudaron a otros, creando vínculos que perduraron más allá de las acciones requeridas por el estado de emergencia.

La resiliencia forma comunidades mejores, de modo que esas comunidades pueden a su vez hacerse más resilientes. Las avanzadas mentes resilientes están abiertas a encontrar maneras de crear y construir sistemas resilientes que beneficien a todos. La práctica improvisadora de hacer algo fatal y el ejercicio de la resiliencia a pesar de ello nos da la oportunidad no solo de tener más compasión, sino también de actuar para superar aquello que nos amenaza en conjunto.

Lo *cool* no es tan malo

Mi resiliencia estaba a punto de ser probada en el cálido Pacífico. Solo cuatro semanas antes, yo estaba paralizada a consecuencia de la tanda final del segundo protocolo de quimio. Rocco no estaba tan seguro de que fuera una buena idea meterme en el agua.

—Mamá, quizá no te apetezca surfear todavía —me advirtió cuando estuvimos en Nosara.

—Es posible —le dije, mientras cargábamos las tablas en el coche (yo no tenía fuerza suficiente para caminar los ochocientos metros que nos separaban de la playa con la tabla a cuestas)—. Pero llevemos mi tabla, por si acaso, de todos modos.

—No creo que sea una buena idea.

—No te preocupes. No haré ninguna estupidez —le dije. Pero Rocco era muy sensato y sabía que yo hacía estupideces.

Cuando bajamos las tablas a la playa, le aseguré:

—Solo voy a meter la tabla en el agua. No remaré, me quedaré sentada en la orilla. Necesito estar en el agua con mi tabla.

—¿Estás segura? —Rocco estaba nervioso por mí. Yo no tenía buen aspecto.

—Sí, no te preocupes, estaré bien.

El cálido océano tropical parecía una manta acogedora. Mi cuerpo respondió instintivamente y me vi inundada por una oleada de dopamina. Me sentó *bien*.

Antes de que Rocco pudiera oponerse, yo ya estaba tumbada en mi tabla y remando como una posesa para poner distancia entre la orilla y yo. El pico parecía muy lejano. Rebajé mis ambiciones y observé que algunas olas más pequeñas volvían a formarse donde yo estaba y rompían con mucha menos violencia. Con Rocco a mi lado —no estaba dispuesto a dejarme sola—, orienté mi tabla y dejé que la espuma me impulsara hacia la orilla. Me puse de pie como pude y monté mi primera ola desde mi mejor ola.

He dicho antes que dejarse impulsar por la espuma no es surfear, y me reafirmo en lo dicho. Pero ponerme de pie en mi tabla ese día en la playa de Guiones fue una bendita sensación, sin importar cómo lo llames. Estaba de nuevo en el año uno de mi vida de surfista. Mi cuerpo había sido herido y reconstituido, aunque con una forma ligeramente distinta, pero mis músculos recordaban lo suficiente para hacer menos empinada la curva de aprendizaje. Estaba alucinada.

Al final de la semana ya nadaba hasta el pico, pero no cogía ninguna ola del exterior. Antes mis sesiones normalmente duraban entre noventa minutos y tres horas; pero, después de todo lo que había pasado, surfear media hora me dejaba agotada. Tampoco ayudó que tuviera que aprender de nuevo a tumbarme bocabajo en equilibrio sobre la tabla para no añadir presión en la parte izquierda de mi torso, todavía sensible tras varias operaciones y la mastectomía, además de no estar preparado aún para el implante. Aunque con el tiempo me fortalecí lo suficiente para remar adecuadamente con la espalda arqueada y sin apoyar el pecho en la tabla, aún no había recuperado la fortaleza interior para hacerlo. Me sentía como si estuviera tumbada sobre una pelota de *softball* dolorida. Era un asco.

Al final de nuestro viaje, mientras visionábamos las sesiones de Rocco grabadas con la GoPro, vislumbré a una desconocida en el fondo, sentada en el pico sobre mi preciosa tabla fucsia Jim Philips. *¡Eh!, ¿quién es esa que está sentada en mi tabla?*, preguntó mi mente, antes de que mi cerebro más consciente registrara la respuesta: *¡Por Dios!, ¡pero si soy yo!*

Tenía el aspecto de Varys, el taimado eunuco de *Juego de tronos*: calva, pálida, hinchada. Una imagen horrible de mí misma. Había habido muchos desafíos últimamente. Mi larga cabellera pelirroja había sido mi seña de identidad durante veinte años, y afeitármela fue un desafío a mi identidad de «pelirroja». Mis pechos me habían proporcionado placer de todas las maneras imaginables, y ahora, cuando me ponía desnuda ante el espejo, intentaba no estremecerme cuando veía los pechos de la novia de Frankenstein que adornaban mi cuerpo. Nunca fui una belleza en el pico, pero aquella era una imagen totalmente nueva para mí. Ponía de relieve, con un fogonazo de comprensión, cómo nos aferramos a nuestra imagen como una manera de enmascarar lo real. En aquel preciso momento, lo *real* no era bonito, y aunque está claro que nunca había sido una surfista fantástica, todavía podía fingir que lo era al menos cuando estaba entre otros surfistas o, mejor aun, cuando estaba sola en el agua. Había alcanzado un nivel aún más bajo en el reino de los aficionados. Era la persona *menos* fantástica del pico.

Cuando publiqué el ensayo sobre algo que se te da fatal en el *New York Times* y colgué un vídeo donde se me ve haciendo surf, una compañera pasó por mi despacho para regodearse.

—Así que es verdad que surfeas fatal —me dijo, con un ligero toque de interrogación en el tono, como si sospechara que yo le estaba tomando el pelo. Pero no me las estaba dando de modesta. Yo surfeaba fatal, simple y llanamente.

—¿Es que pensabas que me las doy de modesta?

—Bueno... —replicó, y dudó un momento antes de añadir—: Yo pensaba: «¡Caramba, qué *cool* es Karen! Surfea, tiene una casa en

Costa Rica...» Vaya, que tenía una imagen de ti... —Y su voz se fue apagando, como si mentalmente estuviera comprobando aquella imagen antes de continuar—. Y no se correspondía con lo que vi en el vídeo que colgaste. ¡Realmente, surfeas fatal! —concluyó, convencida al fin.

—¿Y? —pregunté, pero ya conocía la respuesta. Solo quería comprobar si ella lo admitiría.

—Me alegra saber que surfeas fatal —dijo, con una amplia sonrisa en la que no había crueldad.

Lo comprendí. Cuando alguien se entera de que surfeo, siempre reacciona con ese gesto cómplice de asombro de la gente de tierra firme. Me imaginan en una tabla corta, con un bikini que no poseo, con un cuerpo que no tengo, subiendo y bajando por la pared de una ola hasta que, con gesto casual, giro la tabla y salgo de ella con una sonrisa y el pelo al viento para ponerme a remar otra vez hacia el pico en busca de otra. En vez de eso, imagíname subida a una tabla inmensa con un traje de neopreno de manga larga, con el ceño fruncido de concentración, remando como una loca y perdiendo casi todas las olas. Cuando por fin consigo coger una, me giro y me deslizo por la pared, y acabo el viaje con una torpe caída que es lo menos *cool* de la tierra. Lo cierto es que la mayoría de los surfistas ni siquiera se acercan a lo que vemos en los vídeos destacados. Pero no se trata de ser *cool*. De lo que se trata es de tener la paciencia y la perseverancia necesarias para volver a subirte a la tabla e intentarlo de nuevo.

—Me alegra haberte sido útil —le dije a mi colega.

Algunos de los mejores surfistas que conozco no son nada *cool* o fantásticos fuera del agua. Cuando no están surfeando por el tubo de una ola o subiendo y bajando por la pared de una ola, pueden ser bastante bobos y torpes. Lo mismo puede decirse de muchos músicos, una vez que termina la actuación. O de los atletas fuera de las pistas o de cualquier famoso al que le hemos adjudicado características falsas de lo que es ser genial en la vida cotidiana. Hace unos años me fascinó un GIF (formato de intercambio de gráficos) de Elon Musk. Mientras contempla el exitoso lanzamiento de uno de sus cohetes desde el centro de control, Musk deja tranquilamente en la mesa la botella de cerveza que tiene en la mano y se va. Me pareció la reacción más *cool* ante algo extraordinario que había visto en la vida. Pero circulaba otra versión. En esta, Musk sale corriendo de su laboratorio para ver el aterrizaje sincronizado de otro cohete. Si bajas la resolución, podría confundirse perfectamente con un chiquillo que sale corriendo de casa al oír la musiquilla de una furgoneta de helados. Eso es aún mejor que ser *cool*.

Si tuviera que catalogar a las personas que conozco íntimamente —aquellos que pueden parecerles fantásticos a otros—, ninguna de ellas es fantástica, o *cool*, ni por asomo. Tómate un momento para hacer lo mismo: piensa en toda la gente que conoces a la que otros les han adjudicado la etiqueta de «geniales», «fantásticos», y piensa en lo poco geniales que son en realidad. Eso soy yo. Eso eres tú. Eso son ellos.

Entonces, ¿por qué ignoramos esta verdad nada *cool*?

Porque nos ayuda a creer que ser invulnerable es posible. Ver a Elon Musk bebiéndose una cerveza *mientras la nave espacial de su compañía despegaba* volvió a animar de inmediato la vieja fantasía que yo había intentado desechar: la de que algunas personas son invulnerables y que, probablemente, *yo* también puedo serlo. «Ser *cool* es tener lo que hay que tener, y si estás bien dotado es más difícil que el próximo tío que pase te humille.» Este es Norman Mailer en su ensayo de 1957 *The White Negro*.[76] Él estaba hablando de echar un polvo (cómo no), pero el comentario puede aplicarse a más cosas que al enfoque machista de Mailer.

Ser *cool*, la antítesis del *ethos* de que algo se te da fatal, parece tener un origen muy reciente y muy específico. Según una fascinante teoría, lo *cool* como bastión contra la vulnerabilidad se originó entre los músicos de *jazz* afroamericanos en las décadas de 1930 y 1940. [Es preciso señalar que en español suele traducirse *cool* como

---

76. Mailer, Norman, *The White Negro*, City Lights Books, San Francisco, 1972, líneas 221-224.

«genial» o «fantástico», términos que no recogen el matiz de «indiferencia», «calma», implícito en el inglés y que da sentido a la explicación que sigue.] En su libro *The Origins of Cool in Postwar America*, Joel Dinerstein explica que *cool* era un mecanismo de defensa contra el racismo que los intérpretes negros soportaban continuamente. «*Play it cool* [tomárselo con calma] combinaba una estudiada indiferencia con la represión de la vulnerabilidad», escribió.[77]

El brillante y detallado examen de Dinerstein de la historia confirma en parte mi intuición de que la *coolness* [el desapego o la indiferencia «guais»] es un velo para ocultar aquello en lo que nos sentimos vulnerables, pero hace algo más. Explica por qué nos gusta lo *cool* y por qué ha durado tanto. Nos sentimos atraídos por esa clase de desapego guay porque de esa vulnerabilidad que trata de ocultar procede la innovación creativa, no muy distinta de la improvisación de Zolli, un componente clave del *jazz*. Según Dinerstein, «*"play it cool"* [tomárselo con calma] era una expresión coloquial sacada de la jerga del jazz que venía a representar un nuevo modo y estilo emocional: *la estética de la indiferencia*». Es esta parte estética la que hace tan atractivo lo *cool*.

En su Charla TED, Dinerstein cuenta la historia del rey del *cool*, el saxofonista Lester Young, quien protestaba contra las acusaciones de que mostraba servilismo hacia los blancos negándose a sonreír en el escenario.[78] Ocultaba sus ojos (las ventanas del alma) tras unas gafas de sol que llevaba puestas mientras actuaba, aunque fuera de noche. Bloqueando el acceso a lo más revelador de una persona, se convirtió en inaccesible. Las gafas de sol se convirtieron en un símbolo del *cool* como protección para no quedar expuesto ante los demás.

Así que, si ser *cool* es una reacción a aquello que nos oprime, es evidente que el deseo de ser *cool* por ser *cool* nos mantendrá alejados de

---

77. Dinerstein, Joel, *The Origins of Cool in Postwar America*, University of Chicago Press, Chicago, 2018, p. 24.

78. Dinerstein, Joel, *Why Cool Matters*, TEDxNashville, 21 de marzo de 2015.

nosotros mismos. Sin embargo, es evidente también por qué nos resulta tan atractivo, porque de él proceden algunas de nuestras mejores expresiones artísticas. Excavar más profundamente en esta *matrix* de *cool* y vulnerabilidad puede ayudarnos a tomar algo de distancia y dejar espacio para hacer cosas que se nos dan fatal y las alegrías que ello trae.

Para ayudarme, contacté con el más *cool* de los tipos guais, Anthony Bourdain. Conocía a Bourdain de sus primeros tiempos como Mr. Fix-it Chef. Publiqué su primer libro, *Kitchen Confidential* (y los cinco posteriores). Siempre fue generoso y divertido, pero también un poco tímido y, bueno, un poco bobo. Pero siempre de la mejor manera, así que quería saber qué tenía que decir él al respecto.

Lo pondré lo primero, porque, por encima de todo, Bourdain enfatizó una cosa.

—Simple y llanamente —dijo—. No soy *cool* y nunca lo he sido.[79]

Al referirse a la buena dosis de insensatez de la que hizo gala en sus años de juventud para compensar la torpeza, el miedo y la inseguridad, Bourdain admitió que probar todas las drogas, beber hasta reventar y tratar de ser más malo que nadie como estrategia para ser aceptado socialmente nunca funcionó. En realidad no convertía a nadie en *cool*. Añadió: «Cualquier pretensión o idea de ser *cool* se fue a tomar viento en cuanto mi hija nació. Gracias a Dios».

En un intento de profundizar en el tema, Bourdain propuso: «Creo que *cool sugiere* que nada te importa», haciéndose eco de la teoría de la estética de la indiferencia de Dinerstein. Pero Bourdain captaba un aspecto más perverso. «Es un estado casi sociopático: la capacidad de que todo te importe una mierda. En mi experiencia, por alguna estúpida razón la gente se siente atraída por personas que saben lo que quieren. Y cuando lo único que quieres es tocar blues mejor que nadie o tomar heroína, eso, para nuestra consternación, ejerce una gran atracción para quienes luchamos con nuestros sentimientos, necesidades y deseos a diario.

---

79. Anthony Bourdain, entrevista con la autora (14 de marzo de 2018).

Pero concedía que el desapego guay tenía algo, algo que a mis oídos sonaba a confianza y a la voluntad de confrontar (y no de evitar): «Para mí *cool* significa no tener miedo, ser independiente, tener una especie de integridad; es rehusar un compromiso sobre la base del miedo o la avaricia, o incluso del sentido común. David Simon es *cool* porque hace la televisión que quiere hacer y le importan poco los convencionalismos. Lo felicité una vez porque la HBO le había renovado la serie *Tremé* aunque había perdido la mitad de la audiencia. Él replicó: "Las audiencias son para los cobardes". *Eso es cool*». ¿Qué diferencia existe entre esa concepción de lo *cool* y la vulnerabilidad de Brené Brown? Ambas invitan al mundo a entrar, ambas existen en el umbral de una gran creatividad.

Bourdain continuó: «Por fin conocí a Iggy Pop, mi ideal platónico de lo *cool*, y trabé amistad con él. Pero Iggy necesita amor. Hablamos mucho de eso. Y aquellos que *necesitamos* amor, ser amados, apreciados, nunca podemos ser de verdad *cool*». Y entonces Bourdain recordó el lado oscuro de lo *cool*: «Quien es *cool* no necesita nada, todo le importa un comino. Y a *mí* sí me importa un comino. Yo elijo sentir, amar, sufrir, fracasar. No me gustaría vivir de ninguna otra manera».

Le pregunté a Bourdain si hacer algo que se te daba fatal y ser *cool* eran mutuamente excluyentes.

«Sí. La gente *cool* parece grande sin necesidad de esforzarse. En todo. Si no saben hacer algo, se aseguran de que nadie los vea nunca haciéndolo. Porque son demasiado *cool* para eso.» Yo añadiría que la razón por la que tantas personas no se permiten hacer algo que se les da fatal es porque, aunque no se cuenten entre la «gente *cool*», siempre queda la esperanza; la esperanza de ser incluido en el salón de la indiferencia guay, y eso es muy triste, pues cierra la puerta a incontables posibilidades. En cualquier caso, es un salón muy solitario.

Para quien se describió a sí mismo como el hombre que convirtió «en un éxito comercial la *pure food porn* [literalmente, "comida pornográfica", demasiado grasa]», sobresalir está sobrevalorado. No debería sorprender entonces que hubiera empezado a practicar el *jiu-jitsu* brasileño. Y con frecuencia le pateaban el trasero. Resulta que Bourdain era experto en hacer algo que se le daba fatal.

«Estar al pie de una pendiente interminable de aprendizaje, sin cima. Eso es profundamente satisfactorio —comentó antes de volver a su zona de confort—. Es como volver a ser el peor, el cocinero más novato de la cocina. La satisfacción de aprender poco a poco, la resolución de los problemas cotidianos… Es fantástico!»

Hizo una pausa antes de continuar. «Añadiré algo que Ferran Adrià me dijo: "No quiero hacer cosas que sé hacer. Quiero hacer cosas que no sé hacer".»

Quizá no sea una coincidencia que un cocinero de toda la vida desarrollara esa actitud positiva hacia hacer algo fatal. Nada te pone más rápidamente o más constantemente cara a cara con tus limitaciones que la cocina. Sales escaldado, quemado, te cortas los dedos y la sangre cae en lo que estás preparando, lo estropeas todo y haces una porquería de plato incluso cuando has llegado a ser bueno en ello. Pero, lo más importante, no puedes dejar de intentarlo. Todos tenemos que comer.

Y sin embargo, a pesar de todo eso, a veces aprendemos de la manera más dolorosa cómo la vulnerabilidad y la fachada de indiferencia que proyectamos hacia los demás pueden ocultar la hora más oscura de una persona. El 8 de junio de 2018, la noticia de que Tony se había quitado la vida me recordó que las etiquetas que ponemos a los demás no afectan al dolor que sufren. Lo mejor que podemos hacer es exponer nuestro propio dolor a la luz y prestar atención a los mensajes oscuros de nuestros seres queridos que, de otro modo, podrían pasar inadvertidos.

El cáncer y sus malos efectos me habían obligado a renunciar incluso al poco *cool* que tuviera en el surf antes de la enfermedad. De algún modo, estaba preparada. Si tenía que volver al pico con el aspecto de un eunuco hinchado, no había forma de que pudiera fingir que era *cool*. Simplemente, tenía que *no importarme* ser *cool*. No del modo en que lo fingiría un *cool* guay, sino del modo en que decía Tony, no dándole ninguna importancia.

Si tenemos que definir lo que es *cool* y lo que no lo es, lo *cool* en su mejor expresión es flexible y resiliente, improvisa, es una respuesta abierta a la vulnerabilidad. No es rígido ni implacable. No es la falta de acción, sino la accion llevada a sus últimas consecuencias sin esperar un resultado determinado. Si acaso es una máscara, es transparente y debería facilitarnos ver el mundo en vez de manipular cómo nos ve el mundo. Tony Bourdain lo clavó.

Mientras escribo esto, no solo he recuperado mi nivel de surfear hasta el punto en que estaba antes de aquel año desastroso, sino que además he mejorado. Se me sigue dando mal, pero un poco menos. En un reciente viaje a Costa Rica, cabalgué tres de las olas más grandes que he cogido hasta la fecha (¡de un metro veinte a un metro ochenta!) y las cabalgué con algo de gracia. Aunque mejorar no es el objetivo de hacer algo que se te da fatal, admito que sienta bien. Sigo sin ser *cool* ni lo he sido nunca, pero haber tenido que volver a empezar de cero otra vez es lo que me hizo avanzar. La resiliencia es su propia fuerza. Y la humildad de reconocerme vulnerable y otra vez empezando de nuevo quizá fuera justo lo que necesitaba para impulsarme hacia delante.

Lo mismo vale para ti: mientras avanzas con dificultad, descubrirás que eres *cool* o que no te importa si lo eres, porque ambas son la misma cosa. Solo depende de tu punto de partida.

Al enfrentarme a las olas más desafiantes de mi vida, desafíos que expusieron casi hasta el tuétano mi grado de aficionada, en el surf, en la vida, en sobrevivir, encontré estas cuatro respuestas: vulnerabilidad, gratitud, resiliencia… y no ser nada *cool*. Las cuatro han seguido acompañándome (sobre todo la última). Todas me ayudan a superar el día a día, me elevan y levantan mi cabeza por encima de la línea de flotación.

Resistirte a hacer algo que se te da fatal porque quieres ser *cool* no es *cool*:

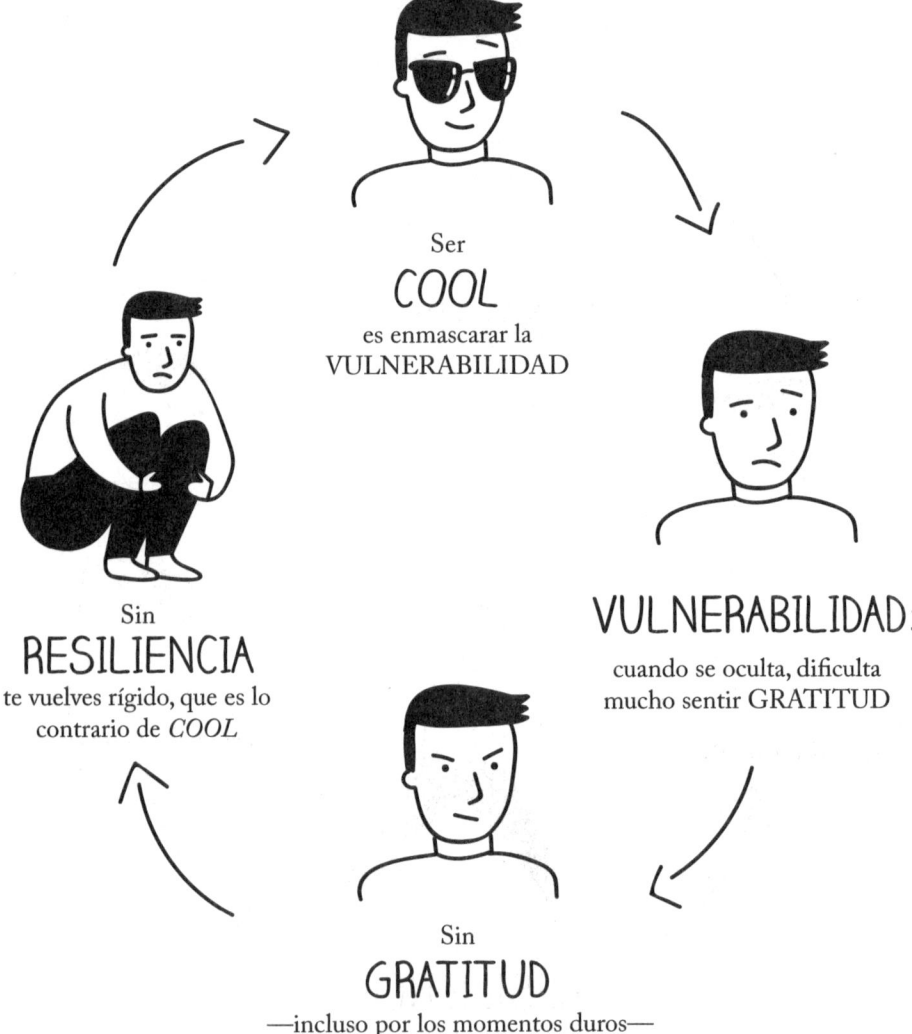

Ser
COOL
es enmascarar la
VULNERABILIDAD

VULNERABILIDAD:
cuando se oculta, dificulta
mucho sentir GRATITUD

Sin
GRATITUD
—incluso por los momentos duros—
la RESILIENCIA se hace más difícil

Sin
RESILIENCIA
te vuelves rígido, que es lo
contrario de *COOL*

Ser vulnerable (y hacer algo que *se te da fatal*) es lo *cool*:

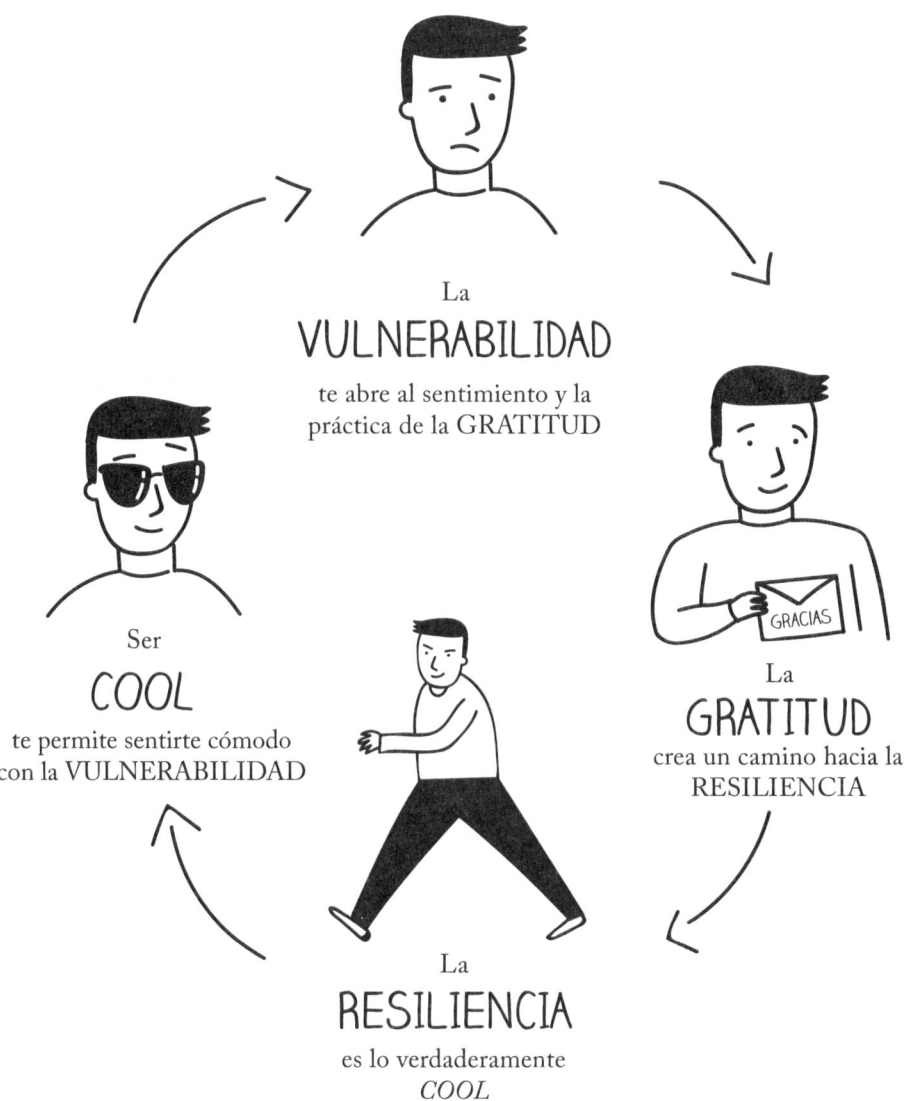

La
VULNERABILIDAD
te abre al sentimiento y la
práctica de la GRATITUD

La
GRATITUD
crea un camino hacia la
RESILIENCIA

La
RESILIENCIA
es lo verdaderamente
COOL

Ser
COOL
te permite sentirte cómodo
con la VULNERABILIDAD

GRACIAS

No se trata de RELIGIÓN; se trata de CREER.

OLA 5
Mi ola de Dios: el poder de la creencia

Regla #5:
El amor impera.

Lección #5:
Un testigo lo hace real.

Beneficio #5:
Transforma la humillación en humildad.

Bajo la *palapa* de Main Beach, el oficio del domingo por la mañana había congregado a cincuenta personas, ticos y gringos, jóvenes y viejos por igual. Oficiaba un pastor vestido con pantalones cortos, una camisa hawaiana sin abotonar y unas chanclas, acompañado de un guitarrista. Todos, tanto los que ya habían surfeado como los que todavía no, cantábamos con entusiasmo en alabanza a Dios.

No se me ocurre mejor lugar donde dar las gracias y rendir culto que a cuarenta y cinco metros de una playa de rompiente en nuestro pequeño pueblo costero de la península de Nicoya, en Costa Rica, rodeada de familias, niños, surfistas y perros juguetones. Y no soy la primera en notarlo. Thomas Blake, un pionero del surf de la década de 1920, llamaba al océano «La Bendita Iglesia del Cielo Abierto». El autodidacta Blake, padre del surf moderno, había tallado *Naturaleza = Dios* en la superficie de una roca aislada no lejos de su pueblo natal. Él habría aprobado aquella reunión bajo el cielo soleado. ¡Gloria, aleluya!

Despues de mi año terrible-no-bueno-muy-malo, descubrí que me había vuelto más respetuosa y humilde cuando iba a Costa Rica o siempre que podía estar cerca del agua. La gratitud tenía mucho que ver, por supuesto, pero yo estaba empezando a sintonizar con algo que estaba más allá de la psicología. Algo metafísico.

Quizá fuera verme al fin libre de todo el escenario de la enfermedad y de la soledad y la introversión que conllevaba el tratamiento, pero empezaba a sentirme cómoda compartiendo mi recuperación con los demás, aunque esas otras personas me vieran revolcarme y balbucear.

Mi siguiente ola combinó dos cosas que nunca hubiera imaginado que fluirían juntas: la humildad y la fe. Un día cálido, durante un milagroso momento de calma en el Pacífico, experimenté mi propio «momento oceánico» mientras surfeaba extraordinaria, hermosa y dichosamente fatal.

Queremos que la gente mire

El día ofrecía líneas casi perfectas de cristal que llegaban a la cabeza. Algunas series traían olas que sobrepasaban la cabeza. Las condiciones perfectas tienen su lado malo. Un día como ese puede atraer a multitudes y, para una aficionada como yo, las multitudes hacen difícil coger una ola. En un pico atestado de gente, es más difícil conseguir prioridad. Mientras algunos esperan con paciencia a que se les presente una ola, otros patrullan incesantemente para colocarse en posición. Las multitudes ponen a prueba la etiqueta. Es de mala educación tratar de quitarle una ola a otro surfista, pero en todo pico entra en acción, en mayor o en menor medida, la supervivencia del más apto.

En la ocasión de aquella bendita sesión de domingo, había conseguido algunas olas pero no había conseguido montarlas de manera satisfactoria. Después de llevar alrededor de una hora en el agua, quedé atrapada en una serie de diecisiete olas (sí, las conté) que la marejada implacable me arrojaba sobre la cabeza. Tomé aliento e hice el pato bajo el ruidoso oleaje, con la punta de mi tabla bien sujeta bajo mi brazo para evitar que se me escapara y acabara golpeando a otro surfista. Con gran esfuerzo, pasé bajo la espuma y emergí del caos, salté sobre mi tabla y remé con fuerza en un intento de sobrepasar el rompiente. Justo entonces otra ola rompió delante, y luego otra, y volví a remar. Otra. De nuevo. Se me cansaron los brazos y al final decidí darles un respiro. *Diecisiete*. Fue agotador.

La facilidad o dificultad de acceder al pico depende de muchos factores. Como cualquier deporte o desafío físico, existen diferentes niveles de condiciones en proporción al nivel de habilidad. En el surf, cada tipo de rompiente tiene ventajas y desventajas. Los tipos de rompiente son básicamente tres: los rompientes de playa, los rompientes de arrecife y los rompientes de roca.

Remar para salir de un rompiente de playa es particularmente complicado. Las olas de un rompiente de playa se desplazan sobre un cambiante suelo de arena en el cual es difícil predecir dónde la ola encontrará un banco de arena, lo que a su vez complica predecir dónde se formará una ola y cómo romperá. Esas son las olas que yo surfeo. Un surfista competente posee la habilidad de interpretar lo que el océano indica para decidir hacia dónde remar y cuándo salir. Todos sabemos que yo soy pésima en eso.

A pesar de estos elementos de aleatoriedad añadidos, los rompientes de playa ofrecen muchas ventajas a los eternos aficionados. Cuando inevitablemente me caigo de una ola y me veo empujada hacia el fondo por las toneladas de agua que caen sobre mí, la arena es mucho más indulgente que el arrecife. Además, la imposibilidad de predecir de dónde vendrá una ola o dónde terminará ofrece al novato la ventaja de crear un pico más extendido a lo largo del cual se distribuyen los surfistas. Puesto que los rompientes de playa son tan populares, estas ventajas pueden contarse por la cantidad de surfistas que se amontonan en el pico. En un buen día he llegado a contar hasta cien.

La batimetría fija (esto es, la composición inalterable de su fondo) de un rompiente de arrecife hace más fácil predecir cuáles serán buenos puntos para coger la ola. A menudo proporcionan también puntos de acceso, a veces llamados ojo de la cerradura, que son cortes en el arrecife que crean un canal a través del que puedes salir remando para evitar las olas rompientes. Los arrecifes me dan terror porque un encontronazo con un fondo cubierto de corales dentados o salientes rocosos después de una caída puede dejarte bien jodido.[80]

Un rompiente de roca se produce cuando las olas rompen alrededor de un cabo o una lengua de tierra siguiendo pautas predecibles a medias. Las puntas pueden tener fondos de arena o de arrecife y también son muy codiciadas por los surfistas. Las puntas son competitivas, igual que los rompientes de arrecife, porque los puntos de incorporación a las olas son limitados. Los surfistas tienen que esperar su turno para ir a por una. Pero todo el mundo está mirando y hay una presión notable para conseguirla. Es como cuando te subías al trampolín alto de la piscina cuando eras pequeño: no puedes echarte atrás. Y todos los demás están aguardando que les llegue el turno. Pero al menos en el trampolín alto sabes dónde vas a caer. En el océano, el viento, la dirección del oleaje y la marea alteran constantemente incluso el punto donde rompen las olas, lo que incrementa la presión de manera exponencial. Por si

---

80. Busca en la página web de *The Inertia* su artículo sobre las cinco caídas más sangrientas para ver una imagen de la cara de la superestrella del surf Keala Kennelly después de un encontronazo con el arrecife de Teahupo'o (se pronuncia «Chopo»). Aviso…, es muy fuerte. Haro, Alexander, «5 of the Goriest Wipeouts in Surfing's History», *The Inertia* (31 de octubre de 2014). Disponible en: www.theinertia.com/surf/5-of-the-goriest-wipeouts-in-surfings-history/.

acaso se nos ocurre pensar que el océano es predecible, que nunca lo es.

Una importante diferencia de segundo orden entre estos rompientes (además de los distintos niveles de habilidad que te exigen) es el nivel de habilidad de todos los demás surfistas, los testigos que tendrás. Y, cuando surfeas olas de roca, hay un montón de testigos. A menos que seas lo bastante afortunado o lo bastante bueno para encontrar y surfear olas de arrecife y roca sin encontrarte con nadie, te van a ver y te van a mirar. Todos los ojos están fijos en el surfista que tiene prioridad. Es un mundo muy distinto de las olas de arena, donde un surfista menos hábil puede pasar inadvertido en un pico muy extendido o ir a buscar las sobras de las olas que nadie quiere.

Eso no quiere decir que no *quieras* que nadie te vea cabalgar una ola. Pero es una espada de doble filo. Tal vez sueñes con el día en que pillarás una ola gloriosa y docenas de surfistas te verán hacerlo. Pero lo más fácil, sobre todo en mi caso, es que te vean fracasar, fracasar y fracasar (cuando no estén ocupados fracasando ellos mismos, claro). Este *ser observado* es una parte importantísima del surf. Cuando por fin cogí y monté mi primera ola de verdad, el hecho de que mi yerno Christopher estuviera allí para verlo cristalizó el momento en mi memoria. El deseo de tener un testigo se relaciona tanto con las partes más importantes como con las menos importantes de nuestra vida.

«La presencia de otros que ven lo que nosotros vemos y oyen lo que nosotros oímos nos asegura la realidad del mundo y nuestra propia realidad», explica la filósofa Hannah Arendt cuando habla sobre el dominio público y el dominio privado en su obra maestra *La condición humana*.[81]

Si tener un testigo consolida nuestra sensación de realidad, eso lo convierte en un elemento que alienta nuestros esfuerzos. Ser visto

---

81. Arendt, *ibid.*, p. 50.

es una parte muy importante del surf y explica por qué la fotografía y el cine están tan inextricablemente vinculados con ese estilo de vida. La naturaleza efímera tanto de la ola como del acto de montarla contribuye a la necesidad del surfista de ser visto en acción. *Si coges y montas una ola pero no hay nadie allí para verlo, ¿puedes anotártela de verdad?* Tener testigos la convierte en real. Sea «ello» lo que sea, y aunque implique un fracaso.

Según Arendt, «… el significado específico de cada hecho puede radicar solo en su ejecución y no en su motivación ni en su consecución».[82] Cierto es que la discusión de Arendt se refiere a la antigua filosofía griega y sus dares y tomares con la excelencia. Pero ¿y si tomamos esa idea y la aplicamos a otras cosas aparte de la excelencia? En realidad, ella está hablando del concepto de «un fin en sí mismo»: la suma total de lo que significa hacer algo que se te da fatal (surfear, por ejemplo), si es que alguna vez ha existido una.[83]

El historiador del surf Matt Warshaw dice que «surfear… genera risa solo por sugerirlo, y ello se debe a que no convierte una habilidad en un arte, sino una inexplicable e inútil compulsión en una forma vital de vida».[84] He llegado a darme cuenta de que esa risa es motivo de celebración más que de vergüenza. El surf no sufre porque no tenga sentido; esa es la razón por la que nos atrae. Creo que esa inutilidad es la clave de por qué es tan fantástico surfear fatal.

La reflexión de Warshaw también puede aplicarse a la llamada a hacer algo fatal, pues su promesa de vitalidad reside en el acto de *hacerlo*, no en el objetivo de *lograrlo*. Y no hay duda de que hacerlo fatal genera risas.

---

82. *Ibid.*, p. 206.

83. *Ibid.*, p. 206.

84. «The Best Surfing Quotes of All Time», *SurferToday*. Disponible en: www.surfertoday.com/surfing/8267-the-best-surfing-quotes-of-all-time (8 de abril de 2018).

Deliciosa cura de humildad

En la «ejecución» a la que se refiere Arendt reside la tensión entre el deseo y la necesidad de tener un testigo y nuestra aversión a hacer algo que nos ponga en ridículo. Nuestra resistencia a ser vistos cuando fracasamos o luchamos hace que retrocedamos ante el escrutinio público por miedo a ser humillados. En ese espacio de tensión, el potencial de disfrute o el potencial, digamos, de crear arte puede quedar aplastado por nuestra timidez. Ahí está otra vez ese yo vocinglero. Piensa en esas personas en una fiesta que se niegan a cantar o a bailar —quiero decir, ¿quién *no* quiere bailar y cantar?— y se quedan en un rincón en solitaria incomodidad. Quizá seas tú. Yo, desde luego, lo he sido en alguna ocasión. Pero ¿por qué?

Mi amigo Aubrey Marcus me explicó que a sus amigos bailarines profesionales no hay nada que les guste más que ver a alguien soltarse el pelo en la pista de baile, sobre todo cuando ese alguien no tiene nada que se parezca remotamente al talento. Dice que esa es la expresión más clara y genuina de la pura alegría. Es como ver a alguien despojarse de su yo, doblarlo y lanzarlo a un rincón. Al menos, durante una canción o dos. Y ese bailarín loco es el modelo perfecto de cómo todos nosotros podemos convertir la humillación en algo hermoso. El bailarín no está negando la humillación, simplemente se concentra en lo que hay más allá de esta. «Soltarse el pelo» en la intimidad de su dormitorio no le reportaría ni la mitad de alegría. Es la presencia de los otros lo que hace la experiencia especial.

Igual que el término «vulnerable», que vimos en el capítulo anterior, «humillación» se ha alejado mucho de su sentido original. Deriva del latín *humilis* («bajo», «humilde»), que, a su vez, procede de *humus*, que significa «suelo», «tierra». Aunque prefiero el agua, no tengo ningún problema con la tierra. ¿Quién lo tendría? Así que, si nos guiamos por la etimología, ¿por qué estar en o que te lleven a ella se considera tan terrible? ¿Acaso no admiramos a esas personas de las que pensamos «que tienen los pies en el suelo»? Cuando hablamos de *otros*, lo vemos como un atributo positivo. Y sin embargo, lo vemos de modo distinto cuando lo aplicamos a nosotros. Tememos sentirnos «bajos». En nuestro esfuerzo por darnos autobombo para disimular nuestras inseguridades, queremos que los otros nos vean en un plano elevado o bajo una luz más brillante, porque si otros nos ven de ese modo, nuestro engrandecimiento se hace real. Al menos, eso es lo que nuestra lógica difusa nos dice.

Hannah Arendt describió en términos más amplios las tensiones entre lo público y lo privado: «Puesto que nuestra percepción de la realidad depende totalmente de las apariencias y, por tanto, de la existencia de un dominio público en el que pueden emerger cosas de la oscuridad de la existencia protegida, incluso la luz crepuscular que ilumina nuestra vida privada e íntima deriva, en última instancia, de la luz mucho más cruda del dominio público. Sin embargo, hay muchísimas cosas que no soportan la implacable y brillante luz que supone la presencia constante de otros en la escena pública...»[85] Tal vez ella lamente los efectos de la «luz mucho más cruda» que procede de los otros, pero yo he visto que esa luz puede ser hermosa, también, incluso cuando ilumina nuestros fracasos e imperfecciones. Sobre todo en esos casos. Hacer algo que se te da fatal a la luz del dominio público —ser revolcada por las olas en Guiones en un día concurrido— es como abrir tus brazos e invitar al mundo a entrar.

Por supuesto, hay algunas cosas que necesitamos que ocurran a puerta cerrada. No me habría gustado nada que el mundo entero presenciara, por ejemplo, la cirugía de urgencias posterior a mi caída de la tabla. A nadie le *habría* gustado.

Así pues, estamos atrapados entre el deseo de un público que presencie nuestras acciones y la privacidad que necesitamos para

---

85. Arendt, *ibid.*, p. 51.

nuestras experiencias más íntimas. Queremos ser vistos pero tememos ser vistos.

Es la paradoja subyacente en la relación de amor-odio con las redes sociales: el «yo» que exponemos en ellas, los «me gusta», la hueca garantía de admiración (o la terrible confirmación del anonimato). Y sin embargo, en lo más hondo, sabemos que todo eso es fingido. No solo por nosotros, sino por una compleja y artera manipulación de máquinas y algoritmos que son mucho más listos de lo que nosotros seremos nunca. Lo sabemos…, pero seguimos publicando, compartiendo y gustando.

Lo peor es que, aunque presentemos nuestro «yo más fantástico» en las redes, esta actuación tiene un efecto semejante al de la máscara de ser *cool* de la que escribí antes: *oculta* nuestra vulnerabilidad en vez de liberarnos de nuestra humillación. Solo se suma a nuestros miedos fundamentales de que no somos lo bastante listos, no somos lo bastante talentosos, ni lo bastante guapos ni lo bastante fuertes ni lo bastante _____. Si lo fuéramos, nos sentiríamos con la libertad de mostrarnos así a los demás.

En este contexto, hacer algo que se te da fatal en público no es solamente una panacea, es un logro en sí mismo. Si eres capaz de hacer algo que se te da fatal, sobre todo en público, quiere decir que eres suficiente. No necesitas puntuaciones altas, ni estilo, ni fardar para «compensar» aquello que no tienes. Tú eres suficiente.

Hacer algo que se nos da fatal en público es también una parte de lo que nos ayuda a sobreponernos a nuestra humillación. Necesitamos exteriorizar lo que de verdad somos: seres falibles dignos de amor.

Cada vez que ves a alguien fallar en público sin vacilar, esa persona te está diciendo alto y claro algo (que quizá no captes): soy más que suficiente para asumir este fracaso, y otros, y todo lo que venga. Mi valía no depende de eso.

Tú también puedes decirlo, siempre que quieras.

Y si somos testigos de cómo otros hacen algo que se les da fatal, en vez de juzgarlos y contribuir a una toxicidad atómica, podemos sentirnos conectados a ellos en una gozosa comunión de fallos mutuos. Sé que lo he dicho antes, pero seguiré repitiéndolo: práctica. Todo esto requiere práctica.

Ese sentimiento oceánico

Volviendo a aquella mañana de domingo en Guiones. Me volví y tomé una ola rota hacia la orilla. Necesitaba recobrar el aliento, beber agua y ver si encontraba un punto de acceso más fácil para remontar. Pero algo maravilloso me distrajo. Vi la reunión de asistentes al oficio. Rocco, que entonces tenía dieciocho años, había regresado a la orilla al mismo tiempo que yo. Iba a cambiar su tabla corta por una tabla de mano y aletas para hacer *bodysurf.*

Ateo declarado, Rocco sonrió cuando vio el grupo bajo la *palapa.*

—¡Qué bonito! —dijo asintiendo con la cabeza.

Su sonrisa de reconocimiento de aquella reunión en la playa me sorprendió. De adolescente, Rocco había rendido culto ante los altares de Carl Sagan, Richard Dawkins y Christopher Hitchens. Había descubierto las maravillas del cosmos y trabajado en la oficina de Neil deGrasse Tyson en el Museo Americano de Historia Natural mientras cursaba el bachillerato. La ciencia lo dejó lo suficientemente alucinado como para no necesitar el misticismo metafórico. A medida que ganaba madurez, noté que su anterior intolerancia hacia la fe iba suavizándose. Incluso mi escéptico hijo podía apreciar la belleza de un servicio religioso al aire libre en una soleada mañana de domingo en Costa Rica.

Yo estaba experimentando mi propia maduración espiritual. Solo unos meses antes, durante un viaje a Roma, había arrastrado a Rocco hasta la basílica de Santa María, escondida en un rincón de una pequeña plaza del Trastévere. De las más de novecientas iglesias que hay en Roma, esta, construida en el siglo IV y la primera dedicada a la Virgen María, era la única que no podía dejar de ver durante mi visita a la ciudad. Había sido una católica no practicante durante mi vida adulta y, hasta no hacía demasiado, oscilaba entre ser atea o ser agnóstica. Me había indignado tanto la política de la Iglesia y de las religiones institucionalizadas en general que las había expulsado fuera de mi vida. Pero aquella antigua iglesia me llamaba.

En Roma, Rocco había esperado en la nave mientras yo entraba en una pequeña capilla al fondo de la modesta iglesia. Haciendo la señal de la cruz (¡qué rápido e instintivo acudió a mí el gesto de mi juventud!), me deslicé en un pequeño reclinatorio. Hacía décadas que no me sentía impelida a buscar un momento para arrodillarme a elevar una plegaria privada. Había asistido a muchas bodas, funerales y *bar mitzvahs*, pero en ningún momento había sentido nada parecido a «una llamada».

Por eso, la sensación que de pronto sentí en aquella iglesia me cogió por sorpresa. Sentí una *conexión* para la que no tenía nombre.

Hacía mucho tiempo que había relegado mi pasada experiencia religiosa —los años de misa y catequesis, mi primera comunión, la confirmación— como un deber de un viejo mundo que mis padres sentían la necesidad de respetar en mi nombre. Poco después de mi confirmación, en cuanto pude decidir por mí misma, dejé de ir a misa. Con el tiempo acabé rechazando a la Iglesia en conjunto, pues me negaba a aceptar su dogma y su patriarcal exclusión de la mujer. Además, la idea de María como virgen me parecía ridícula, un ideal femenino que ninguna niña ni mujer podría alcanzar nunca. Ya de adolescente me había parecido evidente que las chicas católicas estábamos condenadas a fracasar como mujeres simplemente porque la mayoría de nosotras no seguiríamos siendo vírgenes (gracias a Dios). Mi mente en formación se preguntaba cómo era posible que María, una de las mujeres más reverenciadas de la historia, fuese adorada por su estatus de madre y virgen. Desde entonces he investigado mucho —y tengo mucho que decir sobre el tema—, pero para el propósito de este libro baste con decir que mi yo de doce años llegó a la conclusión de que las chicas católicas estábamos jodidas desde el principio. Me alejé de la Iglesia y encontré mi propio sendero espiritual. Más adelante, el océano se convirtió en mi iglesia y el surf, en mi manera de estar en comunión con algo más grande que yo.

Pero las cosas cambian. En el fondo de todos nosotros, piezas que creíamos fijas se desplazan, demasiado despacio para que lo advirtamos. ¿Es posible que fuera por mi reciente encuentro con el cáncer? ¿Fue debido a la incertidumbre que aparece con la edad o, más bien, a la certeza de que no hay nada seguro?

También pudo ser el hecho de estar en Roma. Cuando me planté delante de la *Pietà* en la basílica de San Pedro en el Vaticano con Rocco a mi lado, se me hizo un nudo en la garganta y los ojos se me llenaron de lágrimas. Allí, entre la masa de gente que se abría paso a codazos para tener una vista mejor, sentí que algo se removía en mi interior. La escultura en mármol de Miguel Ángel, que muestra a María sosteniendo en su regazo el cadáver de su hijo Jesús, tiraba de mí. Yo deseaba rendirme a esa llamada y al inmenso amor que sentía por mis hijos. Ese amor había sido inequívoco y había cambiado mi vida para siempre desde el momento en que Rocco y Gio nacieron, pero antes de aquel momento en San Pedro no parecía estar conectado con nada. Las muchas conversaciones sobre la maternidad que había mantenido con mis amigos que también eran padres, aunque íntimas, no habían cambiado el sentimiento de soledad que yo tenía. No quiero decir desagradable ni inoportuno, solo solitario. No creo que sea la única: imagino que muchos reconocemos que amamos a nuestros hijos como nadie puede o podría hacerlo y, por tanto, nos sentimos solos en ese amor. A mí me parece que ese es el orden natural de las cosas.

Pero allí de pie, ante la *Pietà*, algo cambió. Me sentí imbuida de la abrumadora intensidad del vínculo entre madre e hijo. Me sentí una con María —en su dolor y su sufrimiento, pero también en su amor por su hijo— de un modo que nada en la práctica de la liturgia o el dogma de mi juventud habría podido suscitar. Me rendí a ese sentimiento y me vi desbordada por la serenidad y lo que experimenté como un amor puro que me atravesaba el corazón. Me quedé allí plantada, con las lágrimas rodándome por las mejillas, hasta que Rocco, consciente de que había permanecido allí más tiempo del tácitamente asignado para que cada visitante se situara en el centro y delante de la estatua, me tiró del codo. «¡Vámonos, mamá!»

Me sosegué lo suficiente para comportarme como una turista obediente y salimos de la basílica. El sentimiento perduró, no obstante, y fue desvaneciéndose lentamente, como si se evaporase bajo el sol romano.

Había leído sobre «el sentimiento océanico» antes; la frase me atraía por su referencia al entorno que ocupaba una parte tan importante de mi vida. Y aunque a menudo experimento el tiempo que paso en el océano como un sentimiento de unidad con la naturaleza, nunca me había conmovido de ese modo. Hasta mi experiencia como testigo de la *Pietà*, nunca me había sentido realmente abrumada por el sentimiento océanico.

El sentimiento existe —cualquiera que haya pasado por una experiencia como la mía puede dar fe—, pero nunca ha habido un consenso sobre lo que implica en realidad. Ha sido objeto de debate durante décadas y ha atraído a las figuras intelectuales más célebres. Es famoso el intercambio epistolar entre el novelista francés Romain Rolland y Sigmund Freud a propósito del tema. El primero, que definió el concepto como la fuente de toda religión, lo explicaba como «la simple y directa percepción de lo Eterno (que podría muy bien no ser eterno, sino simplemente sin límites perceptibles y océanico». Freud excluía cualquier significado místico y lo definía como un sentimiento de «unidad con el universo».[86] Atribuía esta disolución de las fronteras del yo —esto no será ninguna sorpresa— a un deseo narcisista de retornar al vínculo primario entre hijo y madre. Dejadme que le conteste a Freud: no. Lo que sentí en Roma no tenía nada de regresivo ni de narcisista.

Se ha debatido incesantemente sobre el posible origen del sentimiento oceánico desde aquel intercambio original entre Rolland y Freud pero, venga de donde venga, suscita distintas interpretaciones que hacen difícil precisarlo. El escritor Arthur Koestler ilumina el sentimiento de manera hermosa: «Esa entidad superior, de la que el yo se siente una parte, a la cual somete su identidad, puede ser la naturaleza, Dios, el *anima mundi*, la magia de la forma o el océano del sonido».[87] Por lo que puedo decir, muchos de nuestros comentaristas más elocuentes sobre el tema se han visto impresionados de manera similar por su complejidad. Nos vemos reducidos a enumerar posibles explicaciones en lugar de postular contundentemente solo una.

Eso no me impedirá intentarlo.

Para mí, no hay duda de que mi permeabilidad en presencia de la *Pietà* era un estado que yo había favorecido mediante la práctica del surf y mis imperfecciones. Existe una relación muy simple. El sentimiento oceánico que experimenté fue, básicamente, la presencia de algo más, algo que me embargó durante un momento, algo distinto de mis cualidades casuales e insignificantes, de mis quejas, necesidades y pensamientos. Algo que me conectó desde la raíz con lo que de verdad importaba. No creo que podamos provocar ese sentimiento oceánico cada vez que queramos. Pero para poder tener acceso a él es necesario que estemos abiertos a experimentar algo

---

86. Saarinen, Jussi A., «A Conceptual Analysis of the Ocean Feeling», Jyväskylä University Printing House, Jyväskylä, Finlandia, 2015, p. 10.

87. Koestler, Arthur, «The Three Domains of Creativity», en *Philosophy of History and Culture*, editado por Michael Krausz *et al.*, vol. 28 (7 de junio de 2013), pp. 251–266.

aparte del yo, esa mandona peculiaridad humana que anda siempre metiéndose por medio (y saliéndose con la suya). Incluso un leve giro que nos aleje un poco de nuestro yo puede abrir esa puerta. Y hacer algo que se nos da fatal es justamente eso, un breve alejamiento de nuestro yo «biempensante», nuestro ruidoso yo y su baja autoestima.

Es posible que mi punto de vista esté algo sesgado (lo está), pero hay algo en el surf que me parece particularmente bueno para preparar a la gente para ese olvido de uno mismo. Hay sentimientos mini-oceánicos por el camino: milésimas de segundo sobre una ola durante las cuales la gravedad, la posición y el viento se combinan para dejar momentáneamente en suspenso la tensión, y te sientes ingrávido, como si el movimiento se ralentizara hasta una completa inmovilidad. Es breve —la gravedad y la inercia recuperan el mando enseguida—, pero en ese único momento experimento una especie de alteridad. Es un sentimiento semejante al punto inmóvil evocado por T. S. Eliot en su poema «Burnt Norton»:

En el punto inmóvil del mundo que gira.
Ni carne ni ausencia de carne; ni desde ni hacia;
en el punto inmóvil, allí está la danza,
pero no la detención o el movimiento.
Y no llames fijeza
al lugar donde pasado y presente se encuentran.
Ni ida ni vuelta, ni ascenso ni declive.
Si no fuera por el punto, el punto inmóvil,
no habría danza, y solo existe la danza.
Solo puedo decir, allí estuvimos;
pero no puedo decir dónde ni cuánto tiempo,
porque eso sería situarlo en el tiempo.[88]

---

88. Eliot, T. S., «Burnt Norton», en *Four Quartets*, Mariner Books, Boston, 1943.

No creo que sea ninguna coincidencia que un poema y la *Pietà* sean las cosas que parecen llegar al corazón del concepto. El arte tiene la capacidad única de ponernos en contacto con lo inefable. Sin duda alguna, no es un fenómeno único que yo lo encontrara por primera vez al contemplar la *Pietà*. Al mirar esa escultura, participé en un diálogo que viene de antiguo —sobre la historia de Jesús y su crucifixión, sobre el dolor de una madre, sobre la maestría de Miguel Ángel—, y al hacerlo experimenté un punto inmóvil de conciencia que me conectó con miles de años de historia humana. Es la permanencia del arte lo que crea una conexión y estabilidad, como especula Arendt, «de modo que la premonición de inmortalidad, no la inmortalidad del alma o de la vida, sino de algo inmortal logrado por manos mortales, se ha hecho presente de manera tangible, para brillar y para ser visto, para sonar y ser oído, para hablar y ser leído».[89]

Pero no puede obrar su magia si no nos colocamos cerca. El arte, como la humildad, debe ser compartido. Y para que pueda ser compartido, necesita de un testigo: alguien que contemple la creación de otro. Tanto si se trata de arte que toma forma en un material que perdura como si se trata de arte en la forma de una actuación transitoria, este «fin en sí mismo» es también lo que le confiere su valor.

Los surfistas a menudo se refieren al surf como un arte expresivo. El idioma es «dibujar líneas» en la pared de la ola, refiriéndose a la huella momentánea que deja la tabla al deslizarse sobre la ola. Cada surfista desea dejar una única línea como expresión de un estilo individual. Yo solo hago garabatos. Y sin embargo, se podría decir lo mismo de cualquier esfuerzo creativo. El artista francés Jean Cocteau creía que todo trabajo artístico consistía en devanar y desdevanar el hilo de unos ovillos para crear dibujos, poesía, películas.[90] Que

---

89. Arendt, *ibid.*, p. 168.

90. Riding, Alan, «Art; Jean Cocteau, Before His Own Fabulousness Consumed Him», *New York Times* (5 de octubre de 2003). Disponible en: www.nytimes.com/2003/10/05/arts/art-jean-cocteau-before-his-own-fabulousness-consumed-him.html.

el arte produzca algo tangible como una obra poética, un jersey de punto, una pieza de cerámica o algo intangible como una línea dibujada en la espuma de las olas o en la nieve de un paso de montaña nevado carece de importancia. El placer reside en hacer algo que no estaba allí antes. Tan poderoso como el acto de la creación es el deseo de compartirlo con otros, tanto para conectarnos como para hacerlo real. Esta llamada a la acción es elemental. Cuando hacemos algo o cuando nos sentimos humildes ante el arte o la actuación, dejamos de preguntarnos ¿por qué estamos aquí? y nos sentimos unidos, aunque sea momentáneamente, a algo que está más allá de nosotros mismos. En su expresión más profunda de este sentimiento, experimentamos el sentimiento oceánico. Pero no podemos permanecer en él para siempre.

Y es ahí donde ser imperfecto en algo puede tener un valor ilógico en contraste con la excelencia. Ser imperfecto significa que, siempre que trazas líneas, estás fallando. Y ese fallo nos planta firmemente en el suelo, donde debemos vivir, en toda su comodidad e incomodidad. ¿Y si Rocco no me hubiera tirado de la manga en Roma? ¿Y si me hubiera quedado allí plantada para siempre y él se hubiera marchado, si hubiera cogido el avión y hubiera vuelto a casa?

Anthony Storr, autor del clásico moderno *Solitude*, escribe: «Si la vida es continuar, uno no puede permanecer para siempre en un estado de calma oceánica».[91] Debemos adaptarnos a las exigencias de la vida. Sin esa capacidad, no duraríamos mucho. Si hubiésemos de permanecer en un estado místico alterado de unidad con el universo, sería difícil levantarse por la mañana, vestirse, dar el desayuno a los niños, sacar al perro, soportar los atascos de tráfico de camino al trabajo y el resto de la rutina diaria. Y aunque está por ver cómo será nuestro futuro a largo plazo, en la brevedad de una sola vida,

---

91. Storr, Anthony, *Solitude: A Return to the Self*, Free Press, Nueva York, 2005, p. 197.

nos adaptamos o morimos. De ello se deduce que permanecer en ese sentimiento oceánico puede hacernos vulnerables de un modo que no contribuye a nuestra supervivencia. Tal vez sea la naturaleza fugaz de la experiencia lo que la hace tan transformadora. Caer o fallar puede ser una línea tan hermosa como otra. Intentarlo nos une a otras personas. Tal vez Alexander Pope no estaba siendo pesimista cuando dijo: «Errar es de humanos»; quizás esa sea nuestra mejor cualidad.[92]

Sin humildad no podemos estar abiertos al sentimiento oceánico, y ser imperfectos no es más que una cura de humildad.

Y entonces Dios respondió

Alex, un profesor de surf, me dijo una vez que yo tenía el 99 por cien de la habilidad necesaria para coger más olas, pero que él me veía siempre pensando en el pico y eso era lo que lo estropeaba todo. Prácticamente podía oír el molesto ruido de mi cerebro desde la orilla, el mismo cerebro que se negaba a aceptar que yo podía surfear aunque me hubiera pasado miles de horas en el océano haciéndolo. Alex me convenció de que podía y cogí unas cuantas. Creer es clave para lograrlo.

Unos meses después de mi epifanía ante la *Pietà*, en aquel rompiente al borde de la jungla tropical donde los fieles dominicales cantaban a Dios, yo remonté de nuevo hacia el pico. La marea había bajado, lo que hacía que las olas golpearan con más ferocidad. La implacable marejada me dejó agotada, sobre todo porque había estado soportando su embate en la cabeza durante una hora antes de esta mi segunda salida. Después de que otras diez olas me aplastaran, miré hacia el horizonte e, inspirada por

---

92. Pope, Alexander, *The Major Works*, Oxford University Press, Oxford, 2006, p. 33, línea 525.

los fieles ya dispersos, recé por primera vez desde mi visita a Roma.

—Por favor, Dios —dije en voz alta—, ayúdame a llegar más allá del rompiente. Sé que no soy una de tus fieles, pero muéstrame una señal. Por favor, ¿me ayudarás?

Un oceanógrafo explicaría lo que pasó a continuación refiriéndose al periodo de la marejada, marea y grupos de olas, batimetría, velocidad y dirección del viento. Pero la hidrodinámica cedió el lugar momentáneamente porque, en el momento en que le pedí ayuda a Dios... El océano dejó de moverse.

En vez de espuma revuelta delante de mí y otra ola formándose detrás de ella y amenazando con romper sobre mi cabeza, el océano se quedó completamente plano. En lugar del caos que me había estado dando una paliza, ante mí se abrió un claro y despejado sendero hasta el pico.

¡No me jodas que ha funcionado!, pensé.

Salí pitando del rompiente.

—¡Gracias! —grité hacia el cielo.

Una vez que llegué al pico, recobré el aliento y me relajé. Sentada en mi tabla mirando al horizonte, sonreí como una chalada por mi éxito. Sabía que no era solamente mío, lo que me ponía los pelos de punta y me encantaba por igual. Tentada de arrojar el episodio al cubo de las asombrosas coincidencias, algo se soltó en mi interior y no pude deshacerme de ello. ¿Qué significaba que horas de vano esfuerzo se disiparan en el momento en que le pedí ayuda a Dios?

Pero había algo aún más apremiante: todavía no había cogido una buena ola en aquella sesión, y deseaba de verdad coger una.

¿Sería demasiado avariciosa si pedía ayuda otra vez? Había estado forzándome toda la semana, surfeando olas más grandes que nunca, aceptando la inevitabilidad de ponerme nerviosa con cada ola que no conseguía o, cuando lograba girar y encarar la ola, aceptando que no siempre sabía qué hacer después. Acostumbrada a que el océano me pusiera en mi sitio, aceptaba su poder superior. Con humildad pero envalentonada, probé mi suerte de nuevo.

—¿Qué me dices de una buena ola, Dios? Tú me has hecho llegar hasta aquí; ¿no podrías, por favor, ayudarme a coger *solo una?* —rogué.

Ya sabes lo que viene ahora.

Una ola de dos metros vino hacia mí. Era un poco grande para mí, yo las prefiero de la cintura hasta el pecho de altas, pero, no queriendo desperdiciar aquel regalo divino (si es que eso es lo que era), fui a por ella. No pensé (pensar no me había ayudado mucho hasta entonces), sino que creí. Alcancé la ola con unas cuantas brazadas, me puse de pie de un salto y me volví hacia la izquierda para cabalgar la lisa pared de agua verde azulada. La cabalgué como si creyera que podía hasta que la ola se deshizo y yo, sin elegancia ninguna pero con el corazón henchido, me catapulté por encima de la espuma hacia la parte de atrás de la ola. Fue un momento oceánico de otra clase. Y supe que tampoco en este había estado sola.

¡Es imposible!, es lo que estaba pensando.

Susurré en voz alta un «gracias» y, una vez de nuevo a salvo más allá del rompiente, me quedé sentada en mi tabla en comunión con el océano. Durante el resto de aquella sesión, la comprensión de que al rebajarme a pedir ayuda la había obtenido, aunque hubiera sido en la forma de una creencia profundamente sentida de que la ayuda estaba disponible, me sumió en el silencio. No sé si alguien me vio cabalgar esa ola. Pero, a los ojos de Dios, me sentí vista y escuchada. Tuve un testigo. Quizá con eso bastaba.

Fui de no entender nada sobre la creencia a llenar esa nueva abertura con una aceptación de su promesa. Allí sentada en el pico, después de recibir una lección de humildad al recibir respuesta a mi insignificante petición de una ola, me di cuenta de que durante toda mi vida había intentado abordar la cuestión de la creencia desde un punto de vista erróneo. La creencia era una entidad por derecho propio.

No diré que desde aquel momento me convertí en una Creyente, pero sí que empecé a *creer* en la *creencia*.

Cuando le relaté esta experiencia a Serene Jones, pastora, escritora y presidenta del Seminario Teológico de la Unión, ella me dijo que le recordaba el extraordinario artículo de Zadie Smith «Some Notes on Attunement» que publicó en el *New Yorker*.[93] En este ensayo, Smith cuenta la historia de cómo finalmente llegó a entender la música de Joni Mitchell. Anteriormente, la afinación abierta y «chillona» de la compositora hería la sensibilidad de Smith en lugar de deleitarla. Smith admite que Joni le parecía «incomprensible». Sobre el momento en que conectó con ella, escribe: «Según lo recuerdo, el sol inundó la zona. Algo me había ocurrido. Supe que aquel momento no se perdería nunca en el revoltillo de recuerdos que creamos y perdemos cada día». Este momento no requirió de Smith «ningún cambio progresivo sino, más bien, un salto de fe. Un súbito e imprevisto ajuste».

La reflexión de Serene dio en el clavo. Mi ola de Dios fue «un súbito e imprevisto ajuste».[94]

Parte de lo que hizo de ese ensayo de Smith algo tan cercano a mi experiencia fue la impermeable incapacidad previa de la autora de escuchar la belleza en la música de Joni. Sin embargo, las afirmaciones de otros —¿no te gusta Joni?— sin duda la fueron preparando para abrirse a la posibilidad del ajuste. Aunque el cambio progresivo tal vez no sea aparente, estamos constantemente filtrando mensajes y pistas de nuestro entorno. Aunque parezca que los momentos «¡Ajá!» surgen de la nada, se trata más bien de la culminación del proceso de ordenar la información de manera que tenga sentido.

---

93. Smith, Zadie, «Some Notes on Attunement», *New Yorker* (17 de diciembre de 2012). Disponible en: www.newyorker.com/magazine/2012/12/17/some-notes-on-attunement.

94. Serene Jones, entrevista con la autora (26 de abril de 2018).

Para mí estaba claro que mis esfuerzos con el surf me habían preparado para ser receptiva a la fe también. Al acusarme de estar pensando en la ola (y de cogerla a mi manera), lo que en realidad quería decir Alex, el profesor de surf, es que yo estaba intentando controlar la ola. Estaba intentando hacerlo yo todo por mi cuenta. Si podía pensar lo suficiente, planificar lo suficiente, predecir lo suficiente, surfearía perfectamente. Pero lo cierto es que no podía. Yo no soy ese mirlo blanco con el talento para hacerlo. Pero, al abandonar ese egocentrismo y someterme a la ola (y a Dios), me volví lo bastante pequeña, lo bastante ligera para levantarme y salir. Ser imperfecta en algo abre el espacio para la fe.

Sabía que tenía que ir a la fuente de la naturaleza de la creencia, sobre todo cuando se entrecruza con nuestras experiencias cotidianas, y eso significaba un nombre: William James.

Hace mucho tiempo, a finales del siglo XIX, este filósofo y psicólogo elaboró el que sigue siendo uno de los textos fundamentales sobre el tema, *The Will to Believe*. Para James, «la fe significa creer en algo sobre lo cual la duda es todavía teóricamente posible; y como la comprobación de la creencia es la voluntad de actuar, podría decirse entonces que la fe es la voluntad de actuar en una causa cuyo próspero resultado no se nos certifica por adelantado».[95]

James estudió medicina y luego fue profesor en Harvard, pero encontró su vocación no en las ciencias duras, sino en la nueva y menos fundamentada ciencia del estudio de la mente humana. Fue uno de los más influyentes norteamericanos que estudiaron psicología cuando ese campo estaba relativamente inexplorado. En *The Will to Believe* rebate las afirmaciones que el matemático

---

95. James, William, *The Will to Believe, Human Immortality, and Other Essays in Popular Philosophy*, Dover, Mineola, Nueva York, 2017, p. 90.

William Clifford hace en su propio ensayo sobre el tema, llamado *The Ethics of Belief*. Clifford insiste en que la creencia no es una cuestión privada que concierne solo al individuo y que es responsabilidad nuestra tener en cuenta el poder de la creencia y su inevitable legado en las generaciones futuras. «Para bien o para mal —afirma—, así se tejen las creencias que cada hombre tiene al hablar con sus semejantes. Es un tremendo privilegio y una tremenda responsabilidad que debamos ayudar a crear el mundo en el que vivirá la posteridad.»[96]

Así pues, la creencia es reconocida por los dos grandes pensadores como una fuerza fundamentalmente poderosa, pero la cuestión es si debemos partir de ella o terminar en ella.

Clifford trata de convencernos de que «es siempre un error, en cualquier lugar y para cualquier persona, creer en algo sobre lo que no hay suficiente evidencia».[97] Su insistencia en la certeza es, a mi juicio, lo que echa a perder sus argumentos. Es el tipo de marco que excluye todo lo nuevo, lo incompleto, lo insatisfactorio. Es un marco que niega la posibilidad de crecer o de que algo se haga realidad. Es, definitivamente, contrario a ser imperfecto.

La voluntad de creer, por otra parte, nos ayuda a sentirnos cómodos con el hecho de que no hay resultados garantizados. James, no por llevarle la contraria a Clifford, sino más bien en apoyo del método científico, escribe: «No podemos vivir o pensar sin cierto grado de fe. La fe es sinónimo de hipótesis de trabajo. La única diferencia es que, mientras que algunas hipótesis pueden ser refutadas en cinco minutos, otras pueden desafiar las edades».[98]

¿Qué es la fe sino la voluntad de creer? Y elegir qué creer puede concernir a algo tan simple como cabalgar una ola o algo tan

---

96. Clifford, William K, «The Ethics of Belief». Disponible en: people.brandeis.edu/~teuber/ Clifford_ethics.pdf, p. 3.

97. Clifford, *ibid.*, p. 5.

98. James, *ibid.*, p. 95.

insondable como lo Divino. James cuenta una historia que contiene algo muy semejante al salto de fe necesario para salir a coger una ola. En la historia se pregunta qué valor tendría la falta de fe en el caso de que, escalando en los Alpes, se encontrara, hipotéticamente, en una situación precaria «de la que solo puede escapar mediante un salto tremendo».[99] Sin haberse encontrado en la situación antes, no puede saber con certeza si será capaz de realizar la acción necesaria para salvarse. Sin embargo, si la prueba de éxito es necesaria antes de que salte, es muy posible que él mismo se condene. «Pero la esperanza y la confianza en mí mismo me convencen de que no fallaré y le dan a mis pies el valor para ejecutar lo que sin estas emociones subjetivas quizás habría sido imposible —escribe—. En este caso (y se trata de un caso de enorme importancia), la sabiduría consiste claramente en creer aquello que uno desea; porque la creencia es una de las condiciones preliminares indispensables para la realización de su objeto. Así pues, hay casos en los que la fe crea su propia verificación. Cree y tendrás razón, porque te salvarás a ti mismo; duda y de nuevo tendrás razón, porque perecerás. La única diferencia es que creer redunda en tu beneficio.»[100]

En su caso, lo que está en juego es mucho más serio que lo típico que nos jugamos la mayoría de personas en un día cualquiera, pero el espíritu es el mismo. Como ciudadana del siglo XXI, no quería detenerme solo en la filosofía, por mucha solera que esta tenga. Estaba deseosa también de aprender lo que la ciencia tuviera que ofrecer sobre el tema, sobre todo la neurociencia.

Michael Shermer, editor y fundador de la revista con el adecuado nombre de *Skeptic*, ha escrito muchos libros tratando de desentrañar por qué somos susceptibles a toda clase de creencias y tenemos la irreductible capacidad de reforzarlas incluso en ausencia de

---

99. James, *ibid.*, p. 97.

100. James, *ibid.*, p. 97.

pruebas. En *The Believing Brain* —donde un capítulo titulado «Creer en Dios» va seguido de otro titulado «Creer en alienígenas»—, Shermer recurre a las neurociencias y las ciencias del comportamiento para seguirles la pista a nuestros sistemas de creencias a través de nuestras sinapsis y las potentes señales eléctricas y químicas que estas crean. Lo interesante de todos los estudios en torno al tema de la creencia es que la actividad cerebral revela qué áreas se iluminan cuando reciben distintos estímulos, pero la actividad es la misma para los creyentes que para los no creyentes, puesto que la creencia es su propio estímulo.

No es ninguna sorpresa que Shermer se muestre escéptico acerca de Dios. Pero, aun en su capacidad de experto en la materia, no puede ocultar que le preocupa el concepto de lo Divino. Ni siquiera los ateos recalcitrantes pueden mantenerse alejados del misterio. Los no creyentes simplemente son apasionados creyentes de la no creencia. ¿No es eso la misma cosa?

Shermer incluso termina la primera parte de su libro con una especie de plegaria:

«Señor, lo he hecho lo mejor que he podido con las herramientas que me has dado. Cualquiera que sea la naturaleza de tu esencia espiritual inmortal e infinita, como ser corpóreo mortal y finito que soy, me resulta imposible sondearla a pesar de mis esfuerzos, y por eso, haz conmigo lo que quieras.»[101] Esto podría leerse como una especie de chiste, pero los chistes tienen siempre algo de verdad.

Quizá Shermer hablaba inspirado por la Apuesta de Pascal, la célebre idea de que es mejor creer que no creer. La matemática que la justifica es sólida (y no es ninguna coincidencia que Blaise Pascal trabajara en teoría de probabilidades): de todos los posibles resultados de combinar si eres o no eres creyente y si existe o no existe Dios, solo creer decanta la balanza a tu favor. El postulado de Pascal

101. Shermer, Michael, «Part I: Journeys of Belief», *The Believing Brain*, St. Martin's Griffin, Nueva York, 2012, p. 55.

posee una racionalidad inherente que parece desafiar los constructos de la fe, pero allá donde mire para tratar de esclarecer el tema no parece haber razones que sustenten esta supuesta oposición de esperanza contra racionalismo. Si la esperanza puede definirse como la creencia en el resultado positivo a pesar de que las evidencias indican lo contrario, la misma lógica (o ilógica) puede aplicarse a la voluntad de continuar esforzándose en hacer algo aun cuando salta a la vista que se es imperfecto, pues la razón tiene muy poco que ver con el asunto.

Hay consecuencias para las opciones que tomamos en cuanto a las creencias mucho antes de que contemplemos la vida ultraterrena. Solo tenemos que remitirnos a la ciencia de los placebos para comprobar lo profundamente incorporada que está la creencia en nuestras funciones neurológicas. El efecto placebo se produce cuando se le administra a un paciente un tratamiento no reactivo —una píldora de azúcar, una inyección de solución salina, una falsa operación, etcétera— pero se le dice que está recibiendo un tratamiento real. Se ha demostrado que ciertos placebos producen un profundo efecto en las respuestas fisiológicas y los pacientes a menudo informan de buenos resultados: menos dolor, menos ansiedad, mejora de las funciones. En virtud de la creencia de que el tratamiento será de ayuda, el paciente experimenta sentimientos y, en algunos casos, cambios biológicos que, de otro modo, solo la administración de un medicamento o un tratamiento real provocaría. También se da el caso contrario, el llamado efecto nocebo, por el cual los pacientes experimentan efectos adversos si se les advierte sobre ellos, aunque estén tomando sustancias inertes. El efecto placebo es tan potente que los ensayos clínicos a doble ciego con placebo se utilizan como método estándar para estudiar los efectos de muchos medicamentos. La clave de estos estudios es lo que los pacientes creen que están tomando —tratamiento o no tratamiento— y apunta al poder de la sugestión. O, por decirlo de un modo menos científico, de la creencia.

¿Es posible cultivar la clase de marco mental que te deja abierto a los efectos placebo allá donde podamos encontrarlos en el mundo?

En su libro *Cure*, la científica y escritora Jo Marchant ahonda en el misterio y la ciencia de placebos y nocebos y proporciona pruebas convincentes de la conexión mente-cuerpo. Alejada ya de la esfera de los sospechosos entusiastas de la nueva era, la creencia de que la mente puede influir en nuestro bienestar físico o contribuir a nuestro malestar está siendo por fin legitimada por la ciencia.

La conexión mente-cuerpo fue popularizada por el doctor John Sarno, de cuyo libro *Healing Back Pain* se vendieron millones de ejemplares aunque nunca fue aceptado —peor aun, a menudo fue despreciado— por la comunidad médica convencional antes de su muerte a los noventa y tres años en 2017.[102] Mucho antes de que fuera popular o aceptable hacerlo, él afirmaba que buena parte de los dolores crónicos estaban causados por el estrés emocional y psicológico, que hacía que el sistema nervioso creara una serie de respuestas en cascada que contribuían al dolor. El doctor Sarno trataba a los pacientes tomándose tiempo para escucharlos y ayudándolos a comprender cómo su estado emocional contribuía a su malestar físico. Contar con un testigo de su dolor era el primer paso en la curación de sus pacientes. Instilarles la poderosa creencia de que podían curarse a sí mismos era el segundo. Aunque Sarno nunca realizó ensayos clínicos controlados o investigaciones de laboratorio, sabía que su tratamiento era efectivo porque sus pacientes mejoraban. Ahora la ciencia al fin ha reconocido la validez de sus procedimientos intuitivos y compasivos.

En el libro de Marchant, subtitulado *A Journey into the Science of Mind Over Body*, la autora escribe sobre la importancia de la empatía a la hora de atender a personas que sufren. Profundiza en el poder que la creencia tiene en la conexión mente-cuerpo, fenóme-

---

102. Sarno, John E., *Healing Back Pain: The Mind-Body Connection*, Grand Central Life & Style, Nueva York, 1991.

no que está siendo estudiado por neurólogos y médicos de todo el mundo. Al examinar un espectro de trastornos y enfermedades —fatiga crónica, dolor crónico, autismo, trastornos del estado de ánimo, síndrome del colon irritable y otros—, Marchant concluye que, dada la avalancha de síntomas, precisar su origen es mucho más difícil de lo que a nuestra positivista profesión médica le gustaría. No siempre hay una clara distinción entre el origen físico o el psicológico, y los trastornos y las enfermedades que atribuimos al cuerpo o a la mente, y sus manifestaciones, se resisten a dejarse clasificar tan fácilmente.

La conexión entre curación y creencia se manifiesta en el ámbito celular además del espiritual. Marchant escribe sobre un viaje a Lourdes, en Francia, adonde millones de personas acuden en busca de sus aguas santas, y pregunta: «¿Creer en Dios te convierte en una persona más saludable?» Atea declarada, Marchant se siente conmovida por lo que presencia en el peregrinaje de creyentes que intentan hallar algún alivio de aquello que los aflige, aunque la ciencia no pueda probar los milagros afirmados. Al final, la autora admite: «Existen poderosas fuerzas evolutivas que nos empujan a creer en Dios, o en los remedios de sanadores compasivos, o a creer que nuestras perspectivas son mejores de lo que son. La ironía es que, aunque esas creencias pueden ser falsas, a veces funcionan: nos hacen mejorar».[103]

La voluntad de creer crea oportunidades —de aprender, de sanar, de experimentar generosamente— que los escépticos tal vez no tengan.

Es posible que te preguntes si ser imperfecto te lleva a la creencia o si creer te permite ser imperfecto. Y solo puedo decir que no lo sé.

---

103. Marchant, Jo, *Cure: A Journey into the Science of Mind Over Body*, Broadway Books, Nueva York, 2016, p. 256.

En mi experiencia con el surf, he creído y he sido imperfecta, y he creído y he sido imperfecta. Ha sido como una especie de uroboros, un símbolo de unidad, renovación o infinito que se remonta al antiguo Egipto. El símbolo tradicional muestra a una serpiente que se muerde la cola y se interpreta como la representación de que una cosa alimenta a otra en una eterna posibilidad o renacimiento. Así es como lo he vivido yo con los años.

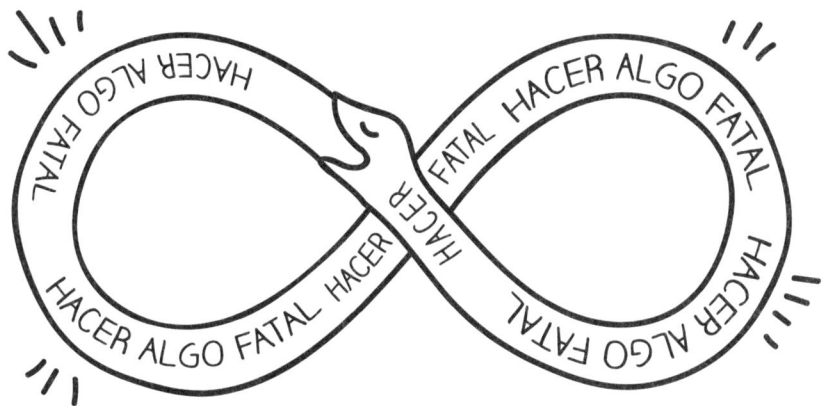

Tal vez al principio tengas que fingir y apelar al placebo. Como ya hemos aprendido, cuando haces algo por primera vez, las probabilidades de que lo hagas fatal son horrorosamente altas. Pero si crees que algo se te dará fatal y esa creencia crea resistencia a empezar, te pararás en seco antes incluso de haber empezado. Esa clase de creencia no merece tu tiempo. Por supuesto, este libro es una invitación a franquear esa barrera, pero nuestra humana tendencia a resistirnos a aquello de lo que no estamos seguros es difícil de romper.

Así que, en vez de eso, relájate y tómate esa pequeña pastilla de engaño. «¡Tal vez se me dé de maravilla la caligrafía!»

Eso puede proporcionarnos la motivación para empezar. Luego, cuando inevitablemente comprendemos —como hicimos en el primer capítulo— que es más difícil de lo que pensábamos, nuestra útil creencia se transformará. Entonces tendremos que creer que, bueno, ya mejoraremos. A menos que creamos que podemos llegar a ser buenos en algo, no nos seducirá la idea de intentarlo. Sería mejor empezar con la suposición de que con esfuerzo es probable que mejoremos. Y aunque convertirse en un experto (o tener razón) queda muy lejos, cualquier clase de avance sería imposible sin la voluntad de empezar algo nuevo y arriesgarse a equivocarse. Puede parecer algo del todo irracional, pero produce unos resultados increíblemente racionales. Eso es cierto incluso para la ciencia hacia la que nos volvemos con frecuencia en busca de pruebas del concepto.

Con una lógica del estilo de James, el físico teórico y brillante escritor italiano Carlo Rovelli explica que la voluntad de imaginar lo que quizá no sea cierto puede ser la base misma del descubrimiento científico. Él explica: «La belleza de las empresas científicas radica en que estamos en contacto con lo desconocido e intentamos dar pasos para adentrarnos en ese terreno. El punto de partida es la belleza, la intuición, la imaginación, pero tiene también un sólido método de comprobación. Esto también significa que muchas ideas hermosas resultan ser erróneas».[104] Rovelli no encuentra desesperanza en ese giro erróneo, sino que celebra su cualidad de maravilloso. Equivocarse o ser imperfecto es mejor que el vacío de no intentarlo siquiera.

Todo lo que necesitas es amor

Todas estas reflexiones sobre el tema delatan lo mucho que mi súbita creencia en la creencia me confundió. ¿Significaba aquello que

---

104. Tippett, Krista y Carlo Rovelli, «On Being with Krista Tippett: Carlo Rovelli—All Reality Is Interaction», *The On Being Project* (10 de mayo de 2017). Disponible en: www.youtube.com/watch?v=jXFbtDR7IF4.

empezaría a participar en la práctica religiosa? No me sentía atraída por ninguna confesión en particular, aunque mis dormidas raíces católicas empezaran a dar señales de vida. Pero viví la experiencia como una especie de despertar. Sin el lenguaje necesario para articular lo que sentía, le pedí a Serene Jones que me ayudara a desenmarañar todo aquello.

«Creencia y religión siempre han estado reñidas —me explicó Serene mientras almorzábamos en un café cerca de su oficina en el campus del Seminario de la Unión en el Upper West Side de Manhattan—. La religión puede ser un obstáculo para la creencia.»[105] Serene estaba hablando de que la creencia nos hace querer compartirla con otros, lo que nos lleva a crear grupos de personas que comparten creencias. Esos grupos crean entonces estructuras y reglas en torno a esa creencia. A la larga, los grupos de creyentes se acercan a otros que creen en la misma cosa, lo que a su vez crea muros alrededor de esos creyentes que excluyen las creencias de otros. De ello surge la competencia, el proteccionismo, el autoritarismo y los dañinos efectos de todas esas cosas.

«Hay dos cualidades fundamentales de la creencia —prosiguió Serene—. Una tiene que ver con afrontar la admiración temerosa y el miedo, lo que lleva a la humildad.»

Esta conexión entre la admiración temerosa y el miedo con la humildad me lleva de nuevo a nuestra necesidad de testigos y a nuestro terror a la humillación. La misma noción de estar vivo está imbuida de admiración temerosa y terror. La conciencia puede ser aterradora en sí misma. Quizás esto se deba a que todos sabemos que moriremos o que somos impotentes cuando nos enfrentamos a la naturaleza o el universo. Creo que lo que Serene estaba diciendo es que, al aceptar la admiración temerosa y el terror, tenemos *menos* miedo.

---

105. Serene Jones, *ibid.*

Serene continuó: «En cuanto a la segunda cualidad... La creencia implica en última instancia amor. El amor hace que te abras al mundo. Se trata de un tipo de apertura y asombro radicales. Sin creencia, no hay amor». Yo no empecé a practicar el surf o a escribir sobre ello para afrontar mis sentimientos sobre la creencia o el amor, Dios o lo Divino. Solo intentaba comprender por qué narices seguía surfeando. Tal vez para probar que no estaba loca. No lo sé. Pero el hecho de buscar ahondar en mi entendimiento sobre lo que me había enseñado ser imperfecta en algo, acababa siempre llevándome al misterio y, en ocasiones, a la divinidad.

Surfear tiene una rica historia de esos tipos de encuentros de refilón con Dios. Ver a Laird Hamilton surfeando la gigantesca Ola del Milenio es uno de los momentos más icónicos de nuestro deporte, y ejemplifica cómo el éxito deja una estela de humildad. La ola que él cabalgó se formó en Tahití el 17 de agosto del 2000. En aquel momento fue la ola más bestia que se había surfeado en la historia y se la conoce popularmente como la ola «Oh-Dios-Mío». Cambió este deporte para siempre, porque antes de ese momento nadie había surfeado nada parecido: un monstruo sin espalda de Teahupo'o rompiendo sobre un arrecife poco profundo. Como el icónico y deliciosamente irreverente Greg «Da Bull» Noll —él mismo un pionero del surf de olas grandes desde la década de 1960— dijo de la ola de Laird: «Tío, esa mierda es imposible. No lo conseguirás».[106]

Laird lloró después de surfear aquella ola. Lo dejó mudo. Como Hamilton explicó a Surfline en el décimo aniversario de aquella ola conocida en el mundo entero: «Eso fue una parte de la experiencia. Montar lo imposible de montar. También fue un momento rompedor. Me demostró a mí y a los demás que ese tipo de olas pueden

---

106. Haro, Alexander, «Laird Hamilton's Millennium Wave Reshapes How the World Looks at Surfing», *The Inertia*, 13 de junio de 2014. Disponible en: www.theinertia.com/surf/laird-hamiltons-millennium-wave-reshapes-how-the-world-looks-at-surfing/.

cabalgarse, y lo han sido por un montón de gente después. Tienes que creer en lo increíble. Todo era cuestión de fe. De creer que podía hacerlo».[107]

Buena parte de lo que aprendemos de los éxitos puede decirse también de los fracasos o de los intentos fallidos: la humildad es el factor común. Mi pequeña ola de Dios, que llegó como respuesta a una plegaria, me ayudó a convertir mi humillación en humildad. Una transformación a la que me he atenido y que procuro extender a todos los demás aspectos de mi vida.

Cuando Serene y yo nos despedimos de nuestra reunión, le comenté esta atracción hacia lo Divino. Serene sonrió y me dijo: «Más que sentir atracción, podrías decir que estás siendo llamada».

Sería un sacrilegio decir que la imperfección es una llamada, pero no exagero si digo que surfear —a pesar de que se me da fatal o quizá debido a ello— despertó algo en mi alma.

Por eso, la cosa que decidas practicar aunque se te dé fatal (a largo plazo) debería ser algo que te guste mucho hacer. Tal vez tendrás que recurrir al método de ensayo y error para encontrarla, pero, una vez la encuentres, tendrás que afrontar la admiración temerosa y el terror de tus límites o las limitaciones de la razón humana y abrazarlos con amor. Te prometo que dejará tu mente anonadada. O para los más escépticos, como mínimo, la cambiará.

Durante una de mis sesiones favoritas con una de mis personas favoritas —el hombre que presenté en el capítulo 2, anteriormente el constructor de mi casa en Nosara y ahora un amigo querido, Marion Peri— yo no hacía más que remar para coger olas y perderlas. Por

---

107. «This Day In Surfing—August 17th, 2000», *Surfline* (17 de agosto de 2010). Disponible en: www.surfline.com/surf-news/this-day-in-surfing-august-17th-2000-laird-hamiltons-millennium-wave-at-teahupoo_46530/.

fin, frustrado, él me gritó para que fuera a por una que yo estaba dudando en salir a buscar.

—¿A qué demonios estás esperando? —gritó—. ¡Ve! ¡Ve! ¡Ve! ¡Rema! ¡Más fuerte! ¡Rema! ¡Rema!

Hasta ese momento él nunca me había visto montar una ola, así que en realidad no podía saber si yo era capaz de surfear o no. Pero el sonido de otra voz gritando más que la de mi cabeza fue suficiente para impulsarme adelante.

Aprendo una y otra vez, cuando alguien me grita para que coja una ola, que rendirme a la opinión de alguien que cree en mí puede ayudarme en mi camino. Es rendirse lo que importa, rendirse a una voz que ahoga tu propia duda. Una voz que puede venir de fuera o de dentro. Creer en uno mismo está relacionado con la creencia en el sentido más amplio en que ambas cosas requieren una suspensión del control en busca de un resultado específico. Déjate de tonterías y ve a por ello y a ver qué pasa, ya se trate de una ola, una aspiración o Dios.

Conseguí esa ola, la surfeé bien, salí de ella y remonté de nuevo hacia el pico, donde Marion estaba sentado en su tabla.

Se estaba riendo.

—¿Qué pasa? —le pregunté.

—¿Es eso? ¿Es que necesitas que alguien te grite para coger una ola?

—A veces, sí —le dije, y me reí por lo tonto que aquello había sonado.

Más avanzado aquel verano de mi ola de Dios, Rocco se marcharía a la universidad y mis dieciocho privilegiados años de criarlo habrían de metamorfosearse en otra clase de privilegio. El de dejarlo ir. Esa tarde en la pequeña capilla de Trastévere le había rogado a María que yo tuviera la gracia de hacerlo. No sería fácil. Iba a necesitar mucha ayuda. Pero al menos ahora sabía cómo pedirla. No sé si habría estado abierta a aquella epifanía de que la ayuda estaba disponible de no haber sido por toda la práctica que tenía fracasando.

De nuevo en Costa Rica, cuando me encontré con Rocco en tierra firme más tarde aquella mañana, le hablé de mis plegarias y de que habían sido respondidas. Le dije que empezaría a hablar con Dios más a menudo.

Él asintió.

—Haz cualquier cosa que funcione.

No SE TRATA de

FRACASAR; se TRATA DE ACEPTAR.

OLA 6

La escalofriante ola de Rocco: la que cogió de cabeza

Regla #6:
No lastimes a nadie con aquello que haces fatal.

Lección #6:
No puedes evitarles el dolor a otros con amor.

Beneficio 6#:
Te vuelves menos idiota.

Una semana después de que ocurriera, mi amigo Paul me dijo:

—Si Rocco hubiera estado surfeando con tu tabla, habría muerto.

—Eso no ayuda —dije. No añadí que seguramente era cierto, ni que yo había pensado lo mismo innumerables veces durante esos días.

A veces hacer algo que se te da fatal es simplemente un asco, sin vuelta de hoja. Con todo, nuestra afinidad con la imperfección y sus dones puede ayudarnos a seguir siendo resilientes cuando pasamos momentos malos. Con el tiempo he aprendido que la vulnerabilidad que transmite el espíritu de este libro no es algo que te haga débil o frágil, sino algo que te convierte en una persona que puede vivir con las realidades del fracaso y dejarlas atrás. ¿Qué es el estilo de vida de la imperfección sino una especie de dosis homeopática de fracaso? Que su presencia te haga más fuerte.

Rocco y yo estábamos surfeando en Playa Guiones un variable día del julio costarricense. Empezamos en el rompiente meridional llamado Baker's Beach, donde las olas suelen ser más pequeñas y manejables que más arriba de la playa. La primera hora fue perfecta: el viento no era fuerte y las olas eran limpias. Pero pronto un grueso río de nubes tormentosas empezó a afluir por el sudeste y alteró la superficie del agua. Nos quedamos allí con la esperanza de que el viento cambiaría y despejaría las nubes. La corriente nos empujaba hacia el norte y acabamos a un kilómetro de donde habíamos empezado. Había oleaje grueso y corrientes entrecruzadas. Las condiciones se volvieron menos propicias para surfear —era difícil mantenerse alineado en el pico y las aguas movedizas nos empujaban de acá para allá—, pero no teníamos intención de dar la jornada por concluida todavía.

Salí a por una ola que se acercaba y, cuando me caí de la tabla, me rebané la punta del dedo corazón izquierdo, probablemente con la quilla. No me di cuenta hasta que estuve de vuelta en el pico y vi la sangre goteando en la tabla. Un poco aprensiva por la idea de sangrar en el agua, le dije a Rocco que me volvía a la orilla. Se burló de mí: ya entonces estaba cultivando la dureza que era más o menos necesaria a medida que se hacía mayor y que las olas se hacían más grandes. Es cierto que no había suficiente sangre para atraer a nada con dientes lo bastante afilados para asustarse. Pero le dije que daba igual, que miraría desde la orilla.

En la orilla, me senté sobre la tabla y observé cómo la sangre diluida por el agua salada goteaba desde mi dedo a la sucia superficie encerada de mi tabla de casi dos metros y medio. Una vez fuera del agua (y con los niveles de adrenalina batiéndose en retirada), la herida del tamaño de una aspirina empezó a escocerme más de lo que parecía necesario. Solo era un corte como los que te hace el papel, pero dolía.

Aparté los ojos de las translúcidas manchas rosadas de la tabla y localicé a Rocco, con cierta dificultad, porque la corriente seguía arrastrándolo hacia el norte. El agua se agitaba en todas direcciones y empecé a sentir que mi ansiedad maternal aumentaba. Tuve que recordarme que yo confiaba en que él sabía moverse en la mar gruesa. Intenté no proyectar mis temores en él y traté de engañarme a mí misma diciéndome que mientras pudiera verlo, mientras supiera que él estaba en el pico, nada malo sucedería. No era exactamente superstición, pero tampoco era exactamente cierto.

Las cosas se tuercen

Al cabo de unos minutos, vi que Rocco cogía una ola inestable. Consiguió hacer la bajada, pero la espuma lo engulló porque la ola se vino abajo por los dos extremos y lo arrastró al fondo del mar picado. Gemí por simpatía cuando lo vi caer, pues sabía muy bien la paliza que debía de estar recibiendo bajo esas aguas turbulentas. Tardó unos momentos en sacar la cabeza entre la espuma.

«Bueno, ahí está, todo va bien», me dije. Pero la severidad de la caída se hizo evidente cuando Rocco no se volvió para remontar. Eso era una señal de que algo no iba del todo bien. Dar por terminada la sesión después de una caída es una medida drástica. Los surfistas prefieren esperar a montar una última ola que los lleve hasta la orilla antes que terminar tras una caída y acercarse a la orilla remando sobre la tabla. Vi que Rocco se subía bocabajo a la tabla y remaba hacia la orilla.

Impaciente porque me explicara cómo había sido la caída, me puse de pie y caminé por la playa para salir a su encuentro. Estaba a poco menos de cien metros de distancia y no lo veía con claridad, pero algo no iba bien. Sus movimientos no eran normales.

Puesto que había tenido problemas de la vista de niña, y era demasiado tímida para llevar gafas cuando me las recetaron a los ocho años de edad, hacía mucho que había aprendido a identificar desde lejos la manera particular de moverse de cada persona para poder distinguirla. Mi capacidad auditiva compensaba también mi falta de agudeza visual. Ahora llevo gafas y lentes de contacto, pero todavía conservo mi temprano aprendizaje del lenguaje corporal y la escucha atenta. Funciona incluso cuando estoy en el agua. Puedo reconocer las brazadas de Rocco cuando se acerca por detrás al pico. Cuando oigo la cadencia familiar y el plas, plas, plas específico de sus brazadas, mi cuerpo se relaja y pienso, como lo hice al verlo emerger tras aquella última caída, *Ah, ahí está. Todo va bien.* Que sea capaz de distinguir las brazadas de Rocco de las de los otros surfistas en el agua me recuerda mi conexión primaria con él. Cuando mis hijos nacieron, yo sentía su llanto antes de oírlo.

Ese día, sentí que algo se había torcido antes de saber de qué se trataba. Cuando Rocco estuvo más cerca y pude verlo mejor, noté que caminaba muy derecho y que la postura de su cuerpo era extrañamente rígida, como si llevara algo en equilibrio sobre la cabeza. Todavía más raro era que a su alrededor se había reunido un séquito de preocupados bañistas. Pensé: *Qué extraño*, y entonces parpadeé y le enfoqué la cara y el torso, cubiertos de sangre.

Me quedé helada. Rocco llegó hasta mí, caminando todavía de aquella forma tan poco natural. Tenía los ojos tan abiertos que parecía que no parpadeaba. De hecho, aunque la sangre le corría por los ojos, no parpadeaba. Y aún más extraño, mi reacción se redujo a la rápida evaluación típica de mi condición de madre y semejante al rápido examen diagnóstico superconcentrado que hace cualquiera que se haya visto envuelto en un accidente de cualquier tipo: estaba fuera del agua. *Bien.* Caminaba por sí mismo. *Bien.* Parecía tener los dos ojos dentro del cráneo. *Bien.* Sea lo que sea, ahora está aquí conmigo. *Bueno. Bueno. Bien.*

Y entonces, de todas las cosas que podía haber hecho, Rocco esbozó una de sus grandes sonrisas de chalado. Tenía todos los dientes. *Bien.*

Cuando Rocco tenía cuatro meses se me cayó de cabeza. Fue la cosa más aterradora que me ha pasado. Lo tenía en brazos y al momento siguiente se me había caído al suelo con un tremendo golpetazo. Estaba bien, aunque un poco aturdido, pero me puse histérica, lo que hizo que él se pusiera histérico, lo que hizo que me convenciera de que le había ocasionado daños permanentes. Corrimos, literalmente, hasta el hospital. Entonces el St. Vincent todavía funcionaba en Greenwich Village y vivíamos a unas pocas manzanas de allí. Después de un rápido examen de Rocco y de asegurarme que estaba bien, las enfermeras de urgencias pusieron los ojos en blanco y me atendieron, porque, aunque Rocco estaba bien, su mamá no lo estaba. Me pasé dos días llorando tras el incidente. Los médicos me recetaron un sedante y me mandaron a casa. Como una especie de chiste final, estaba tan nerviosa que no pude rellenar la receta con mi nombre: temía que la medicación me volviera todavía más irresponsable de lo que ya me sentía.

Algunos de vosotros ya lo sabéis, y otros lo aprenderéis: los bebés son terriblemente vulnerables e inesperadamente resistentes. Eso no significa que se pueda ser descuidado, pero los accidentes ocurren. La parte más difícil de la paternidad es aprender que no puedes proteger a tu hijo en todo momento de cualquier insulto a su cuerpo, su corazón y su alma. Dejar caer a Rocco puso de manifiesto mi miedo de un modo que nunca me ha abandonado. Pero los huesos y los corazones rotos, las operaciones, las enfermedades y las infecciones que se producen durante la crianza de los hijos, si bien no puede decirse que me hicieran acostumbrarme a esos miedos, al menos me enseñaron a dejar a un lado los míos para no exacerbar los de ellos. Cuando a un padre le entra el pánico, al hijo le entra el pánico, y así no se consigue nada.

Un amigo mío me dijo una vez —antes de que yo tuviera hijos— que había dos cosas muy importantes en la paternidad. La número uno: el niño se te caerá tarde o temprano. Número dos: no puedes permitirte el lujo de perder los papeles cuando tu hijo tiene problemas.

Yo hice accidentalmente lo primero y nunca más lo repetí.

Tardé un tiempo en aprender a dejar de hacer lo segundo.

En la época en que Rocco se acercó a mí cubierto de sangre en Playa Guiones, yo estaba cogiéndole el tranquillo. Habíamos tenido arañazos juntos. Surfeábamos juntos. Él me había visto caerme y yo lo había visto estrellarse. Creo que la familiaridad fue lo que le permitió mantener la sonrisa a pesar de que el golpe había sido espantoso.

Enseñemos a nuestros hijos bien

El proverbio «De tal palo, tal astilla» tiene variantes y antecedentes con siglos de antigüedad en todos los idiomas del mundo. Es una de esas buenas ideas que se les ocurrieron a muchas personas por separado. También se lo conoce como sentido común.

Nuestro comportamiento tiene importantes repercusiones cuando se trata del bienestar de nuestros hijos. Es uno de los ámbitos en los que la imperfección tiene serios efectos perjudiciales. No seas un padre imperfecto. Con ello no ganas nada. Pero eso no significa que no pueda enseñarnos algo a nosotros y a nuestros hijos.

El debate natural/adquirido parece haberse estancado en el centro al haber puesto de manifiesto las últimas investigaciones que se trata de una proposición al cincuenta por ciento, lo que no sorprende. Y la metáfora palo/astilla es muy adecuada, ya que representa ambas posturas del debate. Aunque es difícil para los padres no sentir una cierta inevitabilidad acerca de la personalidad de cada hijo, todos nos beneficiaríamos si reconociésemos como padres que lo que nuestros hijos nos ven hacer y nos oyen decir es tan importante como las herramientas con las que nacen. Incluso entendiendo eso y aceptándolo —y, desde luego, también la gran responsabilidad que ello conlleva—, por mucho que nos esforcemos, en un momento u otro la cagaremos.

Julie Lythcott-Haims, autora del best seller *How to Raise an Adult*, hizo una acertada puntualización cuando hablé con ella sobre este tema: «Somos su modelo a seguir más importante; que seamos también el mejor depende de nosotros».[108] Así que la cuestión es: ¿cómo podemos cagarla menos? Y, cuando la cagamos, ¿cómo manejar la situación?

Esto está estrechamente relacionado con el hecho de sentirnos cómodos cuando practicamos algo que se nos da fatal porque, al fin y al cabo, se trata de cómo afrontamos el fracaso. El inevitable fracaso. El fracaso que forma parte del modo en que funciona el mundo: nos distraemos, tenemos las manos sudadas, de pronto perdemos el equilibrio y al suelo va el bebé. Y ¿ahora qué?

A estas alturas ya sabemos un poco sobre lo mucho que hacer algo que se nos da fatal puede enseñarnos. Pero igual de importante es lo que les enseña a nuestros hijos mientras son testigos de nuestra lucha. Como mi profético amigo me dejó claro, tenemos que aceptar de buen grado que nos vean como los seres falibles que somos. Eso no significa que nos vean perder los papeles. Porque a los ojos de un niño eso se interpreta como que no estamos acostumbrados a arruinar las cosas. Cada vez que pierdes los papeles estás enviando la señal de que se supone que *esto no debería estar pasando*, de que no deberías verte enfrentado a ese desafío.

La calma es la otra cara de la mentalidad de ser imperfecto. Tú sabes que la calma puede sacarte de una situación peliaguda. Pero es

---

108. Julie Lythcott-Haims, entrevista con la autora (8 de junio de 2018).

especialmente importante cuando estamos sirviendo como modelo de comportamiento para otras personas, sobre todo para los niños (y siempre estamos siendo modelos de comportamiento para los niños). Lo mismo vale para el modo en que nos desempeñamos en nuestro trabajo y para cómo nos comportamos en nuestras relaciones íntimas y de amistad. Tenemos que sentirnos cómodos siendo menos que dioses para aquellos sobre los que tenemos más poder y con quienes nuestra vida está inextricablemente unida. Porque si otros nos ven intentarlo y fracasar sin perder los nervios, sino volviendo a intentarlo de nuevo, aprenderán a hacer lo mismo.

Es necesario que tengamos esto presente cuando recibimos críticas duras por parte de nuestros hijos. Es la primera lección que reciben sobre la resiliencia mediante el ejemplo. Yo había practicado mucho mientras surfeaba con Rocco. Después de una ola ganada con esfuerzo que cogí en Nosara, remonté orgullosamente hacia el pico y le pregunté a Rocco si la había visto. Lo admito: mi patética inseguridad pedía a gritos la confirmación por parte de mi hijo.

—Sí, la he visto. Pero se la has robado a ese tipo —dijo él, antes de alejarse molesto de mí.

Robarle la ola a alguien (ir a por una ola sobre la que otro surfista tiene prioridad) es una de las peores ofensas en el surf. Es grosero y peligroso. Rocco tenía razón: no importaba que hubiera montado la ola si lo había hecho a expensas de otro surfista. Circulan incontables anécdotas sobre olas robadas a lo largo de toda la historia del surf, y hay algo tan seguro como que el pico estará atestado en un día perfecto: el surfista que roba olas sin preocuparse, y por costumbre, se convierte en un paria. Aun sabiéndolo, intenté defenderme y le grité:

—¡Dale un respiro a tu anciana madre, Rocco! Ni siquiera lo vi.

No hace falta que diga que mi respuesta no tenía ni una pizca de dignidad o justificación. En ese momento, no estaba enseñando bien a mi hijo.

Para ser sinceros, él me estaba dando una lección.

No era ni de lejos la primera vez que ocurría. Recuerdo que una vez, cuando Gio tenía ocho o nueve años, le grité con frustración «¡Estás portándote como un niño!» para poner fin a mi arenga.

—Pero ¿qué dices? *Soy* un niño —me respondió él.

Lythcott-Haims se refirió a este matiz durante la animada conversación que mantuvimos sobre la imperfección y la paternidad. «No podemos esperar que nuestros hijos nos hagan sentir mejor por nuestras cagadas y no podemos cargarlos con nuestras pifias. Así que, cuando metemos la pata, es necesario que lo reconozcamos y que nos quitemos de en medio. A veces nos enredamos tanto en nuestra vergüenza que arrastramos a nuestros hijos en busca de absolución.»

Una buena regla de oro sobre cómo deberíamos tratar a todo el mundo, y que en relación con nuestros hijos se aplica multiplicada por diez: no podemos convertir a los otros en custodios de nuestro yo herido. Cuando pedimos a nuestros hijos que llenen el agujero negro de nuestras inseguridades, les negamos sus propias reacciones y aniquilamos su experiencia. Nuestro fracaso a la hora de fracasar bien remacha el mensaje equivocado.

Sin embargo, lo que posiblemente sea más difícil para muchos padres no es tanto que sus hijos los vean fracasar como que ellos vean a sus hijos fracasar. Eso nos lleva al segundo punto: debemos dejarlos esforzarse e incluso fracasar. Yo siempre pensé que la paternidad era como esas protecciones que ponen en la pista infantil de la bolera: que hagan rodar la bola, que la tiren o que la hagan rebotar por la pista como quieran, porque no importa si tienen éxito y derriban algún bolo, solo queremos mantener su bola (¡a ellos!) fuera del canalón. La clave es quitarse de en medio y evitar convertirte en el protagonista como padre. Paradójicamente, no temer al fracaso, tanto el nuestro como el de nuestros hijos, nos ayuda, a nosotros y a ellos, a endurecernos contra el inútil dominio del miedo sobre nuestra voluntad de seguir intentándolo por frustrantes que sean los resultados.

La paternidad helicóptero es una tendencia bien conocida que queda sucintamente ilustrada por una viñeta de Bruce Eric Kaplan en la revista *New Yorker*. Dos niños entran en casa y encuentran al padre de uno de ellos sentado en un sillón. El hijo le dice a su amigo, refiriéndose a su padre: «Es más un arreglador de entuertos que un padre».[109]

Esta moda de que los padres se metieran en los asuntos de sus hijos estuvo siempre condenada a derrumbarse bajo el peso de la ansiedad que produce. Y eso era prácticamente lo único que producía. Lo de que los padres traten de apuntarse los éxitos de sus hijos no funciona, se mire como se mire. Las guarderías competitivas, retrasar la entrada del niño en la escuela primaria, sobrecargarlo de actividades extraescolares, la hipervigilancia con los deberes de casa… Todos estos esfuerzos tienen como propósito darle al niño ventaja competitiva. Pero, en vez de eso, parecen haber ayudado a formar una generación atormentada por la duda sobre su propia valía y dotada de una resiliencia cuestionable. El número de estudiantes de edad universitaria que busca ayuda para alguna enfermedad mental crece año tras año. Ese es en parte el desgraciado resultado de tener padres que insisten en hacerlo todo y serlo todo para sus hijos. En vez de la pretendida ayuda, los padres acaban enviándoles a sus hijos el mensaje de que estos son incapaces de hacer las cosas o lograr el éxito por sí mismos. Evidentemente, ese no es el resultado que buscan unos padres bien intencionados que actúan así por amor. Pero ese amor puede verse comprometido por el yo cuando proyectamos nuestros propios deseos y miedos en nuestra progenie. Es un problema con múltiples facetas, cierto, pero como mínimo debería hacer que nos parásemos y examináramos cómo estamos criando a nuestros hijos.

---

109. Kaplan, Bruce Eric, *New Yorker* (20 de agosto de 2018).

Durante años, Lythcott-Haims fue decana de los estudiantes de primer curso en la Universidad de Stanford. Y lo que vio repetirse una y otra vez en su trabajo con los estudiantes universitarios le proporcionó evidencia suficiente de cómo afecta a los hijos lo que los padres proyectan en ellos. Ella explicaba: «Los padres vinculan su autoestima a los logros de sus hijos, lo que crea un afán de logro que nos estresa a nosotros y a nuestros hijos».

Como resultado de ello, los niños acaban con una voz en la cabeza que les dice «alguien me está juzgando constantemente». Eso no deja espacio para la experimentación o el fracaso. No permite ser imperfecto en nada. Incluso cuando logran lo que se habían propuesto, estos niños pueden sentirse vacíos, como si solo estuvieran cubriendo el expediente, como si estuvieran cumpliendo con su deber y punto.

No digo que la solución sea fácil. Es sin ninguna duda una paradoja del estilo de la de Ricitos de Oro: tenemos que darles a nuestros hijos mucho apoyo, pero no demasiado. Tenemos que ser transparentes y honestos con ellos, pero no compartir con ellos más de la cuenta. Queremos tratarlos con amor, pero a veces se requiere un poco de amor duro. Lythcott-Haims me dijo: «El amor es nuestra herramienta primaria, lo que queremos enseñarles es el amor: cómo amar, cómo ser amorosos. Pero hay una delgada línea, se precisa mucha práctica y aprovechar las oportunidades para refinar el diálogo». Eso se logra mediante una mezcla de amor, de humildad y, si es necesario, de una disculpa. Pero, entonces, debemos seguir adelante. Nos equivocaremos, seguro. Pero amando, siendo imperfectos y aceptándolo nos acostumbraremos a verlo como simple práctica, tanto en nosotros como en nuestros hijos. A estas alturas, esto debería resultarte familiar: la estética subyacente de ser imperfecto en algo es la proporción. Cada cosa en su lugar. Presta atención, pero no la despilfarres. Acepta el mundo como viene, pero no dejes de intentar montar sus olas.

Lythcott-Haims está muy familiarizada con los riesgos relacionados con el ensayo y el error. Me confió que se sentía amada cuando tenía éxito y no amada cuando fracasaba. Eso la empujaba a emplear mucho tiempo «tratando de ser buena en todo para hacerse digna de ser amada». Aunque entiende que este esfuerzo es una vieja «impronta familiar» que se le impuso durante la infancia, aún sigue trabajando para cambiar esa respuesta automática y tiene algunas estrategias que la ayudan en ese propósito.

Para ella, el crucigrama del *New York Times* ha resultado ser un desafiante campo de entrenamiento, pues su marido y ella compiten para completarlo. Cuando empezaron, ella raramente era capaz de terminarlo, pero ahora vence a su marido dos de cada siete veces. Con todo, perder en la competición del crucigrama más del setenta por ciento de las veces la obliga a pelear con la falsa ecuación de que solo es merecedora de amor si gana. Lythcott-Haims dice que está aprendiendo. «Me encanta ganar, pero me gusta más no odiar las veces que pierdo. Cuando llegué a la sorprendente conclusión de que ganar significaba que me sentía amada, se lo dije a mi marido. Él dijo: "Bueno, si cuando gano te digo que te quiero, ¿te ayudará eso?" Mi respuesta, que me sorprendió hasta a mí, fue: "Sí".»

En la playa de Nosara, dieciocho años después de que Rocco se me cayera de cabeza, le pregunté:

—¿Dónde te has golpeado?

Tenía tanta sangre en los ojos y la boca que no podía localizar dónde estaba la lesión.

—¿Tú qué crees? —respondió Rocco.

—No lo sé, Rocco, hay tanta sangre que no veo nada —le dije, tratando de no dejar traslucir el pánico que sentía y seguir el consejo de mi viejo amigo. Él me miró, confuso. Comprendí entonces que no era consciente del aspecto sanguinolento que tenía: estaba allí, tranquilo, con la tabla bajo el brazo, como si estuviera pensando en salir a surfear otra vez. Entretanto, la aglomeración de extraños seguía creciendo, pero nadie decía nada, lo que me pareció extraño. *¿No debería alguien decir algo?*, pensé.

—Mamá, tengo una herida en la cabeza. Por eso hay tanta sangre —me dijo, como si estuviera explicándome por qué el océano era azul. La sangre le burbujeaba en la boca mientras hablaba, y me pareció divertido. De hecho, me reí. Eso también quedó muy raro.

Rocco se llevó la mano hasta la herida y la rodeó como un halo para indicar dónde lo había golpeado la tabla de surf y dijo:

—Aquí…

Al separarle el pelo, quedó al descubierto una brecha de ocho centímetros que parecía una boca ensangrentada. El tajo era tan profundo que no había forma de saber si era solo un corte o algo peor. Le arrebaté la tabla para dejarla en el suelo y busqué algo con lo que presionar la herida. Me miré el cuerpo para ver si podía quitarme algo, pero el traje que llevaba era de una sola pieza.

—Mierda —dije, inútilmente, y luego añadí—: Rocco, quítate ahora mismo la camiseta del neopreno y la usaremos para aplicar presión sobre la herida.

—No, eso es ridículo. ¡Estoy bien!

Estaba tembloroso a causa de la descarga de adrenalina y la pérdida de sangre, y le grité:

—¡Quítate ahora mismo la camiseta y dámela!

Tuvo la temeridad adolescente de poner los ojos en blanco ante aquel arrebato de su madre, pero también el sentido común de escucharme al fin. Escurrí el agua salada de la camiseta y con ella la sangre que había absorbido la tela. Cuando vi que Rocco miraba con sorpresa la cantidad de sangre que había, no pude evitar mirarlo con una sonrisa de suficiencia, como diciéndole *Sí, ¿lo ves ahora?* Enrollé la camiseta y le dije que hiciera presión con ella contra la herida.

En ese momento, un surfista tico que descansaba en la *palapa* del hotel Harmony donde nos reunimos vino a ayudar. Le dijo a Rocco que se metiera en el agua para limpiarse la sangre del cuerpo.

—El agua se la llevará y te sentirás mejor —explicó.

Rocco se volvió aturdido para obedecer la orden y meterse en el agua. El muchacho estaba sangrando por un agujero en la cabeza y no teníamos ni idea de si se había abierto el cráneo, y aquel tipo bien intencionado va y le dice que se meta en el mar. La marea estaba subiendo y olas de un metro veinte rompían en la orilla.

—Hum, no creo que sea buena idea… —les dije, intentando ser educada para ocultar lo mucho que me había molestado la sugerencia.

Sin dejarse amilanar, el tico le cogió una botella de agua a una gringa y me la alcanzó.

—Vale, pues toma esto y lávale la sangre, porque así parece peor de lo que es. Las heridas en la cabeza son muy escandalosas, pero no será nada grave.

Rocco me miró como diciendo «¡Toma ya!»

—¿Ves? Ya te he dicho que no había para tanto.

Los surfistas, como las madres, también hacen valoraciones rápidas. Si no vas a perder un ojo o un miembro, si no te vas a desangrar o te has ahogado, todo va de fábula y no te hacen ni caso a menos que pidas ayuda. Esta despreocupación es un rasgo común. Nunca he visto a un surfista perder los papeles cuando resulta herido. Quizá lo veamos como el precio que hay que pagar por experimentar la mejor sensación del mundo.

—Oh, sí —me aseguró el tico después de examinar la herida—, está bien. Necesitará unos cuantos puntos, pero está bien.

—¿Alguien tiene un móvil? ¿Alguien puede llamar a Alejandro? —pregunté sin dirigirme a nadie en particular, pero los lugareños bajo la *palapa* sabían a quién me refería. Allí no hay socorristas ni un puesto de emergencias médicas. La comunidad depende de que sus miembros se ayuden cuando tienen problemas. Y la verdad es que el sistema funciona bastante bien, teniendo en cuenta que el hospital más cercano está a hora y media de camino.

Alejandro es el médico local. Nos había ayudado en numerosas ocasiones: heridas, dolor de oídos, picaduras infectadas. Es un buen médico y, casi igual de importante, es surfista. Está familiarizado personal y profesionalmente con muchas de las lesiones que sufren los surfistas. Su consultorio depende de ellos.

De pronto, todo el mundo se movilizó para ayudar. El guardia tico que vigilaba la *palapa* llamó al hotel Harmony, un hotelito tranquilo pero cómodo situado a solo dos minutos de la playa siguiendo un sendero que cruza la selva. Llevé a Rocco por el sendero hasta el hotel, donde me enteré de que alguien de recepción había llamado ya al consultorio por nosotros. Me dijeron que Alejandro estaba ausente ese día, pero que Leonel estaría esperándonos en el consultorio. Yo no conocía a Leonel, pero serviría igual.

La buena gente del Harmony le dejó a Rocco una toalla para que se limpiara la sangre. Yo lo dejé allí y me volví a la playa. Tenía que recoger el coche donde lo habíamos dejado aparcado, en el acceso meridional, y llegaría antes yendo por la playa que siguiendo los tortuosos caminos embarrados. Alguien se ofreció a llevar las tablas de surf al hotel para ponerlas a buen recaudo, mientras yo corría los ochocientos metros que me separaban de mi mochila, que había dejado bajo otra *palapa*.

Para entrar a Baker's Beach hay que cruzar un pequeño arroyo que sale de la jungla y desagua en la arena. Cruzábamos aquel pequeño trozo de jungla cada día para acceder a la playa y, aunque siempre mirábamos dónde pisábamos, solo habíamos visto los cangrejos y las lagartijas de color púrpura y naranja que poblaban el matorral allí. Sin embargo, esa vez sentí un escalofrío. Me paré en seco mientras subía corriendo por la orilla entre las enredaderas y los árboles. Algo me decía que era una insensatez correr alegremente a ciegas por aquel sitio tan conocido. Pensé en los caimanes que cazaban en las desembocaduras y los estuarios de los ríos de la zona y dije *No, aquí no. Debe de ser que estoy nerviosa por lo que le ha pasado a Rocco.* De todas formas, corrí en zigzag hasta el coche, porque recordé que se aconsejaba hacer eso para despistar al caimán o al cocodrilo en el caso de que te estuviera persiguiendo uno (sí, eso mismo). Solté una sonora carcajada ante aquel vertiginoso ejercicio de pensamiento, pero no pude librarme de la sensación de que había cocodrilos al acecho. Nuestro paraíso parecía lleno de peligros en aquel momento. Me metí en el coche y fui al hotel para recoger a mi hijo herido y llevarlo al consultorio de Alejandro.

Sin comerlo ni beberlo, las cosas se tuercen

Cuando llega el momento de enfrentarse a dificultades o retos, una de las ventajas de cultivar algo que se te da fatal es que te recuerda lo insignificante e ineficaz que eres en el fondo. Tal vez parezca un triste consuelo, pero lo contrario también es cierto: cuando todo va mal, es mucho mejor recordarse que uno no es la causa de todo. Dispones de poderes limitados para enderezar el mundo. Cuando las cosas no van bien, no necesariamente es por tu culpa. Asociada a esa idea vive la reflexión paralela de que tampoco es necesariamente culpa de otro. ¿Sabes esas personas que culpan a la gente que las rodea de *todo* lo que se tuerce en su vida? Quizá culparían a los demás con mucha menos frecuencia si no sintieran secretamente que son el centro del universo. Que algo se te dé fatal es saber que somos torpes partes de ese universo gloriosamente desordenado.

El desorden caracterizó una particular visita estival a Nosara, un año antes de que Rocco se descalabrara.

Cuando volvía de otra apestosa sesión de julio, un surfista que corría por la playa hacia el acceso de Baker's pasó justo detrás de mí. Se apretaba el ojo con la mano. Lo seguía otro surfista, que le preguntaba si estaba bien y si necesitaba que lo llevara a alguna parte. El primer hombre replicó: «No, no estoy bien. Por favor, sígueme». Luego me enteré de que el hombre era un fotógrafo local y de que ese día perdió un ojo a causa de un topetazo con la punta de su tabla.

Todo aquel viaje fue una experiencia educativa sobre la realidad que se escondía detrás de nuestro paraíso playero. Esa misma semana, habíamos visto a dos adolescentes atrapados por una violenta resaca que los arrastró varios centenares de metros mar adentro entre aguas tumultuosas. Yo había intentado bracear, pero el agua se comportaba de manera extraña y decidí quedarme dentro de la barrera. Antes de que pudiera decirle que hiciera lo mismo, Rocco atravesó el rompiente y llegó al pico. Me sentí atenazada por el pánico y le pedí a mi amigo Nick que fuera a buscarlo. Cinco minutos después, Rocco estaba a mi lado en el rompiente interior, casi sin aliento.

—Es la primera vez que me he asustado —me dijo.

Entonces el que no aparecía fue Nick. Aunque era un potente nadador y surfista de toda la vida, hasta Nick se vio en dificultades para alcanzar la orilla. Cuando al fin lo consiguió, nos quedamos todos mirando el agua y hablando de lo espantosas que eran las corrientes y la marea aquel día. Fue entonces cuando vimos la tabla de surf flotando sola.

—Hum, eso no es bueno —dije en voz alta, expresando la preocupación maternal de que no todo iba de fábula.

Una tabla de surf flotando a la deriva sin dueño es señal de que algo se ha torcido. La segunda pista era el perro que recorría nerviosamente la orilla. Escudriñamos la playa en ambas direcciones y luego el mar hasta el horizonte, pero no vimos nada. Nick se subió a un árbol para tener mejor vista. Cuando nos gritó desde lo alto, pensamos que nos estaba tomando el pelo.

—¡Los veo! ¡Están jodidos!

Nos reímos de lo que nos pareció un chiste de mal gusto y él, visiblemente agitado, gritó:

—¡No estoy de broma!

Entonces todos los vimos, jodidos, agitando las manos como en un gag. Distantes gestos desesperados hacia los de la orilla: *¡Que alguien nos salve!*

Ninguno de nosotros tenía la experiencia suficiente para adentrarse en aquellas aguas tumultuosas y la policía respondió a las llamadas haciendo mutis por el foro. Rocco corrió a pedir ayuda a los instructores locales de surf, que tenían su base junto a la carretera de entrada a la playa. Cuatro acudieron en un *quad* y, con una expresión hastiada que traicionaba una concentración máxima —aquella no era la primera vez que los llamaban para salvarle el culo a alguien—, salieron en sus tablas para rescatar a aquellos chicos. De no ser por su intervención, se habrían ahogado. Cuando todos estuvieron de vuelta sanos y salvos en la orilla, casi vomité de alivio.

Avanzada la semana, fuimos a surfear a un rompiente a quince kilómetros al norte de Guiones, el favorito de Rocco porque tenía unas olas más limpias aunque más grandes que las de Guiones. Hacía un día perfecto, sin viento, con olas que sobrepasaban la altura de la cabeza, y todos nuestros amigos estaban surfeando olas extraordinarias. Yo no conseguía pasar del rompiente. Cada vez que lograba un avance, alguna ola exterior rompía delante de mí y me empujaba de vuelta a la orilla. Eso no es nada nuevo, pero ese día yo me moría de ganas de unirme a Rocco y al resto del grupo en el pico, que teníamos para nosotros solos. Entre ellos estaba mi amigo Mike Moore, que había sido liberado hacía poco tras pasar casi tres años como rehén de unos piratas somalíes. Se había unido a nuestro viaje familiar como parte de su recuperación de su vida de surfista.

Por fin, después de dos horas intentándolo, conseguí llegar al pico y reunirme con todos. Me sentía orgullosa de mi tenacidad y me senté donde yo creía que estaba la zona exterior para recuperar el aliento y algo de energía. Estaba *preparadísima* para coger y montar una ola. Pero resulta que no estaba lo *suficientemente* fuera: una serie de olas enormes se acercó al rompiente y yo no pude remar con la rapidez suficiente para pasar sobre ellas al otro lado. Quedé atrapada en el peor sitio, y las cascadas de agua me estrellaron contra el fondo del océano. Logré emerger justo para recibir el embate de otras dos olas. Mientras intentaba sin éxito mantener la cabeza por encima de la gruesa espuma de las olas rotas, aspiré agua por las fosas nasales. Exhausta por el esfuerzo de llegar hasta allí y tosiendo agua salada, no pude resistir el embate de las olas. Agarré los bordes de la tabla

con la poca fuerza que me quedaba y dejé que el océano me escupie-
ra de vuelta a la orilla. Mareada y derrotada, me senté en la arena
con una sensación de desesperación. Nick y Mike vinieron para ver
si estaba bien. No quería regodearme en la frustración, así que forcé
una sonrisa y les dije: «Sí, claro. Todo va bien». Vaya, ¿qué era un
revolcón en el océano comparado con lo que Mike había soportado?
La perspectiva lo es todo. No obstante, aunque me alegraba mucho
de compartir nuestro viaje con Nick y Mike, eso me recordó que es
imposible estar completamente a salvo, en ningún sitio. Ni siquiera
en el paraíso.

Al final del día, ocho de nosotros nos metimos en el coche para
recorrer los cinco kilómetros llenos de baches que nos separaban de
nuestro restaurante favorito para una cena para celebrar el final del
viaje. Unas horas después, saciados y agotados después de un día de
surf y de una cena opípara, estábamos deseando llegar a casa y meter-
nos en la cama. Pero al salir descubrimos que habían acuchillado dos
de las ruedas de nuestro coche, que estaba aparcado a la puerta del
restaurante, y cuando por fin llegamos a casa, la encontramos desva-
lijada. Habían cortado los cables de nuestro sistema de alarma recién
instalado, habían reventado la caja fuerte y se habían llevado todas
nuestras cosas: ordenadores, cámaras, teléfonos y demás. Durante esa
visita éramos siete personas en la casa, cada uno con su propio inventario de tecnología, así que los ladrones hicieron su agosto. El guardia de seguridad que pagábamos para que vigilara las casas del vecin-
dario no oyó ni vio nada. La policía ni siquiera se presentó, al menos
no hasta que nuestra amiga, que era tica, los llamó.

Nuestro paraíso empezaba a parecer algo infernal. No pasó todo
de golpe, pero después del periodo inicial de luna de miel de construir una casa en un lugar distante del que no sabíamos nada durante el cual todo pareció rodar de maravilla, las cosas empezaron a
tambalearse.

Las termitas construyeron túneles que entraban y salían de nuestra casa e instalaron sus montículos nido bajo el tejado. Larvas de

todo tipo y avispas que construyeron colmenas invadieron huecos y rendijas de cuya existencia ni siquiera sospechábamos: bajo los fregaderos, detrás de las paredes, bajo los aleros, en las jambas de las ventanas. Los escorpiones acechaban detrás de los cojines y los saltamontes voladores gigantes nos bombardeaban mientras cocinábamos. Me desperté una noche porque tenía que orinar y encontré una tarántula subiendo por la pared del dormitorio a la altura de los ojos. «¡Perdone usted!», le dije, de camino al lavabo.

Todos los espacios se convirtieron en nidos para alguna criatura no humana. Una mañana, al descorrer las cortinas, una salamanquesa cayó del cable, aterrizó en mi cara y bajó corriendo por mi cuello y mi brazo antes de saltar al suelo. Una mañana nos despertamos y descubrimos que nuestro armario blanco, donde guardábamos la ropa, se había vuelto negro porque una colonia de hormigas había decidido instalarse en él mientras dormíamos. Una rana arborícola se mudó al lavabo y, en vez de echarla de su casa adoptada, utilizamos el baño exterior durante unos días. Nuestro jardinero encontró a una boa tomando el sol en el suelo de nuestra sala de estar. No me estoy quejando; al fin y al cabo, ¿adónde iban a ir esas criaturas y todas las demás después de que destruyéramos sus casas para construir la nuestra?

En general, aprendimos a vivir con el caos e hicimos lo que pudimos para evitar que la naturaleza se apropiara del todo de la casa al mismo tiempo que intentábamos vivir en armonía con ella. Pero eso es lo que tiene el paraíso. La otra cara puede ser, si no un infierno exactamente, sí algo muy lejos de paradisiaco. No es que esperásemos que la jungla no fuera una jungla, pero no llegas a conocer cómo es hasta que te instalas a vivir en ella. Una semana o dos en el paraíso te induce a pensar: «Si pudiera quedarme *aquí*, no volvería a tener un día malo». Como en cualquier luna de miel, uno se convence insensatamente de que la alegría perdurará para siempre inalterada, aunque sabes perfectamente que no será así. Eso no quiere decir que, cuando la luna de miel termina, no haya nada maravilloso que perdure, como el aroma de alguien que quieres en la camiseta que llevaba puesta.

El tiempo que pasamos en Nosara y cada sesión en el agua me recordaban la elegancia del yin y el yang, que originalmente servía para describir las laderas opuestas de una colina, una en la sombra, otra al sol. El yin y el yang no llevan implícito ningún juicio de valor. La colina sigue siendo la colina, esté en sombras o iluminada. Más bien apunta al concepto de unidad cuando dos caras se combinan para formar algo completo. Y, aunque a veces necesitamos luz a raudales y otras necesitamos oscuridad, nos gusta pensar que es solo cuestión de ajustarse a la voluntad, como si cambiáramos de posición o de lugar para adaptarnos a nuestras necesidades del momento. Pero lo que es a veces es solamente eso: solo *es*. Por lo común, ese ajuste toma la forma de la aceptación, más que del cambio. Con frecuencia, cambiar una situación no es posible, y lo único que podemos hacer es cambiar cómo reaccionamos a ella.

Esto es de vital importancia cuando se refiere a la manera en que enseñamos a nuestros hijos. Si pretendemos mantenerlos alejados de las crudas realidades que, inevitablemente, aparecerán en el curso de la vida, ¿cómo podrán aprender entonces que el hecho de que las cosas se tuerzan es tan normal como que salgan como las planeamos?

He estado publicitando los beneficios de la imperfección a lo largo de todo el libro, algunos inmediatos, otros que tardarán más en hacerse patentes. Está la emoción de probar algo nuevo y la sensación de logro de progresar poco a poco. Y están también los cambios de actitud: abrazar el caos y la imperfección.

Hay algo más, un efecto a largo plazo, de hacer algo que se te da fatal que jamás habría anticipado cuando cogí por primera vez una tabla de surf siguiendo lo que parecía un capricho, a saber: tanto si somos conscientes de ello como si no, a todos se nos dan fatal toda clase de cosas a lo largo de nuestra vida. Al menos, deberíamos probarlas. Entrar en contacto con ese hecho no es hacer algo radicalmente nuevo; es aprender a darle la vuelta a esa verdad, como a un buen revolcón de una ola, y salir riéndose. Nos machacamos por ser imperfectos y luego tratamos de compensarlo de maneras que acaban hundiéndonos cada vez más profundamente en la inacción, el autocastigo y cosas peores. Aunque nos sintamos impelidos a ser menos imperfectos, nunca lo conseguiremos si antes no nos permitimos serlo y nos perdonamos por ello. Va a suceder lo queramos o no, así que ¿por qué no vivir una vida completa, con sus subidas y sus bajadas?

Si alguna lección aprendí durante todo aquel proceso que pudiera enseñar a mis hijos fue que hay que aceptar lo bueno y lo malo. ¡Qué tópico, qué trillado, qué obvio! Aunque, por otro lado, ¡qué espectacular que exista un poco de sentido común que nos permite acceder a esa sabiduría eterna!

Cuando Rocco y yo llegamos al consultorio, el nuevo médico, que se presentó como Leo, estaba atendiendo la consulta solo. Invitó a Rocco a tumbarse en la camilla. Aunque tenía la mitad superior del cuerpo cubierta de sangre coagulada y la mitad inferior cubierta de arena, Rocco mantenía una calma desconcertante. Empezaba a inquietarme que la sangre que seguía manándole de la herida se mezclara con la arena, pero la rápida evaluación de Leo fue tranquilizadora. Él también era surfista.

—Oh, he visto cosas mucho, mucho peores.

Mientras Leo limpiaba la herida, un ciempiés negro y amarillo cruzó sin prisas el suelo salpicado de sangre de la consulta. Después de siete pinchazos de anestesia local en la herida, Leo, que se había enfundado un guante quirúrgico, pasó un dedo por el agujero de la cabeza de Rocco para palparle el cráneo.

—Oh, esto es bueno —me dijo—, muy bueno, no hay fractura. ¿Quiere verle el cráneo?

Yo hubiera querido desmayarme de alivio y tenía la tripa agitada por una mezcla de alivio y ansiedad, pero seguí de pie.

—¡Claro! —respondí, con más entusiasmo del que sentía.

Y allí estaba. El cráneo de mi hijo.

Salí de la consulta para llamar a Joel y explicarle lo que había pasado ahora que todo iba de fábula.

Le dieron nueve puntos a Rocco y le prohibieron surfear durante al menos una semana. Cuando lo peor quedó atrás, Leo expresó en voz alta lo que todos pensábamos: suerte que había pasado al final del viaje. Rocco solo se perdería los últimos dos días de surf en Nosara, pero estaría de nuevo en el agua muy poco después de que regresáramos a nuestro variable y frustrante rompiente de Nueva Jersey, tan distinto del costarricense.

Cuando volvimos a casa, compartimos las noticias y las fotos con los amigos y la familia: «¡Eh, mirad al guerrero del surf!»

Mariposas y caos

Hay que ver cómo son las cosas: aquella noche no pude pegar ojo. Aunque hubiera tenido que estar exhausta tras las emociones del día y aliviada por el resultado, me sentía agitada y preocupada. Todo iba a salir bien. El calvario había terminado…, pero entonces llegaron los pensamientos agoreros. Mi mayor miedo, que siempre me ha costado admitir, es que Rocco salga un día al mar y no vuelva. El surf es peligroso. Vivir es peligroso. Pero en el surf hay demasiadas cosas que pueden torcerse, para los mejores y para los más novatos por igual. La mayor parte del tiempo todo acaba yendo de fábula. Pero surfear fatal es peligroso. La mayor parte de la literatura sobre el surf trata de accidentes evitados por los pelos: la inmersión bajo tres olas consecutivas, la caída brutal de la tabla que te deja aturdido, el encuentro con un depredador grande, un golpe de quilla casi fatal en la cabeza. Todo eso se convierte en las historias que contamos. Hasta que llega el día en que no lo contamos.

El miedo que le tengo al océano —que no me impulsa a mantenerme fuera del agua, porque mi amor por el agua es más fuerte que mi miedo— me mete ideas espantosas en la cabeza. Ya no temo tanto por mi seguridad, pero no puedo librarme del temor por la de mi hijo, a pesar de que él nada y surfea mucho mejor y con más fuerza y piensa con más claridad que su novata y confusa madre. Madre Océano y Madre Amor, las fuerzas de atracción más poderosas que conozco. Ambas dispensan una alegría y un miedo infinitos.

Aquella noche no pude evitar pensar en todo eso. Sabía lo que estaba haciendo: trataba de engañarme a mí misma y de convencerme de que en ese momento tenía un mayor control de la situación que nunca. La ilusión era poderosa. Desencadenó innumerables preguntas hipotéticas. ¿Y si me hubiera quedado en el pico con Rocco? Seguramente entonces él no habría ido a por esa ola, o quizá yo habría podido disuadirlo de que la cogiera. ¿Y si no me hubiera rajado por un cortecito ridículo en el dedo? Mi chico no habría resultado herido. Pero yo me volví a la orilla y dejé a mi hijo expuesto al peligro. Contemplé con impotencia cómo mi mente quedaba atrapada en aquella lógica absurda y defectuosa, consciente de lo absurdo que era creer que podíamos controlar sucesos tan aleatorios como que una quilla abriera una cabeza. Pero esa espiral de pensamiento es poderosa y parece inevitable, como la atracción que te impulsa a salir hacia las olas aunque no eres capaz de montar ninguna. Cuando Rocco nació y yo me sentía desarbolada por nuevos terrores, una amiga, la escritora Karen Karbo, me dijo: «La maternidad es una condena a cadena perpetua sin posibilidad de libertad condicional».

No estoy segura de que entonces me hiciera sentirme mejor, pero al menos me hizo reír. He repetido demasiadas veces esas perlas de sabiduría, sobre todo en un esfuerzo por alejar los demonios de la maternidad con la risa: palabras que nos desafían a no vivir en un constante estado de preocupación. Pero no queremos que nuestros hijos sepan que nos sentimos así. Sería una carga demasiado pesada para ellos. Ellos no están aquí para hacernos sentir mejor con nuestra vulnerabilidad.

El consuelo que buscaba en aquellos momentos se encuentra en la idea de la *contingencia*, una palabreja del campo de la historia que básicamente viene a significar esto: el futuro no se despliega como un largo y predecible sendero recto. Tropieza con rocas en algunos puntos, se desvía para sortear obstáculos y pasa por encima de caminos más viejos. Responde en cada instante al instante anterior, y así se mantiene siempre en el proceso de formarse. Mis preocupaciones contienen toda clase de futuros posibles, muchos de ellos brillantes y optimistas, pero otros catastróficos y sombríos. Y ninguno es más o menos probable que los infinitos futuros que no soy capaz de imaginar. Es contingente. De todas las cosas en las que se puede ser imperfecto, todos coincidimos en no saber a la perfección lo que viene a continuación.

A veces me ayuda recordar la frase favorita de mi padre: «*Tenía que ser*». A menudo la dice cuando recuerda algunos de los momentos difíciles de sus noventa años de vida y, en vez de lamentarse, encuentra consuelo. Vale, sí, eso suele ocurrir cuando estamos sentados en el pequeño patio trasero de nuestra casa en Nueva Jersey, con un whisky escocés en una mano y un puro en la otra, y está contando las bendiciones de sus hijos y de sus nietos. Con casi noventa años, ha soportado su ración de imprevisibilidad y ha salido de ella con la sabiduría de un hombre que ha visto muchas cosas y que todavía sabe divertirse.

Hace más de doscientos años, el filósofo Johann Gottlieb Fichte dijo más o menos lo mismo en su ensayo sobre la duda en *El destino del hombre*: «Si cualquier cosa hubiera sido incluso ligeramente distinta de cómo fue en el momento anterior, entonces en el momento presente algo sería también distinto de como es. Y ¿qué causó que todo en el momento precedente fuera como fue? Eso: que en el momento que precedió a ese todo era como era entonces.

Y ese momento específico de nuevo depende del que lo precedió; y ese otro de nuevo, de su predecesor. Y así indefinidamente. Y en el momento presente, no puedes pensar en otra posición para un simple grano de arena que no sea la que es sin verte obligado a imaginar que el pasado indefinidamente largo en toda su extensión y el futuro indefinidamente largo en toda su extensión serán distintos».[110]

Como ha venido sucediendo con satisfactoria regularidad durante este siglo, lo que una vez fue especulación parece haber encontrado su lugar entre los hechos científicos. Lo que Fichte filosofaba en 1800 fue demostrado en 1960 por datos científicos aportados por los inesperados resultados de un modelo meteorológico que probaban que cambios diminutos podían provocar enormes consecuencias. El descubrimiento del científico del MIT Edward Lorenz, ahora popularmente llamado «el efecto mariposa», ayudó a reestructurar los modelos utilizados para predecir resultados y puso de manifiesto la complejidad de hacer predicciones meteorológicas a largo plazo y el motivo de tal complejidad.[111] El trabajo de Lorenz sirvió para explicar por qué los meteorólogos tienen fama de meter la pata a la hora de predecir acertadamente el tiempo. *Es más difícil de lo que crees.*

La meteorología ha sido siempre la ciencia favorita del surfista, pero el trabajo de Lorenz se ha hecho famoso por sus repercusiones en otras disciplinas más llamativas, como la física o la matemática. Como resultado, en lugar de un modelo científico teóricamente predecible, ha surgido una nueva manera de mirar las cosas conocida como la teoría del caos, que Lorenz describe como «cuando el presente determina el futuro pero el presente aproximado no determina

---

110. Fichte, Johann Gottlieb, *The Vocation of Man*, nueva ed. traducida por Peter Preuss, Hackett Publishing, Indianapolis, 1987, p. 6.

111. Gleick, James, «The Butterfly Effect», en *Chaos: Making a New Science*, Penguin Books, Nueva York, 2008, pp. 9–32.

aproximadamente el futuro».[112] Así pues, lo que *es* importa en el sentido de que determinará el futuro, pero con cualquier cambio añadido ese futuro cambia también. Es de sentido común, ¿no? Pero hasta que surgió la teoría del caos, prevaleció un modelo determinista lineal debido a que los sistemas lineales tienen solución, y ¿a quién no le gusta un problema que tiene solución? A la gente no se le da fatal resolver problemas lineales.

Lorenz recurrió a la dinámica de fluidos para abordar la complejidad de los misterios meteorológicos. La dinámica de fluidos, qué sorpresa, no es lineal y cuesta horrores resolverla, y además es *resistente*. Las famosas ecuaciones de Navier-Stokes, que conjugan la velocidad, la presión, la densidad y la viscosidad de los fluidos, aún están por demostrar. Pero si tienes el tiempo (y el cerebro), valdría la pena intentarlo: la escurridiza solución del problema, planteado a principios del siglo XIX, es uno de los siete Problemas del Milenio, galardonados con un millón de dólares al científico que pueda probarla.[113] Eso pagaría un montón de viajes para surfear en lugares lejanos.

«Este es el problema más hermoso en el que he trabajado —dice Stephen Montgomery-Smith, matemático de la Universidad de Misuri en Columbia, que lleva peleándose con la ecuación desde 1995—. Me ha abierto los ojos a la apreciación de distintos aspectos del mundo real.»[114]

La teoría del caos y sus complejidades quedan hermosamente ilustradas por lo difícil que es predecir el comportamiento del agua. Y eso vale para el resto del «mundo real». Muchos de los problemas

112. Lorenz, Edward N., «Deterministic Nonperiodic Flow», en *Journal of Atmospheric Sciences*, vol. 20, n.º 2 (7 de enero de 1963). Disponible en https://journals.ametsoc.org/doi/pdf/10.1175/1520-0469%281963%29020%3C0130%3ADNF%3E2.0.CO%3B2.

113. Moskvitch, Katia, «Fiendish Million-Dollar Proof Eludes Mathematicians», *Nature: International Weekly Journal of Science* (5 de agosto de 2014). Disponible en: www.nature.com/news/fiendish-million-dollar-proof-eludes-mathematicians-1.15659.

114. *Ibid.*

a los que nos enfrentamos en el surf se deben a esta imprevisibilidad —tanto del tiempo como de las olas; el caos es la maldición del surfista—, en la que juega un papel muy importante la complejidad de la dinámica de fluidos, pero esa imprevisibilidad es también lo que hace que sea tan guay cuando el tiempo, las olas y la buena fortuna del surfista conspiran en el momento oportuno para dar lugar a una sesión memorable. Muchas de las mejores sesiones se dan cuando el surfista menos lo espera, pero igualmente salimos al mar y a veces experimentamos lo mejor que el caos nos trae. Por supuesto, lo contrario también es cierto, y a veces nos roban las olas o cosas peores. Las cosas malas suceden tan imprevisiblemente como las buenas. Aunque no siempre proporciona solaz, el caos como mínimo nos ayuda en la práctica de aceptar cualquier mierda que se ponga en nuestro camino.

En ese aspecto, el surf ha sido una larga experiencia educativa sobre la realidad de que el mundo es también imperfecto. No en un sentido nihilista ni fatal, sino de un modo familiar. Es tan contingente, impredecible y poco fiable como nosotros mismos. Salir al mar e intentar montar las olas se convierte en una terapia de exposición a ese factor de la vida: no funciona con líneas rectas. Es fluido, fluye, y las mentes más brillantes de las mejores escuelas siguen sin saber cómo funciona. Y eso está bien. Eso no quiere decir que vaya a pasar lo peor. Quiere decir que puede pasar cualquier cosa.

Que Rocco estuviera descansando en su dormitorio a nueve metros de donde yo estaba y no en la UCI de un hospital significaba que, en medio del caos del día, todo estaba tan bien como hubiera podido desear. El caos da y el caos quita. En este caso, dio un tajo a una cabeza pero quitó la posibilidad de un traumatismo cerebral serio. Como se hace evidente una y otra vez, hay que ver las cosas en contexto.

Con todo, saber esto no impidió que me pasara la noche despierta en la cama, resistiendo la tentación de levantarme e ir a la habitación de Rocco solo para verlo. Por el amor de Dios, tiene dieciocho años, no ocho, y está bien, me decía a mí misma. No podía dominar la necesidad de estar cerca de él, de sentir su respiración y de velar su sueño en aquella larga noche insomne. Luché contra toda molécula de mi cuerpo concentrada en mi hijo y en su cuerpo magullado y no fui a su cuarto. Me quedé mirando la oscura línea de árboles que se recortaba contra el cielo pálido del amanecer a través de las puertas cristaleras que se abrían a la jungla.

Por la mañana, Rocco me dijo que no había podido dormirse hasta las cuatro. Sonrió con comprensión cuando le dije que había estado despierta hasta el amanecer, discutiendo conmigo misma si debía o no debía levantarme e ir a ver cómo estaba. Esta vez no puso los ojos en blanco, solo asintió con un comprensivo cabeceo cuando dijo: «Me habrías encontrado despierto».

Dos días después de que volviéramos de aquel viaje, Joel leyó en un noticiario local de Nosara que, unos días antes, un cocodrilo hembra de tres metros se había mudado a la entrada de Baker's Beach. Lo más probable es que estuviera allí cuando yo corrí en zigzag hacia el coche.

Otra contingencia. Me alegré de habérmela perdido.

NO SE TRATA DE estar CÓMODO; se trata DE ESTAR incó-modo.

OLA 7

Surfeando con la mente: mirando las olas desde la orilla

Regla #7:
Perderás algo a lo largo del camino.

Lección #7:
Cómo algo insignificante puede ser exactamente lo contrario.

Beneficio #7:
Encontrarás belleza donde menos lo esperas.

Pero existen dos clases de dolor en este mundo, ¿no es cierto?

Está el dolor de la ola escalofriante de Rocco y el dolor de la herida que sufrí haciendo surf, pero esas heridas sanan. Nuestro cuerpo es frágil, pero lo compensa con resiliencia. El cuerpo se recupera, y también nuestra mente, cuando sufrimos algún revés. En eso consiste la imperfección, en ejercitar esa parte de nuestra persona que no *necesita* un éxito constante.

Pero existe otra clase de dolor. Existe la tristeza.

En todo el mundo, el saber tradicional, desde la religión hasta el sentido común, emparejan la tristeza con su contrario. Parece que casi todos los sentimientos más profundos se conciben con las dos caras de Jano: ¿cuántas veces has oído que no hay alegría sin tristeza, placer sin dolor? No hay belleza sin evanescencia. Y ¿qué es el cielo sin un infierno con el que compararlo?

Si te pareces a mí, esas palabras son algo más que frases. Ese prometido equilibrio entre lo bueno y lo malo es fácil de imprimir en un eslogan, pero mucho más difícil de *vivir*. Imaginamos experiencias que no hemos tenido, vidas que no hemos llevado, y pensamos que podemos disfrutar de un camino de alegría, placer y belleza solamente.

Razón por la cual la parte experiencial de la imperfección es tan importante. Esas experiencias más profundas y difíciles, sencillamente, no pueden planearse. Esto me recuerda la famosa afirmación sobre el complicado concepto del «no-yo» de Achaan Chah, monje y maestro budista tailandés: «Para entender el no-yo, tienes que meditar. Si solo racionalizas, te explotará la cabeza».[115]

Con ese espíritu, acuñemos nuestro propio dicho: sin imperfección no hay esperanza.

Pero ahora, vivámoslo. Yo lo hice.

Sin importar la estación o el tiempo que hiciera, Rocco y yo íbamos paseando descalzos hasta el océano para ver cómo estaba el rompiente. Algunos días realizábamos este ritual solo una vez, por la mañana, pero otros íbamos cuatro o cinco veces durante el día, dependiendo de lo que prometieran las condiciones y de las obligaciones que tuviéramos.

Durante el paseo de dos minutos y medio entre nuestra casa de Nueva Jersey y la orilla del mar, escuchábamos el sonido del agua antes de verla para adivinar cómo estaría. El silencio no era bienvenido, pues presagiaba que no habría olas. Un siseo continuo tampoco era bueno, porque nos decía que no habría periodo de marejada, solo agua empujando constantemente hacia la orilla. Cuando un restallido y luego un ¡bum! llenaban el aire, seguidos por una pausa

115. Achaan Chah *et al.*, *A Still Forest Pool: The Insight Meditation of Achaan Chah*, Quest Books, Wheaton, Illinois, 2004, p. 173.

momentánea, escuchábamos en ello la promesa de olas rompientes. Una promesa de intervalo entre las olas y las series de olas. Eso significaba tiempo para coger y montar una ola. Cuando oíamos ese sonido particular, nos mirábamos y alzábamos las cejas: *suena... ¡interesante!*

En esos momentos, justo antes de que tuviéramos el agua a la vista, sentíamos una dulce expectación. ¿De qué humor encontraremos al océano cuando coronemos las dunas? Si las condiciones prometían —y, viviendo en Nueva Jersey, significa que no suelen ser prometedoras—, nuestra conversación derivaba alegremente hacia si saldríamos en ese mismo momento al mar o esperaríamos a que subiera o bajara la marea, o si el viento cambiaría de dirección, arreciaría o amainaría. De inmediato quedábamos atrapados en esa pequeña obsesión por el tiempo que acompaña siempre al surf.

Lo mejor era cuando las condiciones eran buenas y no necesitábamos discutir nada: viento ligero, series de olas limpias que rodaban hacia la playa y rompían sobre una banda de arena a una distancia decente de la orilla. Simplemente nos mirábamos, asentíamos y echábamos a correr hacia la casa para ponernos los trajes de neopreno (si hacía falta, lo que en Nueva Jersey sucede nueve meses al año). Agarrábamos las tablas y las encerábamos y volvíamos a la playa para disfrutar de una sesión.

Esta rutina con Rocco había impulsado buena parte de mi tiempo, mi energía y mi alegría durante la pasada década. Coger y montar olas había sido solo una fracción de aquel loco viaje.

Razón por la cual, cuando él se fue, me quedé destrozada.

El dolor es información

La noche que regresamos a casa después de llevar a Rocco a la residencia universitaria para su primer año en la universidad, me fui a la cama con un agujero en el corazón y un mensaje de texto deseándole buenas noches. Esa mentirosa coletilla insistía en mi mente: *Estoy bien, estoy bien.* Me había estado preparando para ese momento todo el año anterior. *¿Cuán duro puede ser?*

Dormí muy mal. Sentía un dolor sordo, como si me faltara algo, un miembro fantasma, y aunque sé exactamente por qué me pasaba, no lograba sentirme cómoda con la sensación. Cuando me levanté a la mañana siguiente, la vista de nuestros trajes de neopreno colgados de la barra de la ducha en el baño —flácidos y sin vida sin nuestros cuerpos para llenarlos— me llenó de tristeza. Los habíamos dejado allí para que se secaran después de nuestra última sesión juntos el día antes de nuestro viaje al norte, hacia Massachusetts.

Cogí una taza de café y bajé sola a la playa para ver cómo estaban las olas. El huracán *Hermione* estaba subiendo por el litoral y yo esperaba con entusiasmo las condiciones que traería. Los surfistas esperan las marejadas de los huracanes y yo sabía que Rocco no querría perderse esa. Pero ahora estaba varado en tierra, pues había renunciado a estudiar en una universidad en la Costa Oeste, donde habría podido surfear todos los días, para quedarse en una pequeña universidad en la Costa Este a tres horas de viaje en coche de casa. Sobre todo por mí, me alegré de que decidiera quedarse cerca.

Había planeado enviarle fotos de las olas, aunque sabía perfectamente que él ya se habría enterado de las condiciones locales por Internet. Pero tener esa tarea autoimpuesta me tranquilizó. Entonces oí la reverberación del estampido del agua y dije en voz alta para nadie: «¡Hay olas!» Fingí una alegría que no sentía con la esperanza de convencerme de que todo era normal. Descalza, recorrí con forzada firmeza la pasarela astillada que corría junto a las dunas protectoras, pero yo estaba de todo menos estable. Las dunas del lado del océano me impedían ver el agua, igual que los centenares de veces que Rocco y yo habíamos recorrido ese camino. Solo cuando encaré el sendero de las dunas y vi las aceradas aguas verdes y azules del Atlántico y el distante horizonte sentí la ausencia de Rocco como un golpe en el plexo solar.

Aspiré una bocanada de aire para contener una oleada de emoción. *Estás bien*, me dije. Abandoné el camino de planchas, hundí los pies en la profunda arena blanca y fui hasta la orilla. Las olas eran desordenadas y rompían con estruendo; no se podían surfear, pero aquellas masas de agua agitadas eran imponentes. Soplaba un viento de norte de cuarenta kilómetros por hora que se sumaba a la cacofonía de la mañana y me bombardeaba el cuerpo con arena. Esta vez no hubo forma de detenerlo: la vista del océano desbordó mi corazón, y caí de rodillas, abrumada por la pena, y me deshice en unos sollozos atroces que el viento y las olas ahogaron.

Echaba de menos a mi niño, lo echaba tanto de menos que en aquel momento perdí de vista mi propia identidad. Estaba bien, pero de pronto no lo estaba. Aquello era tristeza, no solo dolor.

La despedida del día anterior, que prometía ser desgarradora, había sido sorprendentemente tranquila. No hubo lágrimas. Me mantuve entera. Rocco, estoico por naturaleza, traicionó sus sentimientos con una sonrisa resignada que yo compartí. Ninguno de los dos queríamos convertir el momento en un drama, así que nos abrazamos —y permanecimos así un breve instante— y luego nos separamos con torpeza. Mi corazón dio un vuelco cuando nos despedimos, aunque mi primer pensamiento fue: *Estamos tan estrechamente conectados que la distancia física entre nosotros no cambiará nada.*

Joel, Gio y yo regresamos a casa y estuvimos de cháchara durante buena parte del trayecto. Todos íbamos a extrañar profundamente a Rocco ahora que los cuatro nos habíamos convertido en tres, al menos en la vida cotidiana. Nuestra conversación nerviosa y los intentos de tomárnoslo con humor revelaban lo que sentíamos al dejar a nuestro hijo y hermano, débiles intentos de mantener esos sentimientos a raya. Tratábamos de alejar los demonios con la risa.

Me acordé de una escena extraordinaria de una de las películas favoritas de la familia, *Mi vecino Totoro*, de Hayao Miyazaki. Un padre y sus dos hijas se mudan a una casa nueva para estar cerca de la madre, que, en un hospital cercano, se recupera de una enfermedad quizás incurable. La casa, que lleva tiempo desocupada y que les es extraña, está encantada y llena de criaturas traviesas. Esa noche, durante el baño en común de la familia, el padre y las hijas se ríen a carcajadas para asustar y ahuyentar así a cualquier posible presencia. Es una escena preciosa con la que me sentí muy identificada. Creo que yo misma me reí mucho para aguantar el miedo de tener cáncer. Totoro dio en el blanco.

La mañana que me vine abajo en la playa solo hacía unas horas que habíamos dejado a Rocco en su nuevo destino. Me dejé abrazar por la arena blanca y contemplé el agua, que se movía en todas direcciones, agitada y salvaje, como los latidos de mi corazón roto. Las lágrimas me rodaban por las mejillas y aspiraba entrecortadas bocanadas de aire salado. Entonces me eché a reír. Sin ninguna razón, en realidad. Y esa vez, la risa no ahuyentó mis intensos sentimientos, sino más bien los acentuó. Sentí una vieja y profunda sensación de *añoranza*. Una añoranza que solo había conjurado en presencia del océano. Durante casi dos décadas, ese sentimiento había estado ausente.

Crecí con esa añoranza: pasaba horas contemplando el océano y paseaba por la orilla, en el punto donde las olas pierden su impulso al tocar tierra. La niña se convirtió en adolescente, la adolescente, en joven mujer, cumplí veintitantos y luego los treinta y cinco, y siempre que veía el mar y su horizonte sentía algo visceral, un tira y afloja en mi interior, como el del agua en la orilla. Nunca supe a qué respondía aquel sentimiento, pero me había acostumbrado a él. Se convirtió en parte del clima de mi vida. Lo buscaba siempre que podía. Me sentía más feliz y más melancólica siempre que estaba junto al mar.

Con el tiempo, aquellos dos sentimientos gemelos llegaron a coexistir en cómoda disonancia, y creaban en mí alternativamente la sensación de que estaba a punto de alcanzar algo o bien de que faltaba algo esencial en mi vida. Yo teorizaba. Tal vez aquella extensión de aguas abiertas me ayudara a comprender las vastas posibilidades que se abrían ante nosotros, así como también la diminuta estación que ocupamos en el espacio y el tiempo. Tal vez estuviera sintonizándome con la naturaleza opuesta de todas las cosas y con la incertidumbre y las incógnitas que la acompañan.

Obtuve una pista sobre la naturaleza de aquellas emociones cuando desaparecieron. Una vez que tuve a mis hijos, la añoranza desapareció, sustituida por algo semejante al amor, pero más grande que el amor. Fue como si un peso desequilibrado en el centro de mi ser se hubiera nivelado, o como si una vibración se hubiera detenido, como si un hambre que me había atormentado durante toda la vida quedara saciada. Aprendí a surfear, y a ser imperfecta, a la sombra de ese equilibrio. Madre Océano y Madre Amor encontraron voz en mi interior. Hasta que una de ellas fue acallada.

Iba a extrañar a mi hijo de maneras insondables. Pero habíamos compartido algo que me había preparado para aquello, aunque solo fuera un poquito. Sentada al borde del agua agitada por la tormenta el día después de que Rocco empezara la universidad, la vieja añoranza regresó con toda su fuerza, pero teñida con algo nuevo en mi centro: belleza. En la furia de mis lágrimas, comprendí que aquella vieja añoranza no era más que la añoranza del sentido y el propósito que encontré en mi vida como madre. Más tarde lo encontré también mientras surfeaba, mejor dicho, mientras lo intentaba.

En el transcurso de aquellas dos décadas, había aprendido a aceptar los peligros y los miedos inherentes a ambas ocupaciones. Sin embargo, como hacía tanto que no luchaba con esa añoranza, me engañaba pensando que quizá se había ido para siempre. Su regreso me sacó de mi centro, un rudo despertar que sirvió como recordatorio de que, después de tantos años, la cuerda que me ataba al propósito y el sentido podía estirarse hasta límites incómodos. Imaginé que a esto seguiría una reinterpretación de mis roles: madre de hijos independientes, surfista en el océano sin su hijo. Nada permanece igual. Claro que no.

Pero en aquel momento de trastorno experimenté realmente la verdad de aquella vieja dualidad. La belleza y la tristeza se entremezclaron de verdad. Como cuando tocas algo extremadamente frío y lo sientes como una quemadura, la inmediata información que recibe tu cuerpo no siempre te permite distinguirlos. Las emociones fuertes son parecidas: no siempre podemos identificarlas como una u otra. Quizá por eso a veces lloramos cuando somos felices y reímos cuando tenemos miedo.

Lo que la belleza es

En su libro *Beauty: The Invisible Embrace*, el poeta y filósofo irlandés John O'Donohue escribió: «La belleza no pertenece exclusivamente a la región de la luz y la gracia, ni existe desconectada del conflicto y la conversación de los contrarios. El vigor y la vitalidad de la belleza derivan precisamente del corazón de la diferencia».[116]

En su última entrevista, O'Donohue, que había sido sacerdote y místico y cuya prematura muerte en 2008 nos privó de una de las grandes mentes de nuestro tiempo, dijo, refiriéndose al paisaje interior de la belleza: «[Habla] de una plenitud emergente, de una mayor sensación de gracia y elegancia, una sensación de profundidad más profunda y también una especie de vuelta al hogar de la memoria enriquecida de tu vida que se despliega».[117] En los últimos tiempos, mi vida había estado desplegándose como un origami al revés. Pero fue en ese momento más difícil del despliegue, cuando Rocco se marchó, donde encontré algo más que simplemente tristeza. Había belleza en las olas ese día, y yo no estaba ciega a ella. El desplie-

116. O'Donohue, John, *Beauty: The Invisible Embrace: Rediscovering the True Sources of Compassion, Serenity, and Hope*, HarperCollins, Nueva York, 2004, p. 40.

117. Tippett, Krista, y John O'Donohue, «John O'Donohue—The Inner Landscape of Beauty», en *The On Being Project* (31 de agosto de 2017). Disponible en: onbeing.org/programs/john-odonohue-the-inner-landscape-of-beauty/.

gue había desplegado algo que yo nunca habría podido predecir, algo más complicado que la simple pérdida.

Había contemplado esa idea antes, en un lugar tan austero y reflexivo como la zona occidental de la Irlanda de Donohue.

Los japoneses llevan mil años refinando el concepto de la belleza que contiene un corazón roto en su centro. *Mono no aware*, que puede traducirse como «tristeza por la evanescencia», expresa con palabras esta idea. La impermanencia está en el corazón de buena parte de la estética japonesa desde la época medieval. Tanto si es la breve floración de los cerezos como la plenitud de la juventud o la maduración de una ola a medida que se acerca para descansar en la tierra después de viajar grandes distancias a través del océano. Que nada permanezca igual es visto por los japoneses como un placer cuyo valor deriva justamente de ese carácter efímero.

La obra *Essays in Idleness*, del monje budista japonés del medievo Yoshida Kenkō, proporciona un registro primitivo de la estética japonesa que dio origen a esta cultura de reverencia por aquello que no puede durar o que no es perfecto. En su mente, la belleza más profunda no se ha de buscar en lo perfecto, lo simétrico o lo permanente, sino más bien en la anticipación, la imaginación, lo inesperado y lo impermanente. Kenkō escribe: «¿Hemos de admirar las flores de la primavera solo cuando se han abierto o la luna solo cuando se ve clara en un cielo sin nubes? Anhelar la luna cuando llueve o permanecer tumbado tras las cortinas de tu habitación mientras la primavera pasa sin ser vista es aún más conmovedor y profundamente emotivo».[118]

Algunos de estos conceptos japoneses han alcanzado recientemente la periferia de la conciencia popular fuera de Japón. *Sabi* representa lo imperfecto, lo incompleto, belleza solitaria: una luna que no se ve puede ser la más bella por el deseo y la evoca-

---

118. Kenkō, Yoshida, *Essays in Idleness and Hōjoki*, traducido por Meredith McKinley, Penguin Classics, Londres, 2014.

ción nostálgica que suscita. *Wabi* es la belleza que «acecha en el interior», que de otro modo podría verse como pobre o tosca. Ambos términos aparecen a menudo relacionados, como en *wabi sabi*, y se entienden como la apreciación de aquello que no es bello, ver belleza en la fealdad. *Kintsugi* es encontrar belleza en la cerámica rota, en repararla no de modo que no se aprecien las junturas para que recupere su estado original, sino utilizando laca con polvo de oro para acentuar las líneas de unión de los fragmentos y crear así una nueva clase de belleza. Había llegado a apreciar esta manera de mirar cada vez que veía la parte superior de mi cuerpo en el espejo después de la ducha. Mis pechos, en otro tiempo hermosos y funcionales, estaban cubiertos de cicatrices, reconstruidos y deformados, y sin embargo había aprendido a ver una suerte de belleza en ellos, la belleza de la resistencia frente a la fragilidad.

Siempre que medito sobre mi insistencia en hacer algo que es difícil para mí me vienen a la mente esas versiones de la belleza. Si podemos reconocer la belleza de la imperfección, los esfuerzos por mejorar, aunque en apariencia torpes, encarnan una especie de belleza del intento. Cuando nos esforzamos por hacer algo, nosotros mismos parecemos un fragmento de cerámica rota. Y cuando finalmente conseguimos un momento de gracia, es como si selláramos nuestros fragmentos rotos con laca de oro.

Incluso para los venerados *shokunin* japoneses, maestros artesanos que dedican su vida a un único propósito —pongamos por caso, forjar una espada, preparar arroz para *sushi* o crear una pieza de cerámica perfectos—, el proceso lo es todo. Conecta las tradiciones del pasado con la acción presente hacia una futura promesa de trascendencia.

Un amigo mío, el fotógrafo Mike Magers, pasa mucho tiempo en Japón y lleva años trabajando en un proyecto fotográfico sobre los *shokunin*. Cuando le pregunté cómo podían esos artesanos dedicar toda su vida a un objetivo con tan férrea concentración, de inmediato llegó al corazón de por qué la imperfección es difícil al definir su opuesto.

«La razón por la que no se nos da bien alcanzar la maestría en Occidente es porque la distancia entre el éxito y el fracaso está tan bien definida que la gente renuncia antes siquiera de empezar —explica Mike—. Aquí en Occidente, queremos que las cosas sean fáciles. Se espera tener talento innato. Para los *shokunin*, el objetivo a alcanzar es el refinamiento, no la maestría. Es hacer lo mismo que hiciste ayer un poquito mejor mañana.»[119]

Un ceramista con el que trabajaba Mike le dijo: «Tardé diez años en dominar la técnica, pero el resto de mi vida en conectar mi alma con mis manos». Aunque los *shokunin* son considerados maestros por los demás, desde su perspectiva, ellos están siempre aprendiendo. Si maestros artesanos pueden aceptar su imperfección, ciertamente quienes buscamos expandir nuestra experiencia podemos aprender a aceptar el proceso sin importar adónde lleve. Si hallamos belleza y significado en nuestros esfuerzos, abrimos así nuestro corazón a todo lo que la vida ofrece. Y aunque a veces los corazones se romperán, la laca que los cura es la alegría que atrae un corazón abierto.

Ese sentido de complementariedad se expresa alto y claro en las artes. Desde la celebración japonesa de la imperfección hasta el desarrollo del claroscuro, la combinación de la luz y la sombra durante el Renacimiento aquí en Occidente, parece que las cosas que creamos quieren contener ambas experiencias. Como el yin y el yang que exploramos antes: necesitamos los dos lados para estar completos y reflejar una condición humana subyacente, o quizás una condición que se extiende más allá de nosotros, algo del mismo universo.

Frank Wilczek, físico ganador del premio Nobel, considera difícil medir las cuestiones de significado y pregunta: «¿Encarna el mun-

---

119. Mike Magers, entrevista con la autora (6 de septiembre de 2017).

do ideas hermosas?»[120] En su búsqueda de ecuaciones que ayuden a clarificar el universo, encuentra belleza en la complementariedad, la idea de que algo puede encarnar dos ideas muy distintas, no necesariamente al mismo tiempo, que se esclarecen mutuamente. En la física de partículas, por ejemplo, esto se relaciona con cualidades de la luz en las cuales unas veces se comporta como una onda y otras como una partícula. Cada manera de examinarla nos ayuda a comprender mejor la luz, pero no se pueden aplicar las diferentes teorías al mismo tiempo.

Wilczek explica: «La complementariedad es una característica de la realidad física, así como una lección de sabiduría… Tienes que ver el mundo de maneras diferentes para hacerle justicia, y las diferentes maneras pueden ser muy fértiles por separado, pueden ser internamente coherentes, pueden tener cada una su propio lenguaje y sus propias reglas, pero ser mutuamente incompatibles, y para hacer total justicia a la realidad tienes que tenerlas en cuenta a ambas». El método de Wilczek aplica con gran belleza el rigor de la física a esa misteriosa sublimidad.

Soy práctica sobre esta idea. No quiero limitarme a saber que existe la complementariedad; quiero hacer uso de ella. Esa es la razón de que siempre me haya atraído tanto la famosa frase de F. Scott Fitzgerald: «La señal de una inteligencia de primer orden es la capacidad de tener dos ideas contrarias presentes al mismo tiempo y, a pesar de ello, conservar la capacidad de funcionar». Quizás estaba hablando de las capacidades de las que él —y todo novelista— depende. Sin esta capacidad, los personajes, las historias y su narración se volverían tediosas enseguida. Esta disconformidad no resulta fácil para la mayoría de personas. En cambio, es instintivo buscar respuestas fáciles y superficies lisas. La unidad es agradable

120. Tippett, Krista, y Frank Wilczek, «Why Is the World So Beautiful?», en *The On Being Project* (28 de abril de 2016). Disponible en: onbeing.org/programs/frank-wilczek-why-is-the-world-so-beautiful/.

porque es cómoda. Preferimos el absurdo a la posibilidad de tener que contener pensamientos contrapuestos en la mente. Eso se ve con frecuencia en el mundo del surf. Se presenta en la forma de novatos que sobreestiman exageradamente sus capacidades. Porque, después de todo, si no fueran buenos en el surf…, ¿por qué iban a estar surfeando?

Bueno, yo lo sé y tú lo sabes. Porque la imperfección forma parte de la vida. Y una gran parte. De hecho, podemos hacer y fallar al mismo tiempo.

Surfear fatal me ha ayudado mucho a aceptar las ideas en teoría contrapuestas del placer y la incomodidad. Pero cuando me encontré emocionalmente trastornada y el surf no era una opción inmediata, tomé una medida más drástica para exteriorizar mi malestar interior.

El dolor alivia el dolor

La aguja se hundió en la base de mi espalda. Las ondas de choque subieron disparadas por el centro de mi espalda hasta que aterrizaron y se arremolinaron en torno a una única vértebra cervical. No me atreví a mover ni un músculo. El truco estaba en quedarse quieto en los momentos de aguda sensación y dolor. Respiraba lentamente para no levantar la línea media de mi caja torácica, pues eso habría hecho más difícil para Angela terminar su trabajo sin fallos. Mis brazos abrazaban un cojín colocado contra un banco levantado en un ángulo de cuarenta y cinco grados contra el que apretaba la cara. La música de Led Zeppelin sonaba por los altavoces del salón y bajo la sexi voz de Robert Plant un suave pero persistente zumbido de agujas cubría el silencio sobrenatural. Parte del atractivo de hacerse un tatuaje consiste en que el dolor se soporta en comunidad. Aunque estés sola con el artista, ambos sabéis que duele como una mala cosa, sobre todo cuando la imagen cruza la base de tu espalda.

El diseño empezó como una pequeña figura que adornaría la delantera de mi hombro derecho, pero había en ella una cierta incompletitud, como si el dolor superficial que había soportado no representara cabalmente el dolor que yo sentía dentro. Necesitaba comprometerme más y acabé decidiendo tatuarme toda la espalda. Una representación permanente de la impermanencia es el epítome de lo ridículo, mitigado solo por la fría y dura verdad de que la flor de *sakura* tatuada desaparecería con el resto de mi persona a su debido tiempo. Mientras estuviera por aquí, quería llevarlos conmigo. Demasiadas cosas estaban cambiando en mi vida, y me sentía abandonada. Así que, para honrar a mi congoja y para distraerme momentáneamente del dolor emocional que sentía, busqué el dolor físico y la incomodidad de estar bajo una pistola de tatuar.

Habían aceptado la preinscripción universitaria de Gio y, aunque faltaban todavía ocho meses para que se marchara y nos dejara en un nido vacío, el final del juego estaba a la vista. Al menos cuando Rocco se marchó, Gio siguió alegrándonos la vida cotidiana. Deseé ser capaz de recibir de buen grado la oportunidad de quedar libre de cuidar de sus necesidades cotidianas, pero lamentablemente no sentía tal cosa.

Para agravar esa pérdida inminente, habíamos vendido nuestra querida casa de Nosara. Las múltiples razones que nos llevaron a tomar esa decisión pertenecen a otra historia, pero no negaré que dos matrículas universitarias jugaron un papel importante. Si había existido una manifestación física de la alegría que puede provocar la imperfección era la casa que levantamos en Guiones —donde podía ser imperfecta a mis anchas—. Era sencilla, humilde y atraía a criaturas de la jungla de todo tipo. Era el cielo incluso cuando se volvía infernal.

Las flores de *sakura* que estaban grabándome en la piel se inspiraban en mi casa, que a su vez se había inspirado en la Villa Katsura, del siglo XVII, situada a las afueras de Kioto. Obra extraordinariamente moderna con cuatrocientos años de historia, me enamoré de la idea de la Villa como expresión última de la simplicidad estructural y me maravilló su conexión con el entorno. Había soñado con una casa que reflejara esas cualidades, y tomé prestados detalles de su diseño para la nuestra.

La Villa Katsura fue el hogar del príncipe Toshihito, que pasó la vida estudiando *La historia de Genji*, la pieza maestra del periodo Heian escrita por la dama Murasaki Shikibu y que ejemplifica como ninguna otra cosa el concepto de *mono no aware*. No establecí esas conexiones hasta que mi hogar estuvo terminado. Habíamos dejado la casa desnuda y las paredes vacías, con la excepción de un exquisito pergamino, o *kakejiku*, que habíamos encontrado en Kioto y que colgamos en la pared de la sala de estar, sobre un estante. Al lado colgaba también una pequeña vasija ladeada que adquirimos en un pequeño taller de alfarería durante nuestra visita a Japón.

El diseño, la estructura y el proceso de construcción de aquella casa estaban vinculados a mi educación estética tanto como a la resolución del desafío cósmico que planteé cuando decidimos construirla. Aunque sé que el apego a cualquier objeto físico es la lección número uno sobre cómo no alcanzar la iluminación, en esa casa siempre me había sentido diferente como no me he sentido en ningún otro lugar del mundo. Existe una razón por la que a menudo atravesamos casas en nuestros sueños: simbolizan nuestra vida interior, o la que quisiéramos tener. La casa de Nosara representaba la vida que yo anhelaba: tranquila, clara, elegante, compacta, conectada con la naturaleza y cerca de un gran rompiente. Casa de las Rosas, inspirada en la Villa Katsura, reflejaba el paisaje interior de mi alma. No todo en ella era alegría y sol, como sabes por el último capítulo, pero había hecho las paces con ese aspecto de la casa. No se trataba de una vieja casa familiar con generaciones de historia entre sus paredes, pero la intensidad del tiempo que pasamos en ella con la familia y los amigos aportaba potencia a cada visita. Y, habiendo criado a mis hijos allí durante los últimos años, no se me hizo fácil renunciar a ella.

Mientras cerrábamos la venta de la casa en la oficina del abogado en Guiones, me tragué los sollozos cuando él se levantó de la mesa para felicitarnos a nosotros y a los nuevos dueños por la transacción. Un poco como la oleada de emoción que me asaltó al borde del océano cuando Rocco se marchó a la universidad, fue un momento que tiró de mí en múltiples direcciones. Estaba triste por desprenderme de la casa, pero también fue un momento de inmensa gratitud.

Forzada a despedirme de nuestro hogar y de todo lo que este simbolizaba, encontré consuelo en la tradición japonesa y en la historia de la que surgió. En sus *Essays in Idleness*, Kenkō escribe: «Este mundo es tan cambiante como las pozas y los bajíos del río Asuka. El tiempo pasa, lo que estuvo aquí se ha ido, la alegría y la tristeza nos visitan por turnos e incluso la misma casa de antaño es ahora hogar de otra gente».[121] Amén, hermano. A través de una vasta diferencia cultural y de setecientos años, las palabras de Kenkō me ayudaron a seguir adelante.

La amabilidad de los extraños

La impermanencia no afecta a los actos amables que encontramos por el camino, pero la belleza desde luego que sí. Aunque momentáneas, las acciones amables, tanto las que se dan como las que se reciben, pueden perdurar en nuestra memoria emocional y dar lugar a más bondad. La comunidad y la conexión nos sobrevivirán.

Un día de julio, durante nuestro primer viaje a Guiones después de vender la casa, las olas eran todo lo perfectas que podían ser para mí. Su altura no sobrepasaba mis hombros, suaves pero con suficiente empuje para proporcionar una cabalgata larga. Se acercaban en grupitos y alejadas unas de otras, así que el tema de la prioridad se volvió un poco competitivo. Una preciosa serie de olas vino hacia mí y un joven tico sentado cerca en el pico me cedió esa belleza y me alentó a salir a buscarla.

---

121. Kenkō, *ibid.*, p. 33.

—¡Esa es tuya! Cogela por la izquierda... ¡Rema ahora, rema fuerte, ve, ve, ve!

Remé con toda la fuerza de mis brazos, pero él se dio cuenta de que no bastaría para que yo pudiera coger la ola. Sin decir palabra, mi camarada surfista remó detrás de mí y me empujó por la cola (la parte trasera de la tabla) para darme el impulso adicional que necesitaba para entrar en la ola.

—¡Ahora! ¡Ponete de pie! —me gritó.

Ahí estaba otra vez esa voz que cree en nosotros, que nos anima a seguir, aún más dulce porque procedía de un extraño. Percibí el chute de energía cuando conecté con la ola, me puse de pie con facilidad, entré y giré hacia la izquierda para deslizarme por la pared. Cogí varias secciones de la ola, que me llevó casi hasta la orilla, y la remonté cuando la ola finalmente acabó su recorrido. Sentí esa rara sensación de júbilo, como siempre que monto una ola, pero esa vez fue aún mejor.

Supe de inmediato por qué: muchas veces, cuando los demás surfistas me ven y dan por supuesto, a menudo acertadamente, que perderé la ola que se acerca, se apropian de las buenas. Es un rito de pasaje para los surfistas malos: coge la ola o déjasela a alguien que pueda. Pero aquel lugareño, que no tenía ningún motivo para ayudar a una gringa de mediana edad y además aficionada, no solo me cedió la ola, sino que puso tanto esfuerzo en ayudarme a que la montara que su generosidad fue *tan buena* como la propia ola. Aún mejor.

Había estado pensando mucho en las bendiciones durante aquel primer viaje a Nosara desde que vendimos nuestra casa. Sin el santuario de nuestro hogar, nos encontramos yendo de un lado a otro, tratando de encontrar nuestro espacio. Tuve que recordarme que estaba allí por las olas, por la jungla, por la comunidad de la que habíamos llegado a formar parte. Esas eran las bendiciones que Nosara nos concedió. No tenía nada que ver con poseer un trozo de ella. Todos somos visitantes en este mundo, sin importar las circunstancias. Pero aquella bendición en forma de asistencia de un tico desconocido me ayudó a sentirme conectada con algo más que con la ola.

Si no hubiera surfeado fatal, no habría disfrutado de aquella amabilidad porque no habría necesitado su ayuda. Pedir ayuda no siempre es fácil, pero recibirla sin pedirla es una de las cosas más unificadoras que podemos hacer por los otros. (No quiero decir que tengamos que ir por ahí dando por supuesto que todo el mundo lo hace todo fatal y convertirnos en una molestia por nuestra intromisión.) ¿Habrían surgido las comunidades si todo el mundo hubiera sido excelente en todo? ¿Habría necesitado alguien algo de los demás? Quizá sea el momento de proponer una nueva teoría sobre el desarrollo humano. Tal vez fueron nuestras deficiencias las que nos unieron como especie, como civilización, como familia.

Recuerdo un poema de Naomi Shihab Nye llamado «Kindness» (Amabilidad):

Antes de que reconozcas la amabilidad
como lo más profundo en tu interior,
debes saber que también la pena habita en tu interior.
Debes despertarte con tristeza.
Debes hablarle hasta que tu voz
se una a los hilos de todas las penas
y veas el tamaño de la tela.
Entonces la amabilidad será lo único con sentido,
la amabilidad que ata los cordones de tus zapatos
y te envía al día para echar las cartas al correo y comprar el pan,
la amabilidad que levanta su cabeza
entre la multitud del mundo para decir:
Yo soy lo que buscabas,
y a partir de entonces te acompaña a todas partes
como una sombra o un amigo.[122]

---

122. Nye, Naomi Shihab, «Kindness», *Different Ways to Pray*, Breitenbush Books, Portland, Oregón, 1980.

Me había sentido un poco perdida cuando llegamos a Nosara sin nuestro hogar para anclarme, pero aquel gesto de amabilidad de una persona que no había visto en mi vida y que probablemente no volveré a ver lo cambió en un instante.

Cuando remonté hasta el pico otra vez, mi ángel del surf estaba treinta metros más al sur. Lo miré por encima del agua y él me saludó con un *shaka* y agitando el puño para desearme suerte, el gesto de los novatos que en el hermoso lenguaje surfista universal quiere decir: *¡Yuju!* Le dediqué un *shaka* yo también y grité: *¡Muchas gracias, señor!*

Eso me recordó que la belleza está en todas partes si abrimos los ojos y el corazón para recibirla. Si lo hacemos, descubriremos que, en los momentos de mayor necesidad, nos abrimos a la «amabilidad que levanta su cabeza entre la multitud del mundo». Claro que hay riesgos. Como dice Elizabeth Lesser: «No puedes elegir lo que tu corazón sentirá cuando lo abras».[123]

Lesser, autora del superventas *Broken Open*, ha dedicado su vida a la investigación. Su trabajo como cofundadora del Omega Institute en Rhinebeck, Nueva York, le ha permitido acercarse a los líderes espirituales y del pensamiento de todo el mundo. Su enfoque multidisciplinar a la hora de abordar los grandes temas le ha proporcionado una amplia y profunda perspectiva. Elizabeth me encarriló hacia uno de sus maestros de cabecera, el budista tibetano Chögyam Trungpa, cuyas palabras la han guiado y me ayudaron a decidirme a darle la vuelta a la concepción tradicional del miedo que nos impide disfrutar de la belleza de un corazón abierto.

Trungpa Rinpoche escribió: «Según las convenciones, ser valiente significa que no tienes miedo o que, si alguien te golpea, tú le devolverás el golpe. Sin embargo, no estamos hablando del nivel de valentía de un luchador callejero. La verdadera valentía es el producto de la ternura. Procede de permitir que el mundo toque tu cora-

___

123. Elizabeth Lesser, entrevista con la autora (10 de agosto de 2018).

zón, tu hermoso y desnudo corazón. Tú estás deseoso de abrirlo al mundo, sin resistencia o timidez. Estás deseando compartir tu corazón con los demás».[124] Si nos mantenemos abiertos a esta experiencia, su energía nos toca en ambas direcciones y nos conectamos con la verdadera belleza.

La práctica, así, consiste en mantener un corazón abierto en el entendimiento de que percibirá tanto dolor como amor, tanto pena como belleza. Como resultado, quizá temamos lo que un corazón abierto puede invitar. No puedes ser imperfecto en algo sin correr ese riesgo. Y, sin embargo, la belleza que experimentamos a cambio no vendrá sin correrlo. Mi amor por mis hijos llena hasta la última célula de mi ser, de modo que mi corazón roto por su marcha es un privilegio que no cambiaría por nada del mundo.

Ahora que Rocco y Gio se han lanzado a la vida adulta, donde la mayoría de sus experiencias serán sin mí —como debería ser—, debo recalibrar la cadencia y el propósito de mis días. Por supuesto, ellos estarán siempre conmigo, pero no en el sentido profundamente físico en que lo estuvieron en casa cuando eran niños.

Los últimos veinte años de sentido y propósito cambiarán su centro de atención, pero todavía no estoy segura de dónde aterrizará esa atención. He aprendido a dejar entrar la belleza de esos momentos de tristeza, a no luchar contra la incomodidad, sino a vivir dentro de ella. Como Lesser pregunta: «¿Por qué pensamos que cerrarnos es buena idea? ¿Por qué cerraríamos nuestro corazón al sentimiento?»

Mientras estaba escribiendo el capítulo final de este libro, disfruté de los mejores días de surf en diecisiete años de intentos. Una semana antes, aquel amable tico había empujado mi cola para que cogie-

---

124. Trungpa, Chögyam, «The Genuine Heart of Sadness», en *The Sun Magazine* (julio de 2014). Disponible en: www.thesunmagazine.org/issues/463/the-genuine-heart-of-sadness.

ra una ola extraordinaria. Había cogido unas pocas más durante aquel fin de semana de series pequeñas y estaba contenta de haberlas surfeado, tal vez no precisamente con gracia y estilo, pero sí con algo de control y una pizca de confianza duramente ganada.

El resto de la semana fue un fiasco. Una marejada grande trajo unas olas descomunales que me patearon el culo a lo largo y ancho de Guiones. A estas alturas ya conoces la historia: había pasado toda la semana revolcada por las olas, por lo que inevitablemente acababa en el rompiente interior conformándome con las sobras, pero ya no las disfrutaba. Había avanzado lo suficiente para surfear de verdad, y hacer lo que hacían los novatos ya no me proporcionaba ningún placer. Por eso, me sentaba en la arena y surfeaba con la mente mientras Rocco desaparecía en el pico. Incluso cuando mejoras en aquello que haces fatal, siempre hay otro nivel en el horizonte. Otro nivel en el que la pifiarás hasta que consigas superarlo y llegar al siguiente nivel. Y, como dijo Gerry López, ese Buda del surf: «No tiene fin».

Aquí está la cosa que quizá no he repetido lo suficiente: cuando trabajas duro en algo que se te da fatal, mejorarás. Mi nivel de surfeo es aún rudimentario, pero puedo surfear y de hecho surfeo, lo que hace que quiera surfear mejor. No soy masoquista. Como dijo mi desaparecido amigo Tony Bourdain: «Se trata de pifiarla un poco menos».[125] *Quiero* pifiarla menos. Tú también querrás pifiarla menos. Sé que seguiré intentándolo pase lo que pase.

Tal vez el universo estaba intentando decirme algo o quizá solo estaba choteándose de mí, pero unos pocos días antes de tener que volver a Nueva York y unas semanas antes de que tuviera que entregar este libro a mi editora, la marejada se suavizó y el océano se comportó (inusualmente) como a mí me gustaba: olas con una altura de cintura a hombros, incluso algunas con una altura hasta la cabeza. Con rachas de diecisiete segundos, limpias y sin viento. Podía

---

125. Anthony Bourdain, *ibid.*

remar hasta el pico sin mojarme el pelo. Cogí una ola y la monté bien. Remé hacia fuera y cogí otra. Luego otra y otra más. Encadené siete olas, siete olas en solo una sesión de surf espectacularmente hermosa. (Mi amigo me preguntó después: «¿Las has contado?» ¡Pues claro que las conté!) Rocco cogió veinticinco ese día, lo digo solo para mantener la perspectiva, pero daba igual: me había convertido en una con cada ola, había surfeado con estilo y sin miedo. En lugar de luchar contra las olas, me había fundido con ellas. Aunque había escrito sobre esto antes, esa vez había pasado una y otra vez… como si supiera lo que estaba haciendo. Porque, si algo se te da fatal el tiempo suficiente, al final se te dará un poquito menos.

¿Siete olas para siete capítulos? Te juro que intenté que fueran más. Después de mi séptima ola quería una octava, pero siete fue todo lo que obtuve. Así que, quizá después de todas estas páginas tratando de convencerte de que hagas algo que se te dé fatal, finalmente me convencí a mí misma de que estaba bien no ser excepcional en algo que me encanta hacer y me relajé lo suficiente para darme cuenta de que sé lo que hago cuando estoy allí fuera. Cabalgar la ola es importante, claro que lo es. Pero no es lo más importante.

En realidad, este asunto de hacer algo que se te da fatal resulta algo mucho más importante que cabalgar una ola. Habla del ritual y el sentido, del dolor y la belleza, de la conexión y la pérdida y de cómo todo se anuda. No limpiamente, para formar un bonito lazo, sino en un nudo gordiano que ninguna espada puede cortar. La vida no es para andar calculando. Es para vivirla. Es para tener éxito y para ser imperfecto. Y aunque tenemos tendencia a buscar la comodidad, sin ninguna duda tropezaremos con la incomodidad. Cuando algo se da fatal, abrazas esa incomodidad y la transformas en algo hermoso.

Estoy pensando en buscar algo nuevo que se me dé fatal. Me he informado sobre las clases de canto, algo que puedo hacer con Gio, que ya es mejor cantante que yo. Mi fantasía de cantar en la banda que todavía no ha formado probablemente sea un grado mayor de imperfección del que Gio puede soportar, pero estoy dispuesta a intentarlo. Rocco me recuerda que, aunque surfeo, nado fatal, así que ¿por qué no empezar un subconjunto de algo que ya se me da fatal, algo que pueda ayudarme de una metamanera a ser menos imperfecta surfeando? Las posibilidades son infinitas. Ahora sé que el viaje y aquellos a quienes encuentras en el camino son lo que cuenta. Empecemos algo nuevo y dejemos que hacer algo que se nos dé fatal sea nuestro camino hacia ninguna parte.

Agradecimientos

En primer lugar, gracias a John Adams, que dijo aquellas mágicas palabras a Rocco hace tantos años, mientras esperábamos a la salida de la escuela pública 41 en Greenwich Village. Y a Mike Colombo, de la tienda Right Coast Surf, en Seaside Park, Nueva Jersey, quien con su amplitud de miras y de corazón no se inmutó cuando le dije que quería aprender a surfear, aunque podía haberme dicho fácilmente que era demasiado mayor para intentarlo. John y Mike me abrieron la puerta a dos comienzos sin los cuales este libro no se habría escrito nunca.

Gracias a mi querida amiga y agente, Kim Witherspoon, y a su socio en Inkwell, Richard Pine, que escucharon y leyeron demasiadas versiones antes de que lograra hacer algo que no fuera un desastre total. Gracias también a Alexis Hurley y a William Calahan, que me ofrecieron una ayuda sólida y valiosa cuando escribía fatal.

Simon Critchley y Peter Catapano tuvieron la generosidad de ver algo valioso en la idea de hacer algo que se da fatal y apadrinaron mi ensayo original para que se publicara en la sección de deportes del *New York Times*. Les doy las gracias a ambos por otro principio entre muchos.

Mi editora, Sarah Pelz, siempre tan entusiasta, mi mejor embajadora desde nuestra primera entrevista. Gracias por tantas y tantas conversaciones y por la atención al detalle que ha llevado hasta la publicación de este libro. Como editora a quien le encanta que la publiquen, he tenido la gran suerte de trabajar con una de las mejores. Y aunque hago este trabajo cada día, me siento admirada al poder observar el proceso desde el otro lado. Estoy agradecida más allá de las palabras por el tiempo y el esfuerzo invertidos en mi libro. No es poca cosa. Conozco dolorosamente bien la gran cantidad de trabajo y de profesionales que se necesitan para que un solo libro salga a la luz (¡algún día los contaré!) Y aunque sé que hay personas por cuyas manos ha pasado mi libro y a las que seguramente no volveré a ver, doy las gracias a todos los que habéis participado. En particular, muchas gracias a la ayudante de Sarah, Melanie Iglesias Perez; a la editora asociada, Suzanne Donahue; por el marketing y la publicidad, a Ariele Fredman, Bianca Salvant y Dana Trocker, y a Kristin Fassler por supervisarlo todo; y a la editora Libby McGuire y la directora editorial Lindsay Sagnette. Gracias a Jimmy Iacobelly por su inspirada portada de la edición original.

Naomi Shihab Nye dio generosamente autorización para incluir parte de su luminoso poema «Kindness» (Amabilidad). Me siento honrada por haber podido incluir sus palabras en este libro.

Gracias a Niege Borges, cuyas deliciosas ilustraciones adornan estas páginas.

Gracias a mis compañeros surfistas por las horas de charla surfera en el pico y en tierra —para disgusto de todos cuantos nos rodean y no comparten nuestra pasión por las olas— y por la ayuda, la camaradería y el apoyo que me han brindado dentro y fuera del agua desde el principio. Son demasiados para nombrarlos a todos pero, concretamente, de aquellos a los que no menciono en las notas, gracias a Jay Alders, Erik Antonson, Phil Bacon, Phil Browne, Paul Cassidy, Jimmy y Chris Courtney, Nick Frankfurt, Eric Goodman, Laird Hamilton, Vanessa Purpurri, Mark Lukach, Mike Magers, Garrett McNamara, Michael Scott Moore, Marion Peri, Jim Phillips, Austin Rinaldi, John Sargent, Phil Shinn, Shelby

Stanger, Alex Wilkinson y Thad Ziolkowski (que escribió mi libro favorito sobre surf de todos los tiempos), y al generoso costarricense al que jamás volveré a ver por el empujón hacia aquella ola imponente. Un agradecimiento especial a mi yerno, Christopher Meyer, que ha tolerado mi presencia a su lado en el pico demasiadas veces para contarlas. Recuerda, Chris, «solo es agua; solo es frío».

Gracias a todos quienes se tomaron el tiempo para hablar conmigo y abrazar esta disparatada idea de hacer las cosas fatal: Tony Bourdain, Susannah Cahalan, Rozanne Gold, Matt Hussey, Serene Jones, Katty Kay, Elizabeth Lesser, Julie Lythcott-Haims, Mike Magers, Aubrey Marcus, Andy Martin, Farnoosh Torabi, Jaimal Yogis, Andrew Zolli y muchos otros. He tenido el privilegio de mantener muchísimas conversaciones con amigos, compañeros de trabajo, colegas escritores (que saben de forma innata lo que es hacer algo fatal) y con conocidos a quienes se les da hacer fatal algo. Una conversación que me ha ocupado una década, así que gracias a todos los que me han ayudado a entender por qué es algo tan increíble.

Como siempre, gracias a Ronnie Peters y Susan Sakin, que me han ayudado a afinar el mensaje que quería dar más allá de los límites de este libro.

Gracias a mi amiga Chantal Bacon, que me acogió y me alimentó durante la recta final para terminar el libro. Su casa y su compañía son un oasis de calma.

Gracias a Micah Starr por ayudarme con todas las cosas que no sé hacer, aunque debería.

Gracias siempre a aquellos cuyo amor y cuya amistad me ayudaron a seguir centrada y a mantenerme relativamente cuerda, recordándome a diario que estoy entre las personas más desastrosas: Colin Dickerman, Joe Dolce, Kassie Evashevski, Rebecca Miller, Chris Padgett, Kristina Rinaldi y Kim Witherspoon (¡sí, otra vez!)

Gracias a mi cuadrilla en Harper Wave, que me ayuda a seguir durante buena parte de la jornada. Y todo ello con amor, gracia y algunas risas realmente buenas. Desde luego, soy un desastre con suerte.

Un agradecimiento especial a Tony Bourdain, mi amigo y autor, cuyo fallecimiento mientras escribía este libro nos hizo caer a mí y al mundo entero en un frenesí de pesar. Su comprensión de la imperfección era profunda, y antes de morir me dijo que se estaba esforzando por hacer menos cosas imperfectas. Estés donde estés, Tony, espero que tus días estén llenos de imperfecciones dichosas y que encuentres la paz y el amor que todos te deseamos.

Gracias a mi esposo, Joel Rose, quien no solo ha soportado este viaje, pues además se ha mostrado deseoso de acompañarme en él, para bien y para mal, en la riqueza o en la pobreza.

Mis hijastras, Celine y Chloé, me han concedido la gracia de quererme y aceptarme aunque había otras opciones. Agradezco su tolerancia con algunas cosas que se me han dado fatal todo el tiempo y por haber hecho un hueco en sus vidas para incluirme a pesar de ello.

Gracias a Kizie y Vince, porque sí.

Gracias a mis padres, Pete y Roseann, que han presenciado lo imperfecta que soy durante años y me quieren de todos modos.

Y, por supuesto, mi más profunda gratitud a mis hijos, Rocco y Gio, que me han enseñado más que nada ni nadie en esta vida sin siquiera esforzarse. Espero no haber sido demasiado imperfecta en mi tarea de ayudarlos a convertirse en adultos.

Lo son todo para mí.

Bibliografía

Adler, Alfred, *The Individual Psychology of Alfred Adler*, editado por Ansbacher, Heinz L. y Rowena R. *et al.*, Harper Perennial, Nueva York, 2006, pp. 103-104.

Arendt, Hannah, *The Human Condition*, University of Chicago Press, Chicago, 1998, 2.ª ed., p. 246. [Hay trad. española: *La condición humana*, Paidós, Barcelona, 1993]

Barnes, Julian, *The Sense of an Ending*, Vintage Books, Nueva York, 2012, p. 1. [Hay trad. española: *El sentido de un final*, Anagrama, Barcelona, 2012]

Beck, Julie, «When Nostalgia Was a Disease», en *The Atlantic* (14 de agosto de 2013). Disponible en: www.theatlantic.com/health/archive/2013/08/when-nostalgia-was-a-disease/278648/.

Beckwith, Christopher I., *Greek Buddha*, Princeton University Press, Princeton, Nueva Jersey, 2017.

Blake, Tom, *Hawaiian Surfriders*, 1935, Mountain & Sea Publishing, Redondo Beach, California, 1983.

——, *A Surfer's Philosophy*, Mount San Antonio College Philosophy Group, Walnut, California, 2016.

Bourdain, Anthony, entrevista con la autora (14 de marzo de 2018).

Brookshire, Bethany, «Dopamine Is _____ Is it love? Gambling? Reward? Addiction?», *Slate Magazine* (3 de julio de 2013). Disponible en: www.slate.com/articles/health_and_science/science/2013/07/what_is_dopamine_love_lust_sex_addiction_gambling_motivation_reward.html.

Brown, Brené, *Daring Greatly: How the Courage to Be Vulnerable Transforms the Way We Live, Love, Parent, and Lead,* Avery, Nueva York, 2015.

——, *The Power of Vulnerability,* TEDxHouston (junio de 2010). Disponible en: www.ted.com/talks/brene_brown_on_vulnerability.

Casey, Susan, *The Wave: In Pursuit of the Rogues, Freaks and Giants of the Ocean,* Anchor Canada, Toronto, 2011, p. 229.

Chah, Achaan *et al., A Still Forest Pool: The Insight Meditation of Achaan Chah,* Quest Books, Wheaton, Illinois, 2004, p. 173.

Chödrön, Pema, *When Things Fall Apart: Heart Advice for Difficult Times,* Shambhala, Boulder, Colorado, 2017. [Hay trad. española: *Cuando todo se derrumba,* Gaia, Madrid, 1999]

Clifford, William K., «The Ethics of Belief». Disponible en: people.brandeis.edu/~teuber/Clifford_ethics.pdf., p. 3.

Close, Kerry, «France Just Gave Workers the "Right to Disconnect" from Work Email», *Time* (3 de enero de 2017). Disponible en: time.com/4620457/france-workers-disconnect-email/.

Cooper, S. J, «Donald O. Hebb's Synapse and Learning Rule: A History and Commentary», *Neuroscience and Biobehavioral Reviews,* vol. 28, n.º 8 (enero de 2005). Disponible en: www.ncbi.nlm.nih.gov/pubmed/15642626.

Didion, Joan, *We Tell Ourselves Stories in Order to Live: Collected Nonfiction*, Everyman's Library, Nueva York, 2006.

Dinerstein, Joel, *The Origins of Cool in Postwar America*, University of Chicago Press, Chicago, 2018, p. 24.

——, *Why Cool Matters*, TEDxNashville (21 de marzo de 2015).

Dreikurs, Rudolf, «The Courage to Be Imperfect», University of Oregon, Eugene, Oregón, 1970.

Eich, Eric *et al.*, *Cognition and Emotion*, Oxford University Press, Oxford, 2000.

Eliot, T. S., «Burnt Norton», *Four Quartets*, Mariner Books, Boston, 1943. [Hay trad. española: *Cuatro cuartetos*, Cátedra, 2006]

Epicteto, *The Handbook (The Encheiridion)*, trad. de Nicholas P. White, Hackett Publishing, Indianapolis, 1983.

Fichte, Johann Gottlieb, *The Vocation of Man*, nueva edición traducida por Peter Preuss, Hackett Publishing, Indianapolis, 1987, p. 6. [Hay trad. española: *Obra completa*, Gredos, Madrid, 2013]

Finnegan, William, *Barbarian Days: A Surfing Life*, Penguin Books, Nueva York, 2016, p. 123. [Hay trad. española: *Años salvajes*, Libros del Asteroide, Barcelona, 2016]

Frank, Thomas C., *The Conquest of Cool: Business Culture, Counterculture, and the Rise of Hip Consumerism*, ed. rústica, University of Chicago Press, Chicago, 1998.

Fredrickson, Barbara L., «Broaden-And-Build Theory of Positive Emotions», *Philosophical Transactions of the Royal Society B*, vol. 359, n.º 1449 (septiembre de 2004), pp. 1367–1378. Doi: 10.4135/9781412956253.n75.

Fredrickson, Barbara L. *et al.*, «What Good Are Positive Emotions in Crises? A Prospective Study of Resilience and Emotions Following the Terrorist Attacks on the United States on September 11, 2001», *Journal of Personality and Social Psychology*, vol. 84, n.º 2 (febrero de 2003). Disponible en: www.ncbi.nlm.nih.gov/pmc/articles/PMC2755263/.

Freeman, Richard B., «Why Do We Work More Than Keynes Expected?», en *Revisiting Keynes*, editado por Lorenzo Pecchi y Gustavo Piga, MIT Press, Cambridge, Massachusetts, 2008, p. 137.

Gleick, James, «The Butterfly Effect», en Chaos: *Making a New Science*, Penguin Books, Nueva York, 2008, pp. 9–32. [Hay trad. española: Caos. *La creación de una ciencia*, Crítica, Barcelona, 2012]

Gopnik, Alison, *What Do Babies Think*, TED Global (octubre de 2011). Disponible en: www.ted.com/talks/alison_gopnik_what_do_babies_think.

Gopnik, Alison *et al.*, *The Scientist in the Crib: What Early Learning Tells Us about the Mind*, Harper Perennial, Nueva York, 2001.

Grannis, LeRoy, *Midget Farrelly Surfing Shore Break*, Makaha, 1968.

Groos, Karl, «Introduction», en *The Play of Man*, D. Appleton & Company, Nueva York, 1901, p. 2.

Gurganus, Allan, *Oldest Living Confederate Widow Tells All: A Novel*, Ivy Books, Nueva York, 1990, p. 211.

——, *The Heart of the Buddha's Teaching: Transforming Suffering into Peace, Joy, and Liberation*, Harmony, Nueva York, 1999. [Hay trad. española: *El corazón de las enseñanzas de Buda*, Zenith, Barcelona, 2018]

Hanh, Thich Nhat, *The Other Shore: A New Translation of the Heart Sutra*, Palm Leaves Press, Berkeley, California, 2017.

Haro, Alexander, «5 of the Goriest Wipeouts in Surfing's History», *The Inertia* (31 de octubre de 2014). Disponible en: www.theinertia.com/surf/5-of-the-goriest-wipeouts-in-surfings-history/.

——, «Laird Hamilton's Millennium Wave Reshapes How the World Looks at Surfing», *The Inertia* (13 de junio de 2014). Disponible en: www.theinertia.com/surf/laird-hamiltons-millennium-wave-reshapes-how-the-world-looks-at-surfing/.

Harris, Sam, *Waking Up: A Guide to Spirituality without Religion*, Simon & Schuster, Nueva York, 2014.

Herrigel, Eugen, *Zen in the Art of Archery*, Vintage Books, Nueva York, 1999.

Hume, Nancy G, ed., *Japanese Aesthetics and Culture: A Reader*, State University of New York Press, Albany, Nueva York, 1996.

James, William, *The Will to Believe, Human Immortality, and Other Essays in Popular Philosophy*, Dover, Mineola, Nueva York, 2017, p. 90. [Hay trad. española: *La voluntad de creer*, Marbot, Barcelona, 2009]

Jones, Serene, *Feminist Theory and Christian Theology: Cartographies of Grace*, Augsburg Fortress, Minneapolis, 2010.

——, entrevista con la autora (26 de abril de 2018).

——, *Trauma and Grace: Theology in a Ruptured World*, Westminster John Knox, Louisville, Kentucky, 2009.

Jung, Carl Gustav y Richard Francis Carrington Hull, *Synchronicity: An Acausal Connecting Principle*, Princeton University Press, Princeton, Nueva Jersey, 1973, p. 115. [Hay trad. española: *Sincroni-*

cidad como principio de conexiones acausales, en *Obra Completa,* vol. 8, Trotta, Madrid, 2011]

Jung, Carl Gustav y Anthony Storr, *The Essential Jung,* Princeton, Princeton University Press, Nueva Jersey, 1983.

Kahneman, Daniel, *Thinking, Fast and Slow,* primera edición, Farrar, Straus and Giroux, Nueva York, 2011.

Kay, Katty, entrevista con la autora (24 de agosto de 2017).

Kay, Katty y Claire Shipman, *The Confidence Code: The Science and Art of Self-Assurance—What Women Should Know,* HarperBusiness, Nueva York, 2018, p. 40.

Kenkō, Yoshida, *Essays in Idleness and Hōjoki,* trad. de Meredith McKinley, Penguin Classics, Londres, 2014. [Hay trad. española: *Ocurrencias de un ocioso,* Hiperión, Madrid, 1996]

Kessler, David A., *Capture: Unraveling the Mystery of Mental Suffering,* Harper Perennial, Nueva York, 2017, p. 267.

Keynes, John Maynard, «Economic Possibilities for Our Grandchildren», en *Revisiting Keynes, ibid.,* pp. 22–23. [Hay trad. española: *Las posibilidades económicas de nuestros nietos,* Taurus, 2015]

Koestler, Arthur, «The Three Domains of Creativity», *Philosophy of History and Culture,* edición de Michael Krausz *et al.,* vol. 28 (7 de junio de 2013), pp. 251–266.

Lazarsfeld, Sophie, «The Courage for Imperfection», *American Journal of Individual Psychology,* vol. 22, n.º 2 (1966), pp. 163–165.

Lesser, Elizabeth, entrevista con la autora (10 de agosto de 2018).

Lynch, Gary *et al., Tom Blake: The Uncommon Journey of a Pioneer Waterman,* edición de William K. Hoopes, Croul Publications, Newport Beach, California, 2013.

Lythcott-Haims, Julie, *How to Raise an Adult: Break Free of the Overparenting Trap and Prepare Your Kid for Success*, St. Martin's Griffin, Nueva York, 2016.

——, entrevista con la autora (8 de junio de 2018).

Magers, Mike, entrevista con la autora (6 de septiembre de 2017).

Mailer, Norman, *The White Negro*, City Lights Books, San Francisco, 1972, líneas 221–224. [Hay trad. española: *El negro blanco*, Tusquets, Barcelona, 1973]

Marchant, Jo, *Cure: A Journey into the Science of Mind Over Body*, Broadway Books, Nueva York, 2016. [Hay trad. española: *Cúrate: una incursión científica en el poder que ejerce la mente sobre el cuerpo*, Aguilar, Barcelona, 2017]

Martin, Andy, entrevista con la autora (15 de enero de 2018).

——, «Swimming and Skiing: Two Modes of Existential Consciousness», *Sports, Ethics and Philosophy*, vol. 4, n.º 1 (11 de marzo de 2010). Doi: 10.1080/17511320903264206.

Moskvitch, Katia, «Fiendish Million-Dollar Proof Eludes Mathematicians», Nature: *International Weekly Journal of Science* (5 de agosto de 2014). Disponible en: www.nature.com/news/fiendish-million-dollar-proof-eludes-mathematicians-1.15659.

Neff, Kristin, *Self-Compassion: The Proven Power of Being Kind to Yourself*, William Morrow, Nueva York, 2015.

Nichols, Wallace J. y Celine Cousteau, *Blue Mind: The Surprising Science That Shows How Being Near, In, On, or Under Water Can Make You Happier, Healthier, More Connected, and Better at What You Do*, Little, Brown and Company, Nueva York, 2014.

Nietzsche, Friedrich Wilhelm, *On the Genealogy of Morals and Ecce Homo*, edición y traducción de Walter Kaufmann, Vintage,

Nueva York, 1989. [Hay trad. española: *Genealogía de la moral*, Alianza, Madrid, 2002]

Nye, Naomi Shihab, «Kindness», en *Words Under the Words: Selected Poems*, Eighth Mountain Press, Portland, Oregón, 1995.

O'Donohue, John, Beauty: *The Invisible Embrace: Rediscovering the True Sources of Compassion, Serenity, and Hope*, HarperCollins, Nueva York, 2004, p. 40.

Pauli, Wolfgang y C. G. Jung, *Atom and Archetype: The Pauli/Jung Letters, 1932–1958*, edición de C. A. Meier y trad. de David Roscoe, Princeton University Press, Princeton, Nueva Jersey, 2014.

Phelps, Edmund S., «Corporatism and Keynes: His Philosophy of Growth», en *Revisiting Keynes*, ibid., p. 102.

Pieper, Josef, *Leisure: The Basis of Culture*, Ignatius Press, San Francisco, 2009. [Hay traducción española: *El ocio y la vida intelectual*, Rialp, Madrid, 2017]

Pope, Alexander, «An Essay on Criticism, Part II», 1711. [Hay trad. española: *Obra Completa*, Gredos, Madrid, 2013]

Riding, Alan, «Art; Jean Cocteau, Before His Own Fabulousness Consumed Him», *New York Times* (5 de octubre de 2003). Disponible en: www.nytimes.com/2003/10/05/arts/art-jean-cocteau-before-his-own-fabulousness-consumed-him.html.

Rinaldi, Karen, «(It's Great to) Suck at Something», *New York Times* (28 de abril de 2017). Disponible en: www.nytimes.com/2017/04/28/opinion/its-great-to-suck-at-surfing.html.

Root-Bernstein, Robert *et al.*, «Arts Foster Scientific Success: Avocations of Nobel, National Academy, Royal Society, and Sigma Xi Members», *Journal of Psychology of Science and Technology*, vol. 1, n.º 2 (enero de 2008), pp. 51–63. Doi: 10.1891/1939-7054.1.2.51.

Roth, Remo F., «Introduction to Carl G. Jung's Principle of Synchronicity», 2002. Disponible en su página web: paulijungunusmundus. eu/synw/synchronicity_jung.htm (Fecha de acceso: 1 de diciembre de 2017).

Saarinen, Jussi A., «A Conceptual Analysis of the Ocean Feeling», Jyväskylä University Printing House, Jyväskylä, Finlandia, 2015, p. 10.

Sacks, Oliver, *Gratitude*, Knopf, Nueva York, 2015, p. 20. [Hay trad. española: *Gratitud*, Alianza, Barcelona, 2016]

Sarno, John E., *Healing Back Pain: The Mind-Body Connection*, Grand Central Life & Style, Nueva York, 1991. [Hay trad. española: *Libérese del dolor de espalda*, Sirio, Málaga, 2010]

Sartre, Jean-Paul, *Being and Nothingness: An Essay on Phenomenological Ontology*, trad. de Hazel E. Barnes, Washington Square Press, Nueva York, 2012. [Hay trad. española: *El ser y la nada*, Losada, 2005]

Satel, Sally, «Distinguishing Brain from Mind», *The Atlantic* (30 de mayo de 2013). Disponible en: www.theatlantic.com/health/archive/2013/05/distinguishing-brain-from-mind/276380/.

Schiller, Friedrich *et al.*, «Twenty-Third Letter», *On the Aesthetic Education of Man: In a Series of Letters*, Clarendon Press, Oxford, 2005, p. 107. [Hay trad. española: *Cartas sobre la educación estética de la humanidad*, Acantilado, Barcelona, 2018]

Shermer, Michael, «Part I: Journeys of Belief», *The Believing Brain: From Ghosts and God to Politics and Conspiracies—How We Construct Beliefs and Reinforce Them as Truths*, St. Martin's Griffin, Nueva York, 2012, p. 55.

Shinrigaku Kenkyu, «Relationship Between Two Aspects of Self-Oriented Perfectionism and Self-Evaluative Depression: Using Coping Styles of Uncontrollable Events as Mediators», *Japanese Journal of Psychology*, vol. 75, n.º 3 (agosto de 2004), pp. 199-206.

Smith, Zadie, «Some Notes on Attunement», *New Yorker* (17 de diciembre de 2012). Disponible en: www.newyorker.com/magazine/2012/12/17/some-notes-on-attunement.

Stearns, Peter N., *American Cool: Constructing a Twentieth-Century Emotional Style*, New York University Press, Nueva York,1994.

Storr, Anthony, *Solitude: A Return to the Self*, Free Press, Nueva York, 2005, p. 197. [Hay trad. española: *Soledad*, Debate, 2001]

Suzuki, Daisetz Teitaro, *Zen and Japanese Culture*, Princeton University Press, Princeton, Nueva Jersey, 2010.

Swan, Gary E. y Dorit Carmelli, «Curiosity and Mortality in Aging Adults: A 5-Year Follow-up of the Western Collaborative Group Study», *Psychology and Aging*, vol. 11, n.º 3 (septiembre de 1996), pp. 449–453. Doi: 10.1037//0882-7974.11.3.449.

Tippett, Krista y John O'Donohue, «John O'Donohue—The Inner Landscape of Beauty», *The On Being Project* (6 de agosto de 2015). Disponible en: onbeing.org/programs/john-odonohue-the-inner-landscape-of-beauty/.

Tippett, Krista y Carlo Rovelli, «On Being with Krista Tippett: Carlo Rovelli—All Reality Is Interaction», *The On Being Project* (10 de mayo de 2017). Disponible en: www.youtube.com/watch?v=jXFbtDR7IF4.

Tippett, Krista y Frank Wilczek, «Why Is the World So Beautiful?», *The On Being Project* (28 de abril de 2016). Disponible en: onbeing.org/programs/frank-wilczek-why-is-the-world-so-beautiful/.

Tovote, Philip y Andreas Lüthi, «Curbing Fear by Axonal Oxytocin Release in the Amygdala», Neuron, vol. 73, n.º 3 (9 de febrero de 2012), pp. 407–410. Doi: 10.1016/j.neuron.2012.01.016.

Trungpa, Chögyam, «The Genuine Heart of Sadness», *The Sun Magazine* (julio de 2014). Disponible en: www.thesunmagazine. org/issues/463/the-genuine-heart-of-sadness.

Wilczek, Frank, *A Beautiful Question: Finding Nature's Deep Design*, Penguin Books, Nueva York, 2016.

Yogis, Jaimal, entrevista con la autora (15 de agosto de 2017).

Zolli, Andrew, entrevista con la autora (8 de marzo de 2018).

Zolli, Andrew y Ann Marie Healy, *Resilience: Why Things Bounce Back,* Simon & Schuster, 2013.

ECOSISTEMA DIGITAL

NUESTRO PUNTO DE ENCUENTRO

www.edicionesurano.com

2 AMABOOK
Disfruta de tu rincón de lectura
y accede a todas nuestras **novedades**
en modo compra.
www.amabook.com

3 SUSCRIBOOKS
El límite lo pones tú,
lectura sin freno,
en modo suscripción.
www.suscribooks.com

DISFRUTA DE 1 MES
DE LECTURA GRATIS

1 REDES SOCIALES:
Amplio abanico
de redes para que
participes activamente.

4 APPS Y DESCARGAS
Apps que te
permitirán leer e
**interactuar con
otros lectores.**